哈佛中国史
HISTORY OF IMPERIAL CHINA

[加] 卜正民 - 主编

06

CHINA'S LAST EMPIRE

The Great Qing

最后的中华帝国

大清

【美】罗威廉－著 ｜ 李仁渊 张远－译

中信出版集团 · CHINACITICPRESS · 北京

图书在版编目（CIP）数据

最后的中华帝国：大清 /（美）罗威廉著； 李仁渊，张远译 . -- 北京：中信出版社，2016.10（2025.11 重印）
（哈佛中国史）
书名原文：China's Last Empire: The Great Qing
ISBN 978-7-5086-6563-4

Ⅰ . ①最… Ⅱ . ①罗… ②李… ③张… Ⅲ . ①中国历史 – 清代 Ⅳ . ① K249

中国版本图书馆 CIP 数据核字（2016）第 187090 号

CHINA'S LAST EMPIRE: The Great Qing
by William T. Rowe

Published by arrangement with Harvard University Press

Published by China CITIC Press

最后的中华帝国：大清

著　　者：［美］罗威廉
译　　者：李仁渊　张　远
策划推广：中信出版社（China CITIC Press）
出版发行：中信出版集团股份有限公司
（北京市朝阳区东三环北路 27 号嘉铭中心　邮编　100020）
（CITIC Publishing Group）
承 印 者：河北鹏润印刷有限公司

开　　本：960mm×1300mm　1/32　　印　　张：11.5　　字　　数：348 千字
版　　次：2016 年 10 月第 1 版　　印　　次：2025 年 11 月第 27 次印刷
审 图 号：GS（2021）8073 号
书　　号：ISBN 978-7-5086-6563-4
定　　价：68.00 元

目录 | Contents

第4章 | 社 会

第5章 | 商 业

第6章 | 危 机

第 7 章 | 叛 乱

第 8 章 | 中 兴

第 9 章 | 帝国主义

第10章 | 革 命

推荐序

葛兆光

卜正民（Timothy Brook）教授主编的“哈佛帝制中国史书系”（History of Imperial China，Harvard University Press，2009—2013）共6卷，由陆威仪（Mark Edward Lewis，负责《秦汉》《南北朝》《唐朝》三卷）、库恩（Dieter Kuhn，负责《宋朝》卷）、卜正民（Timothy Brook，负责《元明》卷）、罗威廉（William T. Rowe，负责《清朝》卷）等四位学者分别撰写，现在译成中文在国内出版，这是一个应该关注的事情。我们知道，习惯于专题研究的欧美学者，对撰写上下通贯、包罗万象的通史，向来抱持谨慎态度，特别是近半个世纪以来，欧美中国学界撰写系统的中国通史并不多，除了卷帙浩繁而且内容专深、至今也没有全部完成的多卷本“剑桥中国史”系列和伊沛霞（Patricia Buckley Ebrey）为入门者撰写的较为简单的单卷本《剑桥插图中国史》之外，在我有限的视野内，还没有一部通贯上下而又分量适中的中国通史。这套上起秦汉，下至清代的6卷本通史系列出版，或许可以呈现近年来欧美学者较为全面的中国历史认识。

承蒙卜正民教授和严搏非先生的信任，让我为这套书的中译本写一篇序。我很乐意在这里谈一下我的读后感，严格地说，这并不能叫作“序”，只是一些感想，特别是一个在中国的中国史研究者的感想。

一

我曾说过，20世纪以来现代中国历史学的变化，大致可以概括为四点：一是时间缩短（把神话传说从历史中驱逐出去）；二是空间放大（超越传统中国疆域并涉及周边）；三是史料增多（不仅仅是新发现，也包括历史观念变化后更多史料进入历史视野）；四是问题复杂（分析历史的问题意识、评价立场、观察角度的多元化）。这四点当然说的只是清末民初以来20世纪中国的历史学，现在虽然已经是21世纪，而且这套“帝制中国史”也并不是中国史学界而是欧美学术界的作品，不过，无论这四点变化是否属于“现代性的历史学”（据说“现代性历史学”在如今这个“后现代”的阶段已经过时），或者只属于“中国的历史学”（中国现代学术始终与世界现代学术有所不同），但在我看来，它表现出来的历史研究与通史叙事之变化，仍在这一现代历史学延长线上，这套著作呈现的历史新意，恰好也可以分别归入这四个方面。

先看“时间缩短”。作为“帝制中国”的历史，这套书是从秦汉开始，而不是像中国学者的中国史那样，总是从上古（甚至从石器时代，即毛泽东所说“只几个石头磨过，小儿时节”）写起。这一“截断众流”的写法，是否暗示了“秦汉奠定‘中国’”这一历史观念？我不敢断言，因为这一问题相当复杂。但是，这里可以简单一提的是，由于对“中国”/“帝制中国”的历史这样开始叙述，不仅避免了有关何为“最初的中国”这样的争论（这些争论现在还很热闹），也表达了秦汉时代奠定“中国”/“帝制中国”的观念。陆威仪在《秦汉》这一卷中说，“（前帝国时代，人们）要么以‘秦人’‘齐人’‘楚人’为人所知，要么以其他诸侯国国名命名，或者以某个特定地域命名，比如‘关内人’”，但是，秦的统一，则“把这些不同的人群在政治上联结起来”。我同意这一看法，虽然殷周时代可能已经有“中国”意识，但只有到秦汉建立统一帝国，先推行“一法度、衡石丈尺，车同轨，书同文字”，后在思想上“独尊儒术”，在制度上“霸王道杂之”，一个初步同一的“中国”才真正形成。陆威仪指出，秦汉历史的关键之一，就是“帝国内部的去军事化（demilitarization）和对国家边境的边缘族群所开展的军事活动”。如果说，由于秦汉在制度（在文字、货币、行政、法律、度量衡以及交通上整齐划一）、文化（通过政治力量，建立共同的生活习俗与文明规则，由帝国统一去除地方化，建立共同的神圣信仰，通过历史书写确立帝国边界，形成共同历史记忆）、社会（在政治上有共同国家观念，在社会上形成声气相通的群体，在思想上有共同伦理的士大夫阶层）三方面的推进，使得“中国”/“帝制中国”

成为一个具有内在同质性的国家，那么，包括秦之“销锋镝”，即《史记》所说的“收天下兵，聚之咸阳”，铸十二金人；汉之削藩平七国之乱，中央派遣官员巡行天下，使军队统一由中央管理；加上对四夷用兵以凸显“内部统一,四夷环绕”，都对形成统一帝国起了巨大作用。正如他所言，“把天下想象为由游牧民族和中国二者所构成，标志着一个巨大的进步”，换句话说，就是通过内部的同质化，通过外部的“他者”塑造“我者”意识，形成国族的自我认同，于是有了明晰的“中国”。

近二三十年来，中国学界有一种不断发掘历史、把“我们的中国”向上追溯的潮流，从官方推动的“夏商周断代工程”“文明探源工程”，到近年由于考古发掘而重新认识“最初的中国”，这里面当然有相当复杂的动机和背景，不过，越追越早的历史也碰到一个理论与方法的瓶颈，这就是原本“满天星斗”的邦国，什么时候才可以算内在同一的“中国”？在什么样的历史形态下，那片广袤区域才有了一个“中国”共识？这套“帝制中国史”用了“帝制”这个概念，把这个问题放在括号中搁置下来暂缓判断，无疑是聪明的方案。当然，帝制中国是一个“帝国”，既然作为“帝国”，秦汉疆域内仍然有着多种民族与不同文化，不过重要的是，在这个“帝国”之内，那个叫作“中国”的政治—文化共同体也在逐渐形成，并且日益成为“帝国”的核心。陆威仪在讨论秦汉时代的历史意义时，就指出在这个帝国控制下，“中国”，也就是帝国的核心区域，由于制度、文化、社会的整合，不仅在内部“去军事化”，而且在政治—文化—生活上逐渐“同质化”。这一点对我们来说相当有意义，对于此后的历史叙述也相当重要，因为这可以说明历史中的“中国”的形成、移动和变化，当然也是在扩大。因此，我们看到《南北朝》卷相当突出“中国地理的重新定义”，所谓“重新定义”，就包括长江流域以及南方山区（即属于古人所说“溪洞濮蛮”的地区）的开发，它拓展了“中国”的疆域和文化，而《唐朝》卷则再一次强调“中国地理的再定义”，指出中国政治文化中心的转移和南北经济文化重心的变化，在这一过程中，“中国”的形成与扩张才逐渐显现出来。

这一思路几乎贯穿各卷，像卜正民撰写的《元明》这一卷的第二章

《幅员》，就非常精彩地从蒙元的大一统，说到它的整合与控制；从明朝的版图缩小，说到明朝对西南的“内部殖民主义”；从交通邮递系统对国家的意义，说到元明的南北变化；从元明行政区划，说到人口与移民。就是这样，把族群、疆域、南北、经济一一呈现出来，在有关“空间”“移动”“网络”的描述中，历史上的“中国”就不至于是“扁的”或“平的”。而罗威廉撰写的《清朝》一卷，更是在第三章《盛清》中专列《帝国扩张》一节，浓墨重彩地叙述了大清帝国的疆域扩张，正如他所说，当这个帝国“在蒙古、女真、西藏、内亚穆斯林与其他非汉民族，整合成一个新形态、超越性的政治体上，取得惊人的成功。渐渐地，中国士人开始接受此重新定义的中国，并认同其为自己的祖国”。传统“中国”在帝制时代的这些变化，换句话说是“中国地理的定义与再定义”，应当就是这套历史书的一个主轴。

这当然也带来了“空间放大”。在现代有关中国的历史学变化中，“空间放大”即历史研究超越汉族中国或中央王朝的疆域，是一个很明显的特征。但是，这不仅是“中国”/“帝制中国”的空间在扩大，而是说，理解这个变化的“中国”就不得不了解“周边”，把历史中国放在亚洲背景之中，这或许是中国历史研究的一个应有的趋势。19世纪末以来，随着道光、咸丰两朝有关西北史地之学的兴起，以及欧洲和日本学者对于“四裔之学”的重视，到了20世纪，中国“周边”的历史地理逐渐被纳入中国史研究的视野，满、蒙、回、藏、朝鲜、苗以及各种边缘区域、民族与文化的文献、语言、历史、田野研究，使得有关“中国”的历史研究发生了深刻变化。当然，21世纪更引人注目的变化，则是“全球史”的流行。中国学界常常引用梁启超所谓“中国之中国”“亚洲之中国”“世界之中国”这种自我认识三阶段的说法，来证明我们也一样接受全球史，但在真正书写中国史的时候，却常常“中国”是“中国”，“世界”是“世界”，就像我们的历史系总是有“世界史”和“中国史”两个专业一样，甚至我们的各种中国史也对“边缘的”和“域外的”历史关注很少。这套书的撰写者都来自欧美，当然身在全球史潮流之中，主编卜正民教授本人就是全球史的身体力行者，他的《维梅尔的帽子》(*Vermeer's*

Hat)、《塞尔登的中国地图》(*Mr. Selden's Map of China*)等著作，在某种意义上都是全球史的杰作。因此，这一套书虽然说是"中国"的历史，却特别注意到"周边"。卜正民自己撰写的《元明》一卷，就特意设立一章讨论南海，通过《顺风相送》《塞尔登地图》《东西洋考》等新旧文献，"讲述了一个完全不同的明朝在世界中的故事"，正如《塞尔登地图》不再以大明为中心，而以南海为中心一样，一个15、16世纪海洋贸易圈，把中国、日本、菲律宾、印度，甚至欧洲联系到一起，呈现了一个全球史中的大明帝国。尽管卜正民认为明朝仍然只是一个"国家经济体"，但是，他也看到了越来越影响世界的"南海世界经济体"在那个时代的意义。

同样，把全球史视角引入晚期帝制中国研究的"新清史"，也刺激了这一清朝历史书写的转向，在《清朝》这一卷中，罗威廉列举出近年清史研究的三个转向，除了"社会史转向"之外，"内亚转向"和"欧亚转向"占了两个，而这两个转向，都使得中国/大清历史不得不突破以汉族中国为中心的写法，扩大历史书写的空间视野。正如罗威廉引用孔飞力(Philip A. Kuhn)的话所说的，"一旦我们更适切地以清朝的观点来理解清史时，历史学家或能在新清史中'重新把西方带回来'"，在这种全球史视野中，欧美学者"不再将中国描写成(帝国主义的)受害者或一个特例，而是(把清帝国看成)众多在大致上相同时期之欧亚大陆兴起的数个近代早期帝国之一"，并且特别注意的是"并非帝国间的差异，而是其帝国野心的共同特征：在广大范围内施行集权管理的能力、精心经营的多元族群共存与超越国族边界，以及同样重要的、侵略性的空间扩张"。他们不仅把清帝国放在与同时代的欧亚帝国(如英、法、俄、奥斯曼)对照之中，也把清帝国越来越扩大的"四裔"安放在历史书写的显要位置，这样才能理解他在《结语》中说的，"大清帝国在性质上与之前各代相继的汉人或异族王朝有所不同。作为标准的近代早期欧亚大陆形态之多民族帝国，其在扩展'中国'的地理范围，将如蒙古、女真、西藏、内亚穆斯林与其他非汉民族，整合成一种新形态、超越性的政治体上，取得惊人的成功。"

表面上看，"史料增多"这一点，在这一套书中似乎并不明显，但阅读中我们也常常有意外惊喜。毫无疑问，中国学者可以先接触新近的考古发掘、简帛文书、各种档案，这一点欧美学者并没有优势。但问题是，新发现需要新解释，缺乏新的观察角度、叙述方式和论述立场，新材料带来的有时候只是“增量”而不是“质变”，并不能使历史“旧貌换新颜”。西方学者虽然不一定能够看到最多或最新的资料，但他们善于解释这些新史料，并且有机地用于历史叙述。比如，陆威仪撰写《秦汉》卷，就能够使用各种简帛资料（包山楚简、睡虎地秦简、马王堆帛书、居延汉简），其中《法律》一章，基本上依赖睡虎地、张家山等出土文献，而库恩所写的《宋朝》卷讨论辽金的佛教，也能够引入诸如房山云居寺、蓟县独乐寺观音阁、应县木塔等考古与建筑资料；特别是，往往眼光不同，选择的史料就不同，卜正民撰写的《元明》一卷，不仅用了《天中记》这样过去通史一般很少用的边缘史料来作为贯穿整个明史叙述的骨架，而且用了严嵩籍没时的财产簿、《吴氏分家簿》《余廷枢等立分单阄书》《孙时立阄书》《休宁程虚宇立分书》以及耶稣会士被没收的物品记录等，讨论明代各种不同阶层、不同身份的人的家当，让读者更直观地感受到，明代各种阶层与各色人等的一般经济状况；同样，他还用《塞尔登地图》等新发现和《顺风相送》《东西洋考》等旧史料，来讨论南海以及贸易往来；更特别设立《物华》一章来实践物质文化史，讨论文物、家具、书籍、瓷器、书画，讨论当时文人的艺术品位、文化修养与艺术商品和市场问题，因此，过去一般通史写作中不太使用的《长物志》《格古要论》《味水轩日记》之类的边缘史料（当然，如果研究艺术、物质、文化的著作，会常常使用它们）就成为重要史料。这里显示出他对于史料有着别具一格的判断、理解和阐释。

当然，作为西方学者，他们常常能够以西方历史作为背景，时时引入欧洲资料与中文文献互相参照，这就更加扩大了史料边界。

二

欧美学者写中国通史，当然与中国学者不同；21 世纪写中国通史，当然也与20世纪不同。以往，中国的中国通史，基本上会以政治史为主要脉络，因此，政治、经济、军事等关系到古代王朝更迭的大事件，在历史叙述中总是占了很大的篇幅，其他领域大体上只是依附在这个主轴上。尽管从梁启超《新史学》和《中国史绪论》开始，中国通史写作就一直试图改变这种历史叙述的方式，但总体变化似乎并不大。

在写这篇序文的时候，我正准备和日本、韩国的几位学者讨论国别史与东亚史之间的叙事差异，因此，恰好在翻阅以前中国学者编纂的一些通史著作。从晚清、民国流行的夏曾佑、缪凤林、钱穆，到1949年以后成为主流的郭沫若、范文澜、翦伯赞、白寿彝，也包括各种通行的中国历史教科书。我注意到，中国学者撰写的各种通史，大体都是一根主线（政治与事件）、若干支流（社会经济、对外关系、思想文化），历史主线与各种支流在书中所占的比重大体固定。但在这套书中，我们则看到当下国际历史学界风起云涌的环境气候、性别医疗、社会生活、物质文化、宗教信仰等各种角度，越来越多进入了历史。虽然这套书还不能说已经是“复线”的中国史，但它也多少改变了以往“单线”的书写方式。例如，在几乎每一卷中，都专门设有一章讨论社会史意义上有关宗族、亲属、性别、日常礼仪的内容（如《秦汉》卷第7章《宗族》、《南北朝》卷第7章《重新定义亲属关系》、《唐朝》卷第7章《宗族关系》、《宋朝》卷第7章《人生礼仪》与第12章《公共领域中的私人生活》、《元明》卷的第6章《家族》、《清朝》卷的第4章《社会》），其中，像《秦汉》卷第7章《宗族》中借用韩献博（Bret Hinsch）、司马安（Anne Behnke Kinney）的研究，对于秦汉女性与儿童的叙述，不仅展示了秦汉女性在宗族组织和社会生活中的状况，而且讨论了女性在政治权力角逐中的作用，不仅讨论了秦汉帝国儿童的生命、寿夭、健康，还通过儿童讨论了“孝道”与“政治”，这是过去各种通史著作很少有的；《宋朝》卷第12章《公共领域中的私人生活》则体现了当下社会生活与物质文化研究的趋向，其中运用考古、图像与边缘文献讲述有关卫生、装扮、保健与福利的情况，比过去通史提供了更加立体和生动的宋代生活场景，使历史不再是严肃、刻板的单一向度。在这里，物质文化史的影响痕迹也相当明显，前述《元明》卷对于“物华”，即文物、书籍、家具、瓷器、书画以及欣赏品位与商品市场的描述，都是过去中国的中国通史著作中不太常见的。特别是环境史，众所周知，气候是中国历史上的一个重要因素，尽管20世纪70年代以前竺可桢就陆续写出了杰出的论文《中国历史上气候之变迁》（1925）、《中国历史时代之气候变迁》（1933）、《中国近五千年来气候变迁的初步研究》（1972），但除了寒冷气候对于北方游牧民族迁移和南侵的影响外，我们的通史著作并不那么注意环境与气候在政治史上的意义，卜正民所写的《元明》一卷，却用“小冰河时代”这一因素，贯串了整个13世纪至16世纪的中国历史。尽管这套通史中所谓“小冰河期”与竺可桢的说法有些差异，元明部分关于“小冰河时代”（13世纪到15世纪）与宋代部分对于“小冰河时代”（10世纪末到12世纪）界定也有些冲突，有的证据（如用明代绘画中的《雪景图》证明气候变化）也多少有些疑问，但是，把这一点真正有效地运用到历史研究中，并作为政治变化的重大因素，确实是令人大开眼界，也使得历史本身和观察历史都变得复杂化了。

说到“复杂”，对中国读者来说，最为重要的当然就是“问题复杂”。所谓“问题复杂”，说到底是一个观察历史的立场、角度和方法的变动与多元。20世纪以来，研究中国历史的现代史学比起传统史学来，不仅增加了“古今”“东西”“中外”等分析框架，也用进化的观念代替循环的观念，以平民的历史代替帝王的历史，打破原来的经史子集知识分类，使其转化为现代的文史哲学科，在文献之外增加了考古发掘与田野调查，对历史资料进行客观的审视和严格的批判。但到了21世纪，本质与建构、想象与叙述、后殖民与后现代，以及帝国与国家、国别与区域、物质与文化、疾病与性别等，五花八门的新观念、新角度、新方法，使得“中国”与“历史”不得不被拿出来重新认识，因此，这一套帝制中国史书系中涉及的很多新说，也呈现了晚近理论和方法的变化，这或许能给我们有益的启迪。

我一直强调学术史要“别同异”。对于海外中国学研究，我们特别要注意它自身隐含的政治、学术和思想背景，千万别把他们研究“中国史”和我们研究“中国史”都用一个尺码评判或剪裁。有人误读我的说法，以为我是把海外中国学看成“异己之学”，将海外学者“视为另类”，其实不然，恰恰是因为他们与我们所研究的“中国”不同，所以，我才认为特别要重视这个“异”。透过海外中国学家对“中国 / 历史”的叙述，我们不仅能看到“异域之眼”中的“中国史”，而且能看到塑造“中国史”背后的理论变化，也看到重写“中国史”背后的世界史 / 全球史背景。其实，当他们用流行于西方的历史观念和叙述方法来重新撰写中国史的时候，另一个“世界中的中国史”就产生了。

如果他们和我们一样，那么，我们还能从他们那里学到什么？他山之石才可以攻错，有所差异才互相砥砺。总是说“和而不同”的中国学者，往往只有“和”而缺少“不同”，或者只有“不同”却没有“和”。所谓“和”应当是“理解”，即理解这种历史观念的“不同”。中国读者可以从这些看似差异的叙述中，了解欧美中国历史研究的一般状况，也可以知道某些颇为异样的思路之来龙去脉。比如《宋朝》卷中，在提及欧美有关宋代科举与社会流动的研究时，作者列举了贾志扬（John W. Chaffee）、李弘琪、柯睿格（E. A. Kracke）、郝若贝（Robert Hartwell）的研究；在有关宋代日常生活仪礼的研究中，则介绍了华琛（James L. Watson）、伊沛霞、裴志昂（Christian DePee）、柏清韵（Bettine Birge）、埃琛巴赫（Ebner von Eschenbach）的成果。而对于明代政治，卜正民更指出，当年牟复礼（Frederick W. Mote）曾经认为，明代是宋朝皇帝与蒙古大汗两种传统的结合，蒙古野蛮化把帝制中大部分对皇权的限制都摧毁了，这就形成明代所谓的“专制统治”（despotism），而范德（Edward Farmer）则更有“独裁统治”（autocracy）的说法，把明代这一政治特点从制度设计层面提出来；接着贺凯（Charles O. Hucker）又以胡惟庸案为个案，讨论了明代初期皇权压倒相权的过程，以及“靖难之役”使得皇权进一步加强的作用。这样，我们大体上知道美国的中国学界对于“专制”这一问题的讨论经过，也知道了有关明代“专制”研究，美国与中国学者的差异在哪里。

读者不妨稍微注意他们观察中国历史时的聚焦点。前三卷中有个做法很好，撰写者常常会将他关注的议题开列出来，使我们一目了然。例如对秦汉，他关注（1）在帝国秩序之下逐渐式微但并未被完全抹除的地域文化；（2）以皇帝个人为中心的政治结构之强化；（3）建立在表意文字基础之上的文化教育，以及由国家操控的、巩固帝国存在的文学经典；（4）帝国内部的去军事化（demilitarization）和对帝国边缘族群所开展的军事活动；（5）农村地区富裕的豪强大族的兴旺。对南北朝，作者说明这一时期的历史重心应当是：中国地理的重新定义，它的内在结构及其与外部世界的关系，新的社会精英，世袭制的军事人口和新的军事组织，影响后世的宗教使中国不再严格按社会与政治来划分人群，等等。对唐代，他关注唐宋政治与文化的转型、中国地理格局的再变化、商人与外部世界、城市中的商业与贸易引起的文化与文学变化，而在卜正民所撰写的《元明》一卷中，虽然并不像前几卷那样明说要点，但他一方面说，“我们只需举出元明史上的两大主题——独裁制和商品化（commercialization），在宋代尚不见其踪影，而到了元明时期，它们在质和量上已发生了飞跃性的变化”，因此，他“没有把它（1368年元明易代）当作中国历史上的一个转捩点，而是连接两段历史的纽带。使明王朝崛起的叛乱，确实终止了蒙古人长达一个世纪的统治，但也使蒙古人的遗产得以历数百年而传承不绝。元明两代共同塑造了中国的专制政体，将中国社会解体，重新以家族为中心聚合起来；并且，为更好地积聚商业财富而重建了中国人的价值观”；另一方面他别辟蹊径，不仅把社会结构（《家族》）、自然环境（《经济与生态》）、宗教信仰（《信仰》）、物质文化（《物华》）以及外部世界（《南海》）各列一章，而且特别指出“这两个朝代所在的时期恰好是研究世界其他地方的气象史专家所说的小冰河期（the Little Ice Age）”，因此他特别详细地叙述了自然灾害——饥荒、洪水、干旱、飓风、蝗虫、流行病。从这里，读者或许可以看到他对于元明两代历史的新认识。同样，对于清代历史来说，我们也可以注意，为什么罗威廉在《治理》这一章中那么重视“理藩院”“内务府”和“军机处”这三个他所谓的“创新”？因为这三个“创新”，其实就是“管理”“保护”和“控制”，它指向清王朝政治统治最重要的三个方面：一是对汉族中国本部十八省之外的管理（大清帝国的多民族与大疆域）；二是对皇帝个人及其有关家族的保护（异族统治者的利益和权力保证）；三是满洲统治者对核心权力包括军事权力和行政权力的高度控制。

这或许是理解清朝作为一个“帝国”的关键。

三

这套“帝制中国史书系”，值得击节赞赏的地方很多。比如，我们常常以为欧美学者总是习惯追随新理论，但在书中我们可以看到，他们对新理论在历史研究中的限度，也有相当清楚的认识。举一个例子，我很赞成《清朝》卷中罗威廉的一个批评，他说，一种所谓“后殖民主义”观点指责20世纪初中国的政治精英，说他们总是认为中国应当走欧洲式的民族国家道路，因而这一思想便成为中国民族主义力量的部分原因。罗威廉冷静地指出，这一说法“貌似合理且引人入胜，但必须记得，晚清的中国精英们没有这样奢侈的后见之明。对于越来越多的人来说，为了能在即将到来的战争中存活，把他们的政体重建成强大的西式民族国家，确为当务之急”，这才是同情理解历史的态度。再举一个例子，在讨论中国史的时候，这些来自西方的学者总能不时引入世界或亚洲背景，使中国史超越现代中国的“国境”，与世界史的大事彼此融合、相互对照，因此对一些历史事件与历史人物，不免多了一些深切理解和判断，与那些盲目相信“中国崛起”可以“统治世界”，因而对中国历史做出迎合时势的新解释的学者不同。如卜正民关于哥伦布与郑和航海的比较，就批评一些趋新学者把郑和当作探险家，并且比作哥伦布的说法。他指出，哥伦布的目的不是外交或探险而是经济利益，而郑和的目的是外交，即“不是一个为了在海上发现新世界的职业探险家，而是一个皇室仆人为了达成一个僭位称帝者的迫切心愿——获得外交承认”，因而这两个同样是航海的世界性事件，引出的历史结果大不相同。当然，我们也可以从中学到欧美学者在历史中说故事的本事，自从劳伦斯·斯通（Lawrence Stone）的《叙事的复兴》（*The Revival of Narrative: Reflections on a*

New Old History）以来，西方学者对历史如何叙事，重新有了更大的兴趣，而卜正民正是这一方面的高手，在《元明》卷中，他仿佛讲故事一样的方式对元明两代历史的叙述，会让我们想一想，中国通史著作非得写得一本正经地教条而枯燥吗？

毫无疑问，这套书也有一些我不能完全赞同的地方。作为一个中国历史研究者，阅读之后也有我的疑惑。首先，从文献资料上说，我要指出的是这套书有的部分虽然开掘了若干边缘文献，但有时不免过于轻忽主流历史文献（比如二十四史、通鉴、十通等等）的引证，甚至有一些常见的正史文献要从今人（如唐长孺）的著作中转引，这是中国学者难以理解的，而从学术论著之参考上说，对于近年中国学界的论述仍然较为忽略，以中古史为例，虽然陈寅恪、郭沫若、唐长孺、王仲荦、韩国磐等人的著作时有引述，但是，显然对近年以来中国学者的新研究了解相当不足，即以北朝之“子贵母死”一事为例，作者没有提及田余庆精彩的研究就是一例。其次，我也要说，如果以较严格的水准来衡量，书中有些论述也有不完整、不深入或者还有疑问的地方，比如，《南北朝》卷对中古时期的佛教与道教论述，似乎略有问题，至于《唐朝》卷说“在隋唐时代，佛教最终分成了四个宗派”（天台、华严、禅和净土），这更是不太可靠；《宋朝》卷虽然注意到宋真宗时代是一个重要的“历史转折点”，但遗憾的是，这里并没有深入分析为什么这是一个“历史转折点”，其实，可能更应当指出从“安史之乱”到“澶渊之盟”两个半世纪之间出现的胡汉、南北、儒佛、君臣四大关系的新变化；再比如，对于宋代儒学从反官僚体制到融入意识形态主流的曲折变化及其政治背景，似乎简略或者简单了一些，让人感到对于理学的叙述深度不足，而在《元明》卷对蒙元叙述过少，与当下蒙元史作为世界史的热潮相左，这一做法令人疑惑，而在有关王阳明与“大礼议”关系的论述中，作者似乎认为，由于王阳明支持嘉靖尊生父而使得王阳明之学得以兴盛，这一论述根据也许并不充分，结论也稍显简单，因为事实上，嘉靖皇帝并未因为王阳明和他的弟子们在“大礼议”中的立场，而改变禁止“王学”的政策；至于《清朝》这一卷中，罗威廉对于费正清朝贡体系的批评似乎也不能说服我，尤其是他用来批评费正清之说而举出的例子，即大清帝国和朝鲜、越南在“引渡与边界”方面“基于对等主权国家的模式”，这一说法恐怕缺乏历史证据。当然，这些并不重要，任何一套通史著作，都会留下这样那样的问题，这也是通史著作被不断重写的意义所在，历史不可能终结于某一次写作。正如前面我所说的，这 6 卷帝制中国史新书，即使仅仅在思路的启迪上，就已经很有价值了。

四

“帝制时代”在 1911 年结束，这套 6 卷本从秦汉开始的“帝制中国史”也在清朝结束之后画上句号，但掩卷而思，似乎这又不是一个句号，而是省略号。为什么？请看罗威廉在最后一卷《结语》中提出了“帝制中国”留下的三个问题：

第一个问题是国家。他说，“大清帝国在性质上与之前各代相继的汉人或异族王朝有所不同。作为标准的近代早期欧亚大陆形态之多民族帝国，其在扩展‘中国’的地理范围，将如蒙古、女真、西藏、内亚穆斯林与其他非汉民族，整合成一种新形态、超越性的政治体上，取得惊人的成功。”但是，此后从“帝制中国”转型来的“现代中国”，也面临清朝遗留的种种问题，他追问道，现代中国将如何维持这个多民族国家，如何解决蒙古人、满人、藏人、穆斯林的分离主义趋向？

第二个问题是政府。他说，清王朝是一个省钱的小政府，很多政府工作“转包”给了当地精英（士绅、乡村领袖、地方武力领导以及商业上的中介者）、团体（宗族、村庄、行会）。但是，当清政府 19 世纪面临国际侵略和内部问题时，“在这种竞争环境下借政治以求生存，一个更大、更强、介入更深的国家机器似乎就成为必要”。这也许是一个历史学家的“后见之明”，抑或是为庞大的现代中国政府上溯源头，那么，这个更大、更强、介入更深的“政府”将给现代中国带来什么后果？

第三个问题是“公”领域。罗威廉说，19 世纪中叶以来，以公众利益为名开办并给予正当性的各种事务（如慈善、防卫、基建、商业行会）

突然发展，开始在地方蔓延，虽然这可以视为“国家扩张的伪装方式”，但这种情况的出现，一方面使得国、共两党得以利用，另一方面使中央政府需要对这些领域重申控制的必要。那么，这是真正意义上（如哈贝马斯所说）的“公共领域”吗？它在清朝之后的中国发展状况如何？它在当代中国又将是个怎样的命运？

走出帝制之后的中国，似乎仍然残留着帝制时代的问题，而这些问题都值得继续深思。若干年前，孔飞力（Philip A. Kuhn）曾经在《现代中国的起源》（*Origins of the Modern Chinese State*）一书中试图解答这些问题，但是，我以为这个问题的最终解答，还需要很长的时间和更多的努力。

近些年来，东洋学者撰写的中国史，较新的如讲谈社之“中国史”系列，较旧的如宫崎市定之《中国史》等，都已经翻译出版，并且引起中国读书界的热烈反应。我听说，引起热议的原因，主要是它们不同于中国久已习惯的历史观念、叙述方式和评价立场，这让看惯或读厌了中国历史教科书的读者感到了惊奇和兴味。那么，现在西洋学者撰写的这一套哈佛版“帝制中国史”书系呢？人们常引苏东坡诗“横看成岭侧成峰，远近高低各不同”来比喻在不同角度，往往观察各有所得，如果说，日本学者对中国史是“横看成岭”，那么，西洋学者编纂的这套哈佛版“帝制中国历史”书系，是否也会“侧看成峰”，并且引发中国读者新的思考和议论呢？

2016年7月18日初稿于上海

2016年8月14日修订于芝加哥

中文版总序

卜正民

20 世纪 90 年代初我到北京参加一次会议时，幸运地发现清史研究专家朱维铮教授也出席了同一会议。在朱老师这一代人中，他可谓极富才学，或许性情也最火暴。对我而言，他还是一位慷慨的良师益友，在我需要之时往往不吝提出明智的建议。我想通过回忆自己与朱老师在北京月坛公园的一次谈话来为中国读者介绍这一套书。当时我俩正散着步，我突然向他袒露心声，说自己曾数度迷茫—— 90 年代初的我正处于迷茫之中——既然我不是中国人，那当一名中国历史学家到底有什么意义。我虽然能够像朱老师那样阅读第一手文献，但还是极度渴求拥有他那般理解中文文献的本能。到底怎样我才能像理解自己的母文化那般，更真切地理解中国呢？

朱老师做了这样一个比喻来回答我的问题："你想象中国是一个仅有一扇窗户的房间。我坐在房间里面，屋里的一切都在我的目光之中，而你在房间外头，只能透过窗户看见屋里的景象。我可以告诉你屋内的每一个细节，但无法告诉你房间所处的位置。这一点只有你才能告诉我。这就是为什么中国历史研究需要外国学者。"

朱老师或许对中国同事们的研究局限多有责备，但对那些愿意付出真正的努力来了解中国的外国人，则往往慷慨相助。他相信，我们的确能够带来些什么，而且我们拥有一种中国人无法依靠自身开辟出的观察视角，因为我们对中国的观察受世界其他地方的政治、社会、文化生活经验影响，而这些经验是中国人所没有的。听他说着，我不禁想起了明朝时的一句俗语：中国人用两只眼睛观察世界，欧洲人只用一只眼，其他地方的人则都是瞎子。我相信，朱老师是觉得他这一代的中国学者只睁开了一只眼，而外国历史学者正好为他们提供了第二只眼睛。

作为一个二十来岁才开始研究中国的学者，我自然是站在房间外面来观察中国的。然而重要的是，我二十来岁的光阴正好是在20世纪70年代——这意味着我大致上与中国所谓的“文革一代”同辈。彼时正是西方史学经历大转折的时期，历史不再是伟人和强权间相互影响所取得的成就，而转变为普通人在其所处社会的约束与机遇中经历的生活。对于一个在此时拥抱中国明代社会和经济史的外国人来说，这无疑是一个讽刺，因为彼时我最想求教的历史学者并非来自西方，而是一个中国人——傅衣凌。傅衣凌对与我同辈的中国历史学者产生了巨大的影响，他展示给了我们具体的研究路径，让我们知道如何用明代史料写出各个阶层民众经历的历史，而不是统治家族支配的历史。70年代末，我有幸在北京见过傅老师一面，至今我仍后悔没能向他学习更多，像我从朱老师那里学到的一样。

当哈佛大学出版社邀请我主编一套中国帝国时期的历史时，我找到了与我同辈的三位历史学者，他们多多少少形塑了我在社会关系和物质文化方面的兴趣。我们并非用同一种语调或同一种国家视角（三人中一位是德国人，两位是美国人，我是加拿大人）来论述问题，但我们差不多是同一代人，踩在同一片知识的土地上。我并未做多少导引，主要是请他们引用自己和其他人近期研究的一些成果，这样他们的描述才能够与时俱进，跟上现在的知识脚步。我可不想我们只是在重复老套的故事。另外，我请他们仔细考虑在他们所写的那个时代生活到底意味着什么，并从这个角度来进行写作。我希望他们抱着生命经验之复杂的想法，而不是退回到“历史事件之所以发生就是因为它该发生”那一套统一的、早已建构出的历史叙述中。他们应该从自己所写时代的内部而非外部来呈现那些岁月，但同时，他们的写作也需要囊括该时期内中国所征服的地区，这就要求他们不仅从内部来观察，还要具备全局眼光，使影响该地区历史进程的非汉人形象更加具体。这套书仍保留的一个传统是按照朝代来划分中国历史。之所以这么做，部分是因为朝代变更往往意味着正式统治者的改变，由此人民的生活组织方式也改变了；更重要的是因为朝代的确提供了时间定位，方便人们明白自己在历史的何处徜徉。所以，读者会在这一套书中见证朝代兴衰，但也能更多地了解某个时代的经济、社会、文化，以及人民的日常生活，而不是像在故事书中那样只看到皇帝和大将军们的传奇故事。

我所写的元明卷与其他几卷有一个显著不同，这种不同是在整个系列的编纂后期才逐渐显露出来的，所以该特征在其他几卷中并没有出现。正如我提到的，我发现自己越来越喜欢从环境的角度来看待历史，这么做最开始是为了满足我对自身的要求——我认为我们应该好好利用环境研究领域的最新成果，而这些成果正不断涌现。然而，我逐渐得出了这样的结论：在元明四个世纪的历史中，对民众生活经历和政治时运产生影响的最重要因素正是气候变化。气候虽不能回答历史提出的所有问题，但我发现要回答元明时期的许多历史问题就不得不把两个最基本的物质生活条件——整个世界的寒冷和干燥程度——考虑进来。元明卷并非完全在论述中国自中世纪暖期到小冰河时代的环境历史，但它的确是在将气候变化影响纳入考虑的框架内对历史进行阐释的。

现在，我邀请你们走进这个中国历史的房间，而四位学者正站在外头观察它。我希望你会同意，我们的确看到了一些你会错过但值得留心的东西。我还希望我们发现的一些具有挑战性的问题，能够激励中国读者用自身的内部观察视角来检视中国的过去与未来。

2016 年 6 月 2 日

（田奥 译）

最后的中华帝国：大清

导 言

001 大清帝国是曾立基于今日中国地区的政治实体中最庞大的一个。[1] 比起其在 1644 年取而代之的明帝国，清帝国的疆域是明代的两倍多，而人口则超过明代的三倍，至清末已达到 5 亿之多。在清帝国内不只有视自己为“中国人”的人群，亦有许多过去从未整合进中国王朝政体中的族群，包括西藏人、维吾尔人、某些蒙古部族、西南边境的缅甸人与傣人、台湾及其他新近被开发的边疆与内陆高地之原住民，乃至于占有清帝国皇位、后来被称为“满洲人”者。其广大领土或至少其中的一大部分、众多且不断增长的人口，以及随之而来的紧张关系，都为其后续政体中华民国与中华人民共和国所承继。可以从许多角度来看待清帝国，其中之一便是将之视为 2000 年帝制中国史的最终一章。

能统治这个史无前例的广大帝国近 300 年之久，是由于清朝在其全盛时期发展出比之前任何朝代都更有效率也更有效力的行政管理与沟通体系。而能同时养活史无前例的众多人口，则是因为其生产力
002 水平不仅远迈前代，其经济管理的体制可能也较之前世界任何地方都更有野心，也更有效。[2] 研究中国艺术与文学的学者，或许可以合理

地主张清代的美学作品不能与唐代的诗歌、宋代的绘画或明代的瓷器相媲美，然而其活跃兼容的文化在这些领域都有卓越贡献，且更在小说、戏剧，甚至是印刷报刊等新的艺术表现形式上开疆拓土。虽说把中国历史上任何时间点视为与世隔绝都是错误的，然而清帝国与欧亚大陆另一端的交流和相互影响，在性质上无疑比过去更为密切，同时也有更多冲突发生。此影响至今仍未解决。

与四五十年之前相较，史家对大清帝国有相当不同的理解。实际上，或许恰当地说，在 20 世纪 50 与 60 年代世界大部分地方实际上没有“清史”这种说法。当然，中国史家长久以来以代代相承的统治王朝来组织中国历史，根据儒家朝代循环的模式兴衰更迭，清代仅可当作是这其中的最后一个王朝。根据这个观点，1912 年之后初兴的中华民国政府如同之前的新王朝一样，开始编修官方的前朝历史，终而在 1927 年出版由前清遗老赵尔巽主编的《清史稿》。[3] 5 年之后，无畏的学者萧一山出版了他自己的《清代通史》，尔后基本上成为这个科目的标准模板。[4]

然而至少在西方，20 世纪下半叶之前儒家朝代式的史学写作传统已不再风行。取而代之的是哈佛大学费正清（John King Fairbank）将中国过去 500 多年的历史，以 1842 年区分为两段的观点。他是美国的中国现代史学之父，以惊人的旺盛精力撰写教科书、为其他大学培训师资，并且监制了一套具有开创性的现代东亚史学术丛书系列。依照他的观点，1842 年之前的中国历史是“传统中国”的一部分，而“现代中国”则从鸦片战争与《南京条约》带来的西方“冲击”开始。[5] 从此清朝历史被分为两个部分，由两群不同的学者分别研究。虽然费正清从未明言（即使其他人这么说），1842 年分水岭之前的帝制中国史本质上是“停滞”的，真正有发展性的变化则始于中国对西方的回应，但是其时代分期却有这样的暗示。[6] 受到哈佛学派的影响而产出的最佳中国现代史教科书中，理所当然地只简略地涵盖清朝前

200年，而绝大部分关注焦点仍是从1842年到现在，也就是“真正的”、西化的现代时期。[7]

费正清及其追随者抱持的这些明显具有欧洲中心观的时代分期，并未受到中国史家的挑战。在列宁主义认为西方帝国主义是中国近代唯一主导力量的假定之下，北京的中国社会科学院以鸦片战争为分界，将其学者组织划分为历史研究所与近代史研究所。而在台北，受到“现代化理论”的风潮所及，“中央研究院”也分设历史语言研究所与近代史研究所两个机构，分别研究1842年之前与之后的时期。虽然战后日本的清史研究未有如前述划分的制度，但是也以类似的分工为基础。特别是受马克思主义影响的东京大学学者，对他们来说，“现代”中国从鸦片战争方开始。

在20世纪70年代确实有一些少数派的声音，这些声音让当时如我这样初出茅庐的学者感到非常兴奋。然而就我所知，当时只有一项学术倡议迥然不同地主张将清代史视为一个整体来研究，忽视了鸦片战争的分界。此为当时尚为研究生的史景迁（Jonathan Spence）于1965年在耶鲁大学创办的期刊，这份实属学会通讯的刊物鲜明地以“清史问题”（*Ch'ing-shih wen-t'i*）为名。而在中国，难能可贵的《清史研究》在约25年后的1991年方开始由中国人民大学清史研究所出版。[8]

回顾近半个世纪以来，美国的清代史研究之演进主要以三个重要的修正性转向为标志，唯此情况并不限于美国。首先是转向20世纪70年代与80年代缓慢成长的社会史。这个转向受到的影响主要来自由法国历史学派及其标志性刊物《年鉴》（*Annales: économies, sociétés, civilisations*）所激发的欧美史研究。他们的重点不在政治、军事或外交事件，也非过去的伟大人物；强调的不仅是“时局”（conjuncture），而是相对的、在历史“长时段”（longue durée）中缓慢消长的社会、经济与文化结构（structure）。[9]这个学派对中国史领域略为迟来的影响由两个因素促成。首先是美国的中国史学者逐渐吸收了“二战”后日本中国史学者庞大的社会经济史著作，接着是台湾与北京的大量清宫档案先后在70与80年代向外来研究者开放，令学者可以尝试进行年鉴学派所主张的那种长时段历史研究。

此社会史转向之结果有三。第一，史家开始批评“冲击与回应”（China's response to the West）模式对中国近代史起了重要作用的观点，转而将焦点集中在中国内部的各种变化，强调中国自身的历史有诸多可能性，而非停滞不前。这个新潮流由费正清大弟子之一的柯文（Paul Cohen）精简地以“在中国发现历史”（discovering history in China）这句话来表示。[10] 在这种对清史的修正论叙述中，西方对清帝国的影响日益被边缘化，这是必要的修正，但也许往后亦会引来对这种修正观点的再修正。最终，一旦我们更适切地以清朝的观点来理解清史时，历史学家或能在新清史中“重新把西方带回来”（bring the West back in）。[11]

亚洲四小龙（中国香港、新加坡、中国台湾、韩国）的经济奇迹与后毛泽东时代的中国所促成的第二个社会史转向之结果，是逐渐抛弃了对清史的失败者叙述。探究如“为什么19世纪的中国没有资本主义或工业化”（通常与明治时代的日本做相形见绌的比较）之类的研究问题，现已被视为是建立在受误导甚至是错误的前提之上。比较社会学家与美国的中国史专家开始主张至迟到18世纪中叶，清帝国可能比大部分的西欧有更繁荣的经济与普遍较高的生活水平。[12]

第三个，也是更显著的结果是关于时代分期。就在将清朝视为一连贯整体的观点开始胜过“传统／现代”的二元区分时，朝代鼎革亦被视为仅是中国历史结构演进中表面的涟漪。1975年魏斐德（Frederic Wakeman Jr.）曾评论道：

> 社会史家逐渐开始认识到，从16世纪50年代到20世纪30年代的这段时间，乃是自成一个连贯的整体。学者放眼中 005

国最后400年的历史直至共和时期之间的历史演变，而非视清朝为过去历史的复制，或将1644年与1911年视为重要的起讫点。长江下游的都市化、以支付银钱取代徭役、某些类型的区域贸易发展、大众识字率的增长与士绅群体的扩大、地方管理活动的商业化等等，这些从晚明开始的现象开启行政上与政治上的变化，在整个清朝持续发展，而某种程度上在20世纪初期结束。[13]

然而该如何称呼这个超越明清分界的新时段？一个较薄弱、容易被接受且较流行的词是“帝国晚期”（late imperial）。这个词意味着不仅是清朝，整个或部分的明朝也同样属于一个单一连贯的历史时期。[14]另一个比较有力而我也赞同的说法是“近代早期”（early modern）。[15]然而这个说法同样也有许多明显的包袱。举例来说，这种说法似乎暗示迈向成熟现代性之前有某些必要过渡的阶段，而此现代性也许是一种具有工业化与代议政府、与西方相当近似的现代性。然而这正是修正派史家亟欲挑战的观念。更广的来说，“早期近代性”（early modernity）是有意从欧洲史学研究中借用过来的概念，使用这种概念似乎会将一系列从西方经验启发的预设强加在中国之上，以至于模糊了中国历史自身的实际状况。[16]此议题至今仍未有定论。

第二种对清史基础的概念重构化现在通常称之为“内亚转向”（the Inner Asian turn）[17]。[18]这是紧跟在社会史革命后的文化史革命之发展结果。重视“再现”（representations）甚于既有“事实”，文化史主张对性别或种族等基本范畴去本质化，视其为文化协商或历史偶然的结果，而非与生俱来的。对性别角色变迁的关注，是过去数十年间中国史研究中最有成果也最令人兴奋的发展之一，然而是种族或族群认同的相关研究与我们将清朝视为一个历史时期的概念重构有更直接的关联。

在修正派提出的核心主张中，“满洲”认同是满洲人在征服中国后的历史建构。清朝接管中国是审慎营造“征服组织”（conquest organization）的成果，其中种族或族群认同很重要，但又可替代更换。这个以满人为中心的新王朝与之前大部分的王朝（特别是与明朝）有根本上的不同。清朝有意识地将自己视为一个普世帝国、多民族的政体，而前明的属地不过是其中的一部分，但显然是最核心且经济上最有生产力的一部分。为了将大清帝国与之前中国历朝的循环模式分离开来，有些学者坚持清朝自立年号的1636年方是清朝的建立年代，而非征服明朝的1644年。[19]

清朝的统治者并非要全然汉化其领地，仅是扮演着儒家的天子角色，一如其他同时用来统治其多元族群属民的各种角色。其不同属民各自的族群认同亦未被汉化所消灭，清廷反而谨慎地经营这些认同（虽然通常是在其汉人大臣背后）。今日通常归入“少数族群”政治标签的非汉族成员，因而被赋予一种新的积极主体性与自主动力。在此观点下，这些少数群体和个人在日常生活的实践上，与其满汉邻居及统治者共同协调他们自我的认同。[20]

这样的新清史逐渐取得优势，推动了一股研究清帝国边疆扩张的潮流（这些扩张通常为汉人文臣所反对，认为将因此忽略中国本土的内政需要）。重点从视中国为19世纪末西方或日本帝国主义下被动的受害者，转变成中国本身为帝国主义行动的积极参与者，在18世纪之时最为显著，然而即使在19世纪乃至20世纪初亦是如此。同时，如同稍早“在中国发现历史”的运动欲寻求克服欧洲中心主义的偏见，新的清史研究则直接与中国中心主义对抗。受到南亚历史学家对民族主义的后殖民批判所影响，此时清史研究指出如“中国帝制时期历史是现代汉民族国家兴起的漫长序幕”，或是更普遍的，像“民族国家是历史发展必然终点”等观点中的缺陷。汉族民族主义的史学研究被批评是将一套由西欧偶然经验得来的进步模式强加在另一套相当不同的文化之上，若非这些20世纪民族主义精英自我本位的行动，也许会有一条完全不一样的道路。[21]

第三个重大转向也许可称之为“欧亚转向”（Eurasian turn），其主要是从第二个转向发展出来，但同时也受了世界史与生态史这两个由来已久的次领域影响。这两个领域过去只是偶尔注意到中国这个次大陆的发展，[22] 其首次与清史的重要相遇，是在中国史学者对所谓“17 世纪普遍性危机”与此危机如何加速明清朝代更迭的研究上。在论及此危机如何影响帝国晚期的中国时，有些学者强调跨国的经济因素，特别是国际白银流动的剧烈波动，但同时亦有学者认为应归因于有小冰河时期之称的气候转变。[23]

然而，从近代早期帝国的比较研究最终引导出一个欧亚大陆整体的新视野。过去欧洲挑战、亚洲响应的二分法历史被取代，新的历史强调欧亚大陆整体的不同部分沿着可相比较的发展轨迹而又各自不同的历史进程。[24] 清帝国不再是孤立的特例，开始被认为与奥斯曼帝国、莫卧儿帝国、罗曼诺夫王朝，甚至拿破仑帝国等陆权帝国有诸多相似之处，如在新沟通科技之下的中央化行政管理、精心建构的多元民族体制与具侵略性的陆地殖民等等。欧亚大陆的新势力即以这些条件从不同的方向围攻、排挤那些较古老的（且通常是游牧民族）文化。[25]

此欧亚大陆修正观点同时也与断代问题有重要关联。如果说“内亚转向”对好不容易才取得胜利的“以中国为中心的清史”抛出问题，“欧亚转向”隐然挑战将明代与清代包含在一起的“中华帝国晚期”与从晚明开始的“中国近代早期”等修正派的概念。罗友枝（Evelyn Rawski）在一篇发表于 2004 年、也许可视为欧亚转向之宣言的文
010 章中，修正她在 1996 年认为清朝与其之前中国朝代在性质上不同的说法，更断然地主张如此史无前例的中央集权帝国相当大部分是满洲统治下的独特运作，不可能在汉族统治者下的明朝出现。换句话说，中国的“早期近代性”确然开始于改朝换代的 1644 年，而非之前。[26] 也许以朝代断代的古老儒家传统并非全然错误。

因此，本书所讨论的大清帝国是个在不停移动的目标。大清帝国在中国历史脉络或广阔的欧亚大陆有何无与伦比的独特之处，仍然是一个开放的问题。因而，从我们自己的历史时代研究这个时段、这个地方会有很大的收获。

第 1 章

征 服

1688 年，正蓝旗官员佟国纲上书康熙皇帝，希望将他正式登记的族属从“汉军”转为“满洲”。他的伯祖父佟卜年于 1580 年左右出生在辽东，而后迁徙到位于华中的武昌。他以武昌为籍通过 1616 年（明万历四十四年，后金天命元年）的会试，先是担任明朝的县官，之后受召前往东北防御满洲。在一场惨烈的败仗之后，佟卜年被控叛国，于 1625 年死在狱中，但他始终坚称自己忠于明朝。他的儿子佟国器在武昌长大，并在武昌编了一本族谱，证明自家至少十代以来都是明代忠勇的军士，以此为父亲的忠诚辩护。不过佟国器于 1645 年在清军征服长江地区时被俘，他与他的家族都被编入正蓝旗汉军。

然而原来那些被佟国器诚实地收入族谱、佟家在辽东的后裔，在清军的征服事业中也表现得一如保卫明朝的佟卜年那样英勇。实际上，辽东佟家的其中一位，后来成为康熙皇帝的外祖父，而使得佟国纲自己亦可算是康熙的叔伯辈。因此，康熙皇帝同意佟国纲的请求，将他重新纳入满洲，然而皇帝也指出，如果将他的远亲也一起改籍可能造成管理上的不便。从此之后，佟国纲和他的部分亲属成为满人，而其他佟姓族人则仍保持汉人身份。在这样的时空下，族群认同远非由基因所决定，而是模糊且具有弹性、可以经由协商改变。[1]

像这样的故事对重新从历史理解这个在 1644 年入主中国的统治 012
者来说非常重要。不久以前，一般对满族的认识一方面来自“种族终究是种族”的本质性预设，认为每个种族（如同满族）都是由生物或基因因素所决定，一旦决定便永远如此；另一方面，这样的本质性观点也同时建立在一种目的论式的汉族民族主义史学之上，认为在 20 世纪出现的汉族民族国家是中国 2000 年王朝历史的必然结果。在这个逻辑之下，包括异族统治在内的所有国祚较久的朝代都大体相似。如满洲或蒙古等外族或可征服汉人的地盘，但如果要让政权保持下去，就得以中国的方式统治，而最终将他们自己变为中国人。

在这种对清朝统治的设想之下，满洲作为一个种族或族群在征服明朝之前就已经存在了，虽然他们在各方面都是“野蛮人”，在文化上较汉族低等。但在他们入主中原之后，经过一些内部辩论，满人选择以儒家的天子概念来统治中国。这样的决定不可避免的导向文化“同化”（assimilation），甚而在生物层面上也令满族消失。一些满族统治者如乾隆皇帝（1736—1795 年在位）警觉到，他们族人与其他人群的区别性正逐渐消失，主张维持“满洲之道”（the Manchu way）以为后盾，然而这些尝试注定要失败。所以当中华民国在 1911 年取代清朝时，真正的满人已所剩无几，大部分已融入中国人口当中。这样的叙述同时也有一种暗示，即日本帝国主义者在 20 世纪 30 年代末于东北建立一个满洲民族国家的企图基本上是一种阴谋，因为以中国的观点，所谓满洲人在这个时候已经不存在了。

然而在 20 世纪 80 年代，清史学家开始以几乎完全相反的观点改写这段叙述。[2] 受到文化研究的影响，学者不再相信诸如“种族”这类生物性范畴的本质化概念，而视种族分类为在特定历史条件以及社会政治协商过程下的产物。因此，根据这样的新观点，在 17 世纪时实际上不存在“满洲”这个种族，只有与明帝国东北边疆接邻的众

013 多人群，各自具有相当不同的祖先谱系与文化传统，其中不少人全部或部分的祖先是汉族。这个承继明代皇位的群体不是种族上的满族，而是一个以胜战为目的、有意创造出来的人群组织。这个“征服组织”的领导者认为，分派不同族群认同给他的成员，如蒙古、汉军乃至于满洲等是有用的，而这样的族裔分派与其说是依循既定的生物事实，还不如说是图政治之便。如同上述佟家案例，如果情况需要的话，这些初始的分派可轻易地撤销或更改。

较早的观点认为，刚开始可被区分出来的满人随着时间逐渐被同化或消失，而新的清史叙述则认为满人在整个清朝都实际存在。乾隆皇帝与其他人的努力与其说在守护一个濒临灭绝的民族文化，还不如是说在创造一个具有起源神话、民族语言与文学、鲜明文化特征的民族文化，而这个计划出乎意外得成功。讽刺的是，若满洲在 1644 年之前实际并不存在，他们在 1911 年确实存在了。以这样的观点，满洲国的故事的确如同贝托鲁奇（Bertolucci）的电影杰作《末代皇帝》（*The Last Emperor*）中所呈现的那样。电影中逊位之后的溥仪从上海的颓废生活中被唤醒，回应这些他诚心认为的满洲人民的召唤，领导满洲人在东北的民族国家。日本人的满洲国计划欺瞒之处，并非是纯正的满洲人是否真的存在（此时这样的群体的确存在），而是谎称满洲人会有真正的民族自决。

这样的新叙述本身可能言过其实。第二代的“满洲中心”研究主张从清朝肇始，至少在当代人眼中，即存在着族群或种族区别的现实。例如一项对清代满营的研究显示，满营中的居民与周遭汉族人群始终具有显著的族群紧张关系。[3] 然而无论是哪种形式，现在多数史学家喜欢新的叙述胜于旧的，而新叙述的假设即为我们故事的基础。

组织征服

无论清朝征服者是种族特征鲜明的边疆民族，或者是被特意建构而成的征服组织，他们的成就实属卓越。[4] 像这样的杂牌军怎么可能 014 战胜明朝强大战备、按理说是当时世界最强大的战斗武力？

清朝在后来被称为满洲的地方（也就是现代中国的东北）崛起，成为一股新兴的政治与军事势力，是在“爱新觉罗”连续三名部族领袖的努力之下所达成的。“爱新”的意思为“金”，写成中文即为“金”，也就是由女真人建立、从1115年至1260年统治华北的朝代名称，而爱新觉罗氏声称为其后裔。这三名部族领袖是努尔哈赤（1626年卒）、皇太极（1643年卒）与多尔衮（1650年卒）。他们三人为征服明朝所做的准备包括与其他部落结盟、集权化统治与汉化，即采用汉人的组织技术与文化特点（尽管在程度上或多或少有所争议）。

在明朝大部分的时间里，“满洲人”并不存在。东北中国的人群非常多元，虽然他们之中有些在语言上，以及无疑地在基因上有相似之处，但在如此广大、生态如此多样的区域内，没有一种总括的认同可以结合其中的人群。不像过去的女真人或他们西边的蒙古人，爱新觉罗氏与他们的邻居们并非游牧民族。从16世纪晚期到17世纪早期，他们的发源地——辽河流域一带已经发展为农业与狩猎混合的经济模式，并且有相当数量的跨文化贸易，特别是针对毛皮与获利甚高的人参。在努尔哈赤领导之下，随着明朝本地产人参的耗竭而对于进口人参需求急遽增加，爱新觉罗氏逐渐垄断出口人参到明朝的特许经营权。虽然如同明朝所有的贸易对象一样，爱新觉罗氏也以货品向中国交换丝织品与其他精制的中国产品，然而人参让贸易均势大大地倾斜到有利于努尔哈赤这一边。在17世纪早期，从欧洲与新世界流进明朝的白银中，有25%流向了爱新觉罗氏。这些因贸易而获得的利益被用来购置武器（包括火器）和聘任熟练的军官，大大地资助了清朝的征服事业。[5]

明代对东北边疆的统治权主要落在世袭的部族领袖手上。如同之前大部分的帝国政权，明朝对这些游移不定且通常是军事化的人群采用分而治之的政策，赐给每个部族领袖封号，且时而试图激起他们之
015 间的对立。努尔哈赤是这些与朝廷有封赐关系的领袖之一。在 17 世纪最初几年，在明朝的鼓动之下，他向一个杀害了其父亲的部族展开复仇计划。为此努尔哈赤通过军事同盟、胁迫与征服的方式与其他部族展开一系列的结盟。其结果乃是创造了一个规模庞大的联盟。

类似事件之前在明朝年间已经发生过多次，并不让人惊恐。如果一个联盟要成为当朝政权的严重威胁，需要某种固定的建制。这即是努尔哈赤尝试去做的。第一步是为其成长中的族群创造出书写语言，为此他在 1599 年任命了一组地方学者，采用蒙古字母来书写他们的女真语言，从此诞生后来被称为“满语”的语言。更重要的一步，是他在 1615 年之前创立了“旗”这个制度。一开始有四旗，后来发展成八旗，如正白旗、镶白旗、正蓝旗等等。每个旗代表一个战斗单位，同时也代表一个居住与军事生产的单位，不仅包括战斗的军士，也涵盖他们的家属。当这个制度逐渐定型，每个旗底下被分为满洲、蒙古、汉军等民族群体，然而民族认同的分派并交付予族群群体是权宜之下的结果，且不断在调整。如同中古时期中东的马穆鲁克（Mamluk）军队，所有八旗的成员在法令上均为奴隶。由于八旗成员内部的关系代代相承，受军事作战机构所统治，而此军事机构又同时是行政管理且拥有财产权的机构，因此在这点上类似封建制度。然而其财产系统是以奴隶而非土地为基础，这一点上则又不是那么“封建”。1616 年，努尔哈赤将他的政权改名为“后金”。[6]

旗人军队是可畏的战士。骑兵穿着符合旗色的制服，以饰有红色流苏的金属头盔与藤牌护卫。每个人要负责饲养三匹马。士兵配有形式独特的刀剑，有时则是连枷，不过他们最擅长的还是使用弓箭，箭筒中有 30 或更多支箭。满洲弓短仅约 1.2 米，但非常强劲，需要长年

图1　头等侍卫呼尔查巴图鲁占音保（美国纽约大都会博物馆藏）

017 的力量训练方能娴熟。在疾驰的马背上以左手同时握住弓与缰绳，以右手拉弓的独特方式射箭，是旗人独创的战技，因而在满文中有专门的动词 *niyamniyambi*（骑射）表示。步兵中也包含部分弓箭手，但较常见的是火枪手或火炮手。火枪专属八旗中的汉军使用。他们也向葡萄牙人学会如何铸造火炮，并培养出可以将之拖到战场的兵力，因而被称为“乌真超哈”（*ujen cooha*，重军队）。[7]

到后金的第二位领袖皇太极时，始将明朝模式的官僚结构加诸原来部落或封建式的组织架构之上。皇太极不再是各个同等地位的封建亲王中的首领，而是国家结构中独一无二的皇帝 / 天子，而各旗领袖则是此国家的官员。至少有两个理由让这个变动意义重大：一来提供了一个较优越的政治组织形式，适合用以征服广大的南方上地；再者明白地向明朝皇帝提出挑战，从此明朝皇帝不再将其东北视为是一群附庸臣属，而至少在当下是一个不同且地位平等的国家政体。

至于汉化的议题，我们之前的理解是满洲一如其他征服中国的蛮族，建立起中国式的治理方式与统治正当性，最终实际上变成文明的中国人。现在我们知道这么一面倒的事情并未发生。清朝的统治者以不同的面貌、同时以不同方法来统治其多元的属民（女真、蒙古、西藏、汉）。如果清朝的统治者对中国臣民而言是天子，对蒙古人而言便是大汗，对西藏人而言则是转轮王。清朝是多样化、多民族且被认为应该是普世的帝国，与中国历代前朝有所不同。[8]

也就是说，这个中国东北的征服团队，从努尔哈赤自己开始，计划将他们的统治范围扩张到未来的中国臣民时，相当热衷且纯熟地采用中国的方式。他们积极地任用对明朝不满或只是渴求权力的汉族精英，作为他们新生政权中的文官武将。这些军事人才带来了明朝从耶稣会教士学来的欧式火炮与其他战争技术。他们亦兢兢业业地学习中文，提出翻
018 译中文经典的计划，引进儒家模式的道德规范、政府部门与经世理念。他们模仿明朝逐步建立了一个也有大学士、六部等官职的影子帝国政府。

他们也开始经营其他明朝附庸国，特别是与朝鲜的外交关系。

1629 年 11 月，皇太极决定第一次直接对明朝本土用兵。他突破长城，占领了中原的四个城市：滦州、迁安、遵化与永平。然而战场上的将领忽略皇太极善待居民的明确命令，屠杀了迁安与永平的平民百姓。这对致力赢得前线民心的皇太极来说是一场灾难，破坏了其安抚人心的努力，他因而将获罪的属下付诸公开审判。[9]

1631 年，皇太极围攻位于今日辽宁省、明军坚守的军事重镇与贸易重镇大凌河。此地堡垒森严，周围环绕着台堡，非常难以攻克。皇太极以两万名军队围攻这个堡垒，再以甫从葡萄牙人那里学会的大炮反复轰击。在数周的攻击、协商与地方指挥官的叛降反复之下，大凌河终于被皇太极的军队攻克——新兴政权的重大胜利。[10] 1636 年，皇太极以当时可想象出来的、最挑衅的方式向明朝发出战书：他将“后金”王朝改称为清朝。根据中国五行原则，明朝的朝代名属火，自然会胜过熔于火的金朝，而属水的大清将可熄灭明朝的火。

在 17 世纪 40 年代早期，大清建国伟业已准备就绪，然而事态却并非一帆风顺。清朝的属民同样为这个时代的灾荒所苦，而被迫要劫掠米粮。八旗军队对上忠诚的明朝将领、守卫中原门户山海关的吴三桂，几乎没有任何进展。这个习惯轻松获胜的政权因而士气大降。而后在 1643 年 9 月皇太极过世，其幼子福临继承皇位，由皇太极之弟多尔衮摄政。就在次年，期待已久的征服契机自己出现。中国的起义军领袖李自成攻陷北京，自封大顺皇帝，除了即刻证明这个政权劫 019
掠与残暴的天赋之外别无建树。惊慌的吴三桂抛下他在东北的职位欲回京驱逐李自成，李欲逃窜到西安，却在 1645 年夏天时经过华中，在其所剩不多的追随者劫掠粮食时，被村中的民兵所杀。吴三桂引清军入关，进入北京，在此 6 岁的福临于 1644 年 10 月 30 日即位，改元为“顺治”，意为“大顺的征服者”。

异族统治

中国经历过很长的不时发生的异族统治史，由那些不认同自己是汉族人或不被认同是汉族人的外族统治。当然没有人真的喜欢如此，但在意识形态上有许多方式来正当化这种状态。毕竟天子是宇宙万物的首要法理，“上天”与全人类之间的中介，而并非只是中国人，因此，在逻辑上上天可以选择其下的任何属民接受天命、统治天下。接受天命的标准并非血统，而是个人的德性，此“德性”恰由儒家文化的词语来定义。

一般认为中国长久以来有其源自本土的认知，认为人群间具有本质上的，甚至是生物上的差异，而此时清朝对中国的征服让这种本土自生的种族思想端上台面。没有人比湖南思想家同时也是抗清领袖的王夫之（1619—1692）更强调这一观念。在讨论山禽、泽禽、蹼趾之区隔后，王夫之接着说：

> 华夏之于夷狄，骸窍均也，聚析均也，而不能绝乎夷狄。所以然者何也？人不自畛以绝物，则天维裂矣。华夏不自畛以绝夷，则地维裂矣。天地制人以畛，人不能自畛以绝其党，则
> 022 人维裂矣。……今夫玄驹之右君也，长其穴壤，而赤蚍、飞蚼之窥其门者，必部其族以噬杀之，终远其垤，无相干杂，则役众蠢者，必有以护之也。[11]

毫不奇怪，王夫之的作品在清朝年间几乎都被查禁，然而到了19世纪末却重新风行起来，这一切起于征讨太平天国的英雄曾国藩（想必是忠于清朝）在1867年将王的著作重新出版。[12]

实际上明末之际，清军出乎意料地轻易就征服了大部分的华北，未有太多血战。在山东的一个县，由地方精英率领的民兵对当时贪婪无能的政权感到灰心，因而当李自成大顺王朝的官员抵达时随即将该地一手奉送，然而领略到大顺甚至比明朝更无能之后，便立刻赶走李

自成的官员，再将该地送给清军。[13]不过这初期的成功也许会造成错觉，因为在占领北京之后，清朝花了整整40年才稳固地控制了前明的全部领土，在此之前大部分的时间，新王朝的最后胜利仍未确临。

在初期成功的鼓舞之下，这个新政权甚至在大部分的华中尚未取得控制之前，便下令所有男性子民须薙（剃）发留辫。此满人传统发型须将前额头发薙去，余发蓄成长辫。1645年初摄政王多尔衮向礼部发出谕令：

> 今中外一家，君犹父也，民犹子也。父子一体，岂可违异。若不划一，终属二心，不几为异国之人乎？此事无俟朕言，想天下臣民亦必自知也。自今布告之后，京城内外限旬日，直隶各省地方自部文到日亦限旬日，尽令薙发。遵依者为我国之民，迟疑者同逆命之寇，必置重罪。若规避惜发，巧辞 023
> 争辩，决不轻贷。[14]

清廷也许低估了薙发令在汉族男性中激起的愤怒。他们不仅视传统发型为文化认同之代表（这点清统治者很清楚），并视薙发为损坏受之父母的身体发肤，而有违孝道。华中山区各地，已经接受清朝县官统治的地方精英对这个要求的回应是掀起叛乱。他们撤回山寨，又抵抗了五六年，经常战到最后一刻。[15]

在长江下游地区的结果更为惨烈。明朝将领史可法下令死守扬州城，在1645年5月清军攻下扬州城后，大半的人口被杀害，其余幸存者亦被失控的降清汉人军队所强暴、屠杀。尽管有这样不祥的先例，对于薙发令的直接反应，长江三角洲一带地方精英仍选择反抗这个新兴的征服者。为了报复，愤怒的清朝将领下令屠杀嘉定县城的20万人，而在江阴甚至有更多人惨遭虐杀。[16]

这些残酷暴行的文化记忆，特别是扬州屠城，因有秘密流传的王秀楚《扬州十日记》，自此在清朝统治下萦绕不绝。其中一例针对屠城暴行的记事记载着，一群幸存者被驱赶经过遭焚毁的城市：

> 忽妇人中有呼予者，视之乃余友朱书兄之二妾也，予急止之。二妾皆散发露肉，足深入泥中没胫，一妾犹抱一女，卒鞭而掷之泥中，旋即驱走。一卒提刀前导，一卒横槊后逐，一卒居中，或左或右以防逃逸。数十人如驱犬羊，稍不前，即加捶
> 024 挞，或即杀之；诸妇女长索系颈，累累如贯珠，一步一蹶，遍身泥土；满地皆婴儿，或衬马蹄，或藉人足，肝脑涂地，泣声盈野。行过一沟一池，堆尸贮积，手足相枕，血入水碧赭，化为五色，塘为之平。[17]

这些影像化的描述被移植到 19 世纪末、20 世纪初自西方传入的“科学的”（实际为社会达尔文主义的）种族差异，伴随如王夫之等先天论者重新被发现的著作，为反满与汉族民族主义煽风点火，对 1911 年推翻清朝贡献良多。

在这个阶段，大清王朝对要在多大程度上施行儒家统治仍悬而未决。由多尔衮、济尔哈朗（在 1650 年承继多尔衮的摄政地位）与鳌拜（1661—1669 年康熙皇帝年幼时摄政）等人领导的议政王大臣会议在当时仍有很高的权威。文人的意见大抵不受重视，而汉人实际上被当成被征服的人群对待。[18] 但在康熙拘禁鳌拜（不久鳌拜即死于禁所）并取得个人领导权之后，清朝政策的基调自此往另一个方向转变。

王朝巩固

清朝的征服者自占领北京与建立新朝后，花了将近 40 年的时间才彻底消灭其对手，在此大部分时间内清朝对于能否彻底战胜毫无把握。首先是被称为“南明”的明王朝残余势力。明朝在帝国内广封藩亲王，为 1644 年自缢后的崇祯皇帝提供了众多继承人选，然而这也导致忠于明朝的人士彼此争执何人才是勤王的对象。

025 1644 年 6 月，在南京的福王不太情愿地被说服，自立为弘光皇帝，然而他的政权只维持一年，弘光皇帝被清军俘虏杀害。之后亲王

一个接着一个（常同时存在数个）宣布继承皇位，在各地游走，寻求反抗军事势力与山寨领主的保护与资助。持续最久的是 1646 年自封为永历皇帝的永明王，12 年间他在广东、广西、湖南南部与云南流窜，最后流亡缅甸。他在 1662 年 5 月为吴三桂生擒活捉后处决，明朝即彻底被消灭了。

然而对清朝更严重的威胁来自吴三桂。这位前明将军加入清朝、引清兵入关后，在云南被封为藩王。同样受封的还有两名明降臣，广东的尚可喜与福建的耿继茂。[19] 在 17 世纪 70 年代初期康熙皇帝对三藩自治的状况逐渐失去耐性，他向三位藩王施压，希望能撤籓而将中国南方完全地纳入清朝的官僚管理系统。吴三桂则在 1673 年 12 月 28 日，以“反清复明”为口号，举兵反叛予以回应。他下令他的部属剪辫，且军队穿白衣白甲，为明朝戴孝服丧。

同时，吴三桂也建国号为“周”。他很快进入了湖南西部，并在 1674 年初攻占省城长沙、湖南北部的岳州与湖北西部的荆州。在向长江中游进军时，康熙领军南进江西，试图阻挡吴三桂与其他二藩的联系，并寻求收复吴军北边重镇岳州。在历经 5 年的苦战后，康熙终在 1679 年攻克岳州。这场胜利扭转了关乎王朝存亡的局势，叛乱也于两年之后平息。[20]

第三个对手对清朝的挑战持续最久，也是目前为止最耐人寻味的。此为在福建沿海幅员广阔、高度整合，具备武装，而终至体制化的海上帝国，由郑氏三代贸易者所建立和掌控。[21] 从 15 世纪末以来，
中国走私者的武装舰队便主宰东亚水道上的贸易，以中国出产的珍贵 026
丝织物、陶瓷与其他工艺品，交换日本与新大陆的白银。明朝禁止海上贸易的政策，不过是增长了这些团体的势力，因为当时德川幕府在 17 世纪 30 年代驱逐葡萄牙人、将荷兰贸易限制在狭小的出岛，大为降低了来自其他海上势力的竞争。1624 年，郑芝龙方接手一批武装海盗船队，1630 年在 26 岁之时，他已能一统海上势力并一手掌控。

郑芝龙分别与葡萄牙人（提供郑式西方最新的军事技术来换取中国产品）、在台湾的荷兰人（郑芝龙曾任荷兰翻译，之后双方乃签订互保条约）、日本人（郑芝龙的妻子是日本一位大名的女儿），以及明朝政府（受内部叛乱与北方清军入侵所困扰的明朝，于 1628 年指派郑芝龙统率海军舰队）有往来。他的强大帝国以福建沿海的厦门为根据地，他因时常在歉收之年搜刮政府粮仓、散粮给当地居民，而让自己成为受欢迎的英雄人物。在清军于 1644 年攻占北京后，明朝遗民把郑芝龙当作他们的拥护者，郑却在 1646 年将其势力撤出福建，致使清军俘虏了在该地继承明代名号的隆武帝。郑芝龙的背叛换来另一场背叛，清朝非但不嘉许郑的协助，反而将他拘禁、遣送北京。他在北京当了 15 年的人质，用来与他的承继者对抗，直到 1661 年被视为失去利用价值而遭斩首处死。

郑芝龙之子郑成功在1646年接掌其父以厦门为基地的海上帝国，并随即将其组织制度化。他将其势力分为东、西洋舰队，山五商与海五商，各部分成数个分支，有几个主要的大臣监督并向他报告。他通过杭州内陆基地的山五商购买江南的产品，无论在军事上或商业上，都是公认的东海霸主。但其年轻时曾由隆武帝颁赐国姓，获得国姓爷封号，故比他的父亲更重视勤王之事。1658 年他对江南发动大规模
027 攻击，宣称为逃往云南的永历皇帝收复江南。他动员超过 10 万人的军队，攻占了数个沿海城市，推进至长江流域，且夺取镇江。

1659 年 9 月 9 日，郑成功进攻南京，但死伤惨重。接下来数年，清朝决心消灭这个难以摆脱的威胁，而包围郑的厦门基地。尽管抵挡住了围攻，郑成功最终仍决定从中国本土撤退。过去数十年他与荷兰人的关系一直不太好，因此在 1661 年 4 月 30 日他率约 900 艘船只出现在台湾沿海之安平的热兰遮城前。在没有遭遇抵抗的情况下登陆，于 1662 年 2 月 1 日驱逐荷兰人并与之协议，令荷军撤离台湾并退至巴达维亚（今雅加达）。他也因此而被尊称为中国的民族英雄。

同年稍晚，郑成功似乎陷入沮丧（部分因素可能是接到他父亲被处斩的报告，在郑芝龙长期被囚期间两人仍保持联系），不久后自尽。[22] 在一场继承争夺战之后，他的儿子郑经控制着仍然繁荣的海上帝国。在台湾这个新根据地相继设立与中国大陆相似的官府机构，如税司、孔庙府学、救济院、清节堂等。明郑政权又延续了 20 多年。清朝为打击此对手的经济基础而在沿海地区厉行迁海令，对本身造成的损害远比对郑氏来得严重，因为郑氏很容易就又找到其他贸易来源。清朝海军对台湾的攻坚胜负参半。清朝屡屡以维持台湾半自治的状态来劝降郑氏，但也一直遭到搁置。然而郑经在 1674 年思虑不周下参与吴三桂的三藩之乱导致国力大为削弱，又屡被越来越严重的粮荒问题困扰，且更受创于新一轮的王位继承纷争，最后该政权于 1683 年在康熙皇帝的一场猛烈攻势下投降。之后清朝终成为名副其实主宰全中国的共主。

协调适应

帝制时期中国任何朝代成功建立的关键因素之一，是在地方士绅与中央官僚间进行结盟。[23] 历史上士绅阶层在朝代更迭之际仍能保 028
持相当的稳定。一些人或家族在遗民反抗中丧生，也有人在新王朝中成功地提升自己的地位，但总体来说他们仍顽固地支持自身的地方利益。帝国晚期的士绅并不认为自己可坐上皇帝的位子，这点他们不像同时期日本的武士阶层。因此新的王朝要不是像明朝一样由反抗的群众所组成，就是如同清朝一样由侵略的外族所建立。然而无论谁取得帝位，在许多层面上士绅阶级绝对为巩固新朝所必需。

除了作为帝国官员的人才库之外，经由教书、公众宣讲、执行祭祀与其他公开仪式，士绅是展现在地势力的控制者，因此他们是建立新王朝正统性的重要声音。更实际的说，他们通过慈善活动、领导地方事务等来稳定地方社会；通过官方与半官方的管道对政府在地方上的税收体制也很重要。对于有野心的王朝来说，与这些团体有效地结盟是最根本的，清朝也在初创的数十年间努力地经营彼此的关系。

在文化领域，清朝即刻重新开始科举考试，提供了升迁流动的机会，同时对愿意进场考试的人来说，相当于是取得他们对政权正统性的支持。1679 年，清朝在原有的科举名额外开博学宏词科，特别想取得心向明朝之学者的拥戴。1658 年清朝仪式性地重建翰林院。翰林院在历史上是政治批评的温床，而在明末逐渐失去作用。在 17 世纪 80 年代初期，清朝展开修纂《明史》的庞大计划，一方面是为了保存前朝历史，但同时也是让这些对已覆灭之前朝具有特别知识或怀旧之情的士人消磨其精力。

清朝善任官员，因而在这个文化纳降的计划中受益良多。例如扬州，这个长江下游的曾经的大都市，在清军征服明朝之际受到严重的破坏。而 17 世纪末的扬州地方文人则开始以一连串繁忙的历程重建
029 他们的文化霸权，如赋诗并出版为诗集、兴建亭桥与其他具有真实的或虚构的历史意义之景点、集会饮酒咏景并审察彼此展现出来的文化优越感。许多这类活动都是由来自山东的王士祯（1643—1711）所策划、安排。王士祯被清廷任命为扬州推官，他的文学天赋、个人魅力，以及对这些精英重建文化地位的支持，使其在这个重要的地方推动清朝统治的概念。至少在短时间之内，1645 年的扬州屠城几乎在地方的记忆中磨灭消失。[24]

清朝继续以更为实际的方式与地主精英建立联系，其中最显著的是清朝选择不去做的事。明朝曾以“归田于民”的政策取得权力，迅速地没收许多大地主的私有土地，重新以小块地分配给家庭规模的耕作者。而清朝不做这样的事。虽然在北京周围与华北其他地方，清朝圈出皇家、旗人与官方的庄田，但主要都位于李自成叛乱中毁掉的区域。然而在其他地方，清朝宣布有意尊重现有产权，并且帮助因战乱

流离的地主重新找回他们的财产。

清朝同时也帮助精英重新取得对劳动力的控制。例如在河南南部高地的光山县与商城县，农作中惯常有家奴作为劳动力。这里和其他地方一样，改朝换代即意味着受奴役者的反抗浪潮。在1658年，有传言说，朝廷宣布了全面解放，家奴最终联合起来反抗。然而新来的清朝知府迅速地澄清这不实的谣言，派出军队支持地方团练，残忍地镇压对地主的挑战。这个关键事件确立了地主与国家间利益一致，特别是在帝国内部前明遗民及地方反抗势力仍在顽抗的棘手区域。

对于这个王朝—士绅联盟最严重的考验，不出所料来自税收区域，特别是在长江三角洲反清的巨富家族。虽然此地可能是中国最有生产力的耕地，却也不合比例地被课征重税。明朝的建立者曾在14世纪于该地制定相当于没收充公的税率，以支持其在南京的新首都，而在其承继者迁都北京之后，意料中地这些税制仍留在账册中。几百 030
年来，地方上的地主与官员对此的响应是每年协调出双方都可以接受的税额，而宣称征收不到的额度是因为荒歉或其他种种因素所致。这样安排的结果，使清初此区域在记录上有大量积累的逋税，地方政府已没有任何意图想要征讨这些未收的税额。

然而在1661年鳌拜摄政之时，清廷突然宣布要理清这些逋欠。因为对江南士绅在政治上的质疑，以及希望打破其自主的经济权力，清朝宣布了需付税额的时程，指派官员到江南清理税赋，而当地方上的地主表示无法或不愿支付这些税额时，便将许多具有影响力的士绅投入监牢。这起事件引起全国士绅的愤怒,而清廷很快就体认到错误。清廷释放了被拘禁的士绅，另拟定一套财政协议让双方都保持颜面，并将此归罪于受清廷指派清理逋税的官员，将之撤职甚至下狱。在这个艰困的开始之后，江南的王朝—士绅联盟终于在征服之下幸存。

第 2 章

治 理

031 大清帝国是一个包含许多不同民族的帝国，也同时是中国王朝传统中的一个朝代（国），其统治者同样要遭遇前朝所面对的诸多问题。中华帝国可远溯到公元前 3 世纪的秦始皇，在其漫长的历史中说明了中国可以被征服，但不会永远分裂。中国内部似乎有某种重新自我导向的机制，在经历一段分崩离析的时代后，随即紧接着更长久的整合统一。2000 多年来这个帝国已在所谓“中国本土”（英文为 China proper 或 Inner China）的区域范围内维持如此庞大的规模。在规模可相比较的政治体之中，无论是西方的罗马帝国或神圣罗马帝国、伊斯兰世界的马穆鲁克帝国或奥斯曼帝国，或是内亚的蒙古帝国等，维持的时间都远远不及中国那么长久。原因何在?

帝国通常扩张到一个程度，到其欲维持不断增长的边界相对于邻国具有军事优势所需之花费，加上内部管理与维持稳定所需的花费，庞大到帝国财政难以负担之际。[1] 为了因应这些财政需求，政府试图从境内经济生产中征取更多收入，此压力不断升高而造成帝国经济的崩溃，而政府的赋役机构为了满足帝国扩张的财政需求加剧了社会不平等（通常较易从穷人而非富人身上征收较高比例的税），导致帝国的社会崩解。由此导致的紧张与敌意让维持内部稳定的花费愈益增高。在这样紧绷的状况之下，多数的帝国崩解为数个较小的、较易统 032 治的政体或国家，此时帝国政权便成为历史。

持续扩张的天子之国之所以可以逃离这样的命运，其原因之一是经历两次经济革命（一次在唐宋，一次在晚明与清初）大大提高了帝国的生产力。借着把饼做大，帝国政权可以分到更大的一块而不令其子民贫困。这样的模式一直到清朝中叶，不断增长的人口让此策略不再可行。与经济生产力增长同时的是，中国在组织运作上的成功使其可以用相对于社会整体经济生产较少的预算维持政府运作。当一切运作顺利，清政府可说是以非常经济实惠的花费在治理中国。

以国防为例，帝国的军事系统发展完善，因而当边事吃紧时帝国可以有效率地将人员与物资运送到任何前线。隋朝（589—618）修建的大运河可将华中、华南河谷生产的粮食大量地输送到生产力较低、较不稳定的北方，供应该地的军队。此外，沿着前线军事要地实施“屯田制度”，令屯兵与其家人分队耕种，经济上可自给，并在冲突时刻可支持一般部队。第三种军事制度上的创新，是于明代中叶让私人盐商在国家专卖的盐业中取得特许销售权，而盐商须依照比例运送米粮至北边军镇，以低价贩卖。[2] 这些后勤运作的实际效果是让帝国得以用数量不多且花费极廉的常备军防御其绵长的边界。在其疆域最大的时候，清朝以不到 100 万人的常备军队（包括旗军与绿营）抚镇与保卫 4—5 亿的人口。[3]

与军事领域的高效率一样重要的是，相对于其治理的整个社会与经济规模，帝国有能力保持较小的行政组织。一项关键的因素是国家以儒家理学的政治意识形态作为维持秩序与稳定的工具。这种做法当然有些限度：尽管儒家的教诲偏好顺从与社会和谐，但帝国晚期的中国社会在日常生活基础上可能与同时期的西方及其他地方差不多暴 033 戾。然大体而言，如科举等思想灌输的工具，可以相当成功地以规范性或仪式性的手段进行社会控制。其次，另一个因素是晚期帝国巧妙地利用社会内部的自我规范团体，如宗族组织、农村、水利社群与商人或工匠的行会等，达到国家维持秩序、提供福利服务等目标。[4]第三，国家机构自身被组织成相当紧密且非常有效率的官僚机器。

对清朝而言，将正式国家机构维持在较小的规模在人事与财政上不只有实质的好处，同时也关乎令誉。以少数好人而非以众多干预性机构进行治理的“仁政”，是这个政权自己刻意要宣扬的正面儒家价值。在清朝统治的大部分时间里，这种仁政的理想运作尚称良好，这或许是现有的技术中，能治理中国广大领土的最佳方式。然而在清朝最后一个世纪，对内遭遇日益增加的人口压力、社会复杂程度与地理上的流动性也都在提高，对外则与国际社会竞逐战争，显然中国需要一个能够比以往更大规模地动员国内经济与人力资源的政治体制。然而帝国政府发现要改变很困难。究竟最适当的国家规模要多大，又如何在内忧外患之下维持这样的规模，此为清代历史的核心课题。

政治体制

在征服中国以前，清朝已经以明朝为范本，形成一套政府组织，而在1644年入关之后，这套组织几乎可说是很平顺地套用在对中国的统治上。当时的人在概念上将此行政机构分为两部分:在北京的“内官”与在诸省的“外官”。“内官”,或所谓中央行政机构包含了“内阁”。在明太祖废掉丞相这个官职之后，内阁成为正式官僚系统中最接近行政机关的单位。在征服中国之前和紧接着入关之后，逐渐演进的几个
034 较小的机构合在一起实际上已经执行了明代内阁的功能，而1658年这些机构更精确地以明代为模板组织起来,同时也冠上相同的“内阁”之名。

内阁中有数个“大学士”的职位，是清代汉人与非汉人文职官员

图2　北京天坛

所能晋升到的最高位置。内阁大学士掌握大权，不全是因为他们的这个职位，而是他们已经掌握权力，内阁大学士的职位只是更明显地将之凸显出来。虽然内阁几乎没有制定政策的权限，但他们掌握沟通的管道，负责收集、签准、转交由中央或地方官员呈上的“题本”。这个行政制度太烦琐，因而在18世纪早期，皇帝自己对此制度非常失望，因而设计几个方法跳过大学士，使整个沟通管道更有效率。

内阁下设有所谓吏、户、礼、兵、刑、工六部。六部与其说是行政机构，还不如说是近似咨询机构。各部下辖许多文书官员，由两位尚书与数名侍郎领导，而此尚书等职位又通常由重要的地方督抚兼摄。六部之中以礼部权力最大，这是因为包含在儒家“礼”概念下的各种活动不仅只是负责宫廷中的皇家祭典、礼仪与外交仪节，同时也包括科举制度、教育，更广泛地说亦包括了绅衿的道德规范。而作为所谓朝贡制度的主持机构，其职务又包括了帝国对外的外交关系往来。在六部之外，另一个继承自前朝的重要中央政府机关是都察院。都察院由 50 多名通常是年轻且有抱负的官员组成。他们被赋予监督其他中央或地方官员的任务，并在必要时加以举报。[5]

比较晚才得以恢复的机构是较敏感的翰林院。翰林院是由科举中的佼佼者所组成的学院，表面上的工作是编纂历史档案与其他文件，而实际上是优秀学者等待被授予更高职位的人才库。这些雄心勃勃的年轻人心中认为自己若能被委以重任，必然可以做得比现任更好，因而翰林院逐渐成为这些候补者评议时政的地方。由翰林院掀起的政治
035 议论曾迫使晚明朝廷废除这个机构，而自信满满的清廷就在 1658 年重启翰林院以争取朝廷士人的支持。[6]

“外官”或地方行政官员分为数个层级，不同层级的辖区彼此上下重叠。清廷分派巡抚管理 18 个左右的省份，另外指派总督在几组相邻的省份或某个特别大的省份行使与巡抚几乎相同的职权。于是，湖北省与湖南省、广东省与广西省，各自有各自的巡抚，而由两省组成的湖广（湖北、湖南）和两广（广东、广西）则各自又有一位总督。人口众多且增长快速的四川省则同时有巡抚与总督。

总督与巡抚在明代就已经出现，在清初经过修正之后成为更具实权的职位。在明代，省级地方行政直接由数个专门的司使执掌，包括负责行政的布政使、监察的按察使与军事的都指挥使。从 1430 年开
037 始，具有一定地位的中央官员被派送到各省协调各使司的事务，但底下无直接统辖的官员，亦无常驻处所。然而这些“巡抚”在明代为巡回的“大协调官”（grand coordinators），日后逐渐常规化，到清代成为各省的行政首长，即实质上的“省长”（governors）[7]。在同一时期，明代巡回各地而职掌严格限定在军事上的官员，清初几乎全由旗人担任，日后也常规化成为“总督”（governors-general）。[8]

在帝国晚期政府中，地区与省级的行政长官有实际的决策权。通

常政策方向不是来自皇上，而是来自他们。理论上天子有绝对的权力，但实际上这些权力的行使受到多方局限，包括遵奉先祖之礼法常规、个人精力与其对皇帝这项工作的兴趣等限制（晚明皇帝权力的实效即因此严重受限），尤其在沟通管道上的局限。皇权的行使可与操作电话总机相比拟：皇帝在得知某地方官员在其管辖现地行使之政策奏效时，他会进行评断，把这些明智的措施传达给其他地方官员，令其实施，并认为这些方法也能在各自的辖区见效。大部分的省级官员都会尽职地将分内事禀报皇上，并尽可能奉旨遵行。然而那些无法传达到他面前的事，无论是什么原因，皇帝也就管不到了。

在省级之下有由知府管理的府，再底下是知县管理的县或厅。一般来说每个府有5—6个县、每个省大致有7—13个府，而全国18个左右的省共有将近2000个县。在大部分的时间与地方，县是最低层的正式行政单位，也是由中央指派科考合格官员任事的单位中最小的。然而，人口众多的县很容易达到百万人，而该知县必须负责县境内发生的所有事情，处理各种事务，诸如地方防御与警卫、维持公共建设、人民生计、教育和地方文化，以及为知县带来最大压力的民事诉讼。这是个不可能的任务，而当时的人也了解这种状况。在《妇人王氏之死》（*The Death of Woman Wang*）一书中，史景迁叙述了清初山东一个偏远县份的知
县审查犯罪与排解纠纷之案例。在每个案例中，即使知县再勤奋、明辨、 038
公正、聪敏地努力为受害者争取正义，但几乎总是犯错的人得利而无辜的一方受苦。[9] 在帝国晚期低廉的治理体制中，饱受挫折的知县基本上没有资源去做其儒家道德教诲要他们做的事。

除了清代地方行政的网络之外，在省级与县级也都有专门的功能性官员，如省级有负责财政的布政使与司法的按察使（各自继承自明代，但职能地位有所不同）以及负责教育的提督学政，他们各自向北京六部中相关的部门报告，而不是向所在政区的督抚负责。另外在省与府之间亦有“道”的设置，道台的正式职责是监督道这个单位。唯此单位在王

朝中逐渐虚级化，道台一职不是成为闲差，就是被赋予如治水等其他专业任务，或像与外国人接触频繁的上海，当地的道台则负责涉外事件的地方管理。此外，尚有与整个地方行政相平行的军事武官网络。

因此，清代的地方行政是一种精巧的制衡系统，其设计让中央能有效地控制地方官员。总督与巡抚的职责相当，且监督彼此是否遵从中央指示，而功能性的专门官员亦如此，军事体系的武官与其相应的行政官员亦有互相监督的功能。另外上级每年针对下属的表现呈递报告，而在北京都察院的都察御史则各有分区，随时监察所有地方官员。

对控制地方尤其重要的一项制度是所谓的回避制度。清朝对官员的指派有一套沿袭前朝的施行做法，但予以衍生发展，并严格执行。回避制度最重要的原则是将现任官员与其派任所在地区分离开来（亦即地缘性的切割）。官员本身几乎都是富裕的地主或宗族领袖，但他们的经济与社会势力主要集中在其遥远的出身地，而非承皇恩派定的赴任地。一个地方官员绝对不被允许在自己的出身县份乃至省份服
039 务，而在制衡系统底下，他也不能与其亲戚，乃至是同省乡亲，同时在相辅或相近的位置上任职。一个注籍为汉族的官员最可能与满人或蒙古官员搭档，反之亦然。为了防止官员在其所任职的地方根深蒂固，依例须奉命轮调，乃至于省级官员任期通常不超过三年，而地方级官员的任职时间更只有省级的一半。这是个巧妙的制度，大清年间大抵能达到其目标。然而大家都知道，皇帝是以中央控制之名牺牲掉官员的独立性。皇帝总是怒责渎职怠惰、汲营官禄与趋炎附势的地方官员，但是这些失能的行为乃是建筑在清代统治制度的基础之上，此制度容忍或甚至鼓励官员这么做。

行政创新与中央集权

在清治时期的前100年，清政权对其中央政府有三次行政上的

创新，这些革新是为了增强其政权的能力，以作为一个扩张的、多民族的近代早期帝国。值得注意的是这三个新制度都在常规的官僚组织外运作，而任命的主官多是皇帝个人的代理人，而非经由科举考试拔擢的官员。

第一次创新是在征服明朝前夕的1638年建立一个以汉文称作“理藩院”的机构，在满文中意指“统治外围省份之部门”（*Tulergi golo be dasara jurgan*）。[10] 理藩院是中国帝制史上第一个为统治中国本土之外地域而设立的机关，包括现在被清朝视为帝国整体一部分的蒙古、西藏等。此部门在北京有官衙，其地位等同于六部，也同样有庞大的官僚系统。然而汉人几乎被排除在这个重要机构之外，且运作多半以汉文之外的语言进行。

理藩院最重要的功能之一是举行各种烦琐的仪式，用以将内亚诸民族象征性地整合在帝国之内，而同时又保持皇室也成为其中的一员。这些仪式包括由皇室与各藩王公共同参与的“木兰秋狝”，以及各藩属领主到北京皇廷的朝贡。秋狝源自入关前的女真传统，朝贡来 040
自明代，但在清朝被赋予新的意义，以反映游牧诸民族间特殊的连带关系。理藩院同时负责管理快速扩张的诸蕃互市，包括官方的，以及在18世纪日益增多的私人贸易。

第二个清代的行政创新是内务府。内务府为皇帝个人提供服务，并管理皇帝在帝国内的各种私人财务收入。虽然内务府是在顺治逝世后、鳌拜摄政时的1661年正式成立，实际上可追溯到更早，早至入关之前女真部落领袖拥有的人参贸易独占权以及皇室私人拥有的地产。以内务府掌管皇帝内务的用意，在于设法规避拥有经济与政治权力的汉人宦官，而鳌拜于17世纪60年代决定将内务府制度化，主要也是为了对抗顺治晚期宦官逐渐恢复的势力。排除掉宦官（尽管他们仍持续提供皇帝最私密的服务），内务府官员主要依循源自女真文化的家仆模式而由包衣担当，其人员则来自包含女真、蒙古、汉人与朝鲜诸族的上三旗。

除了提供皇帝个人服务、支纳皇室日用支出、建造与修缮各皇室居所以外，内务府的工作尚包含管理皇室在华北与东北的田产、南京与苏州的织造，收掌边地关税、盐务、牲口、铜矿、贸易等利益，持续进行的人参贸易，以及与朝贡制度相关联的礼物往来。在18世纪末，内务府已经成长为拥有1600余名官员、其他成员不计其数的庞大官僚机构。[11]

然而，清代中央政府最重要的创新仍是军机处。如同其命名所示，军机处刚开始是非正式的军事咨询机构。在康熙皇帝的数次征战中，他身边随时有数个他最信任的军事战略幕僚，这些官员也同时协助康
041 熙在遥远的战场大本营中掌管国家大事。在康熙皇帝任内最后数年，及其精力充沛而独揽大权的继任者雍正皇帝任内，这个非正式机构逐渐演变成宫廷内常任的枢密会议组织，其权力乃扩张至帝国政策的各个领域。然而，军机处始终没有合法化成为帝国正式官僚结构的一部分，而保持如英国“星室法庭”（star chamber）或美国“厨房内阁”（kitchen cabinet）一般的组织，向皇帝提供私人建议。

正常情况下，随时会有3—5个内廷成员拥有军机大臣的头衔。虽然偶尔会有特别受到信任的汉人官员厕身其中，但其成员绝大多数是满人，而首席军机大臣通常来自皇帝最亲密的亲戚或朋友圈子当中。实际上，事实证明对越有能力的皇帝而言，军机处是能得到其充分授权的个人统御工具，而在晚清时军机处做到了明末内阁无法做的事——在皇帝软弱时取而代之，掌握实权。[12]

军机处不寻常的权力绝大部分来自康熙末年到雍正之际相伴随的制度创新。信息沟通左右皇帝对其广大疆域的控制能力，清政府因而花了许多心思在管理信息传递的制度上。在清朝最初的几十年，依循明朝旧规，各官员的题本须经由内阁六部方能进呈皇帝，随后由内阁收纳归档。然而随着军机处的成立，一种新的沟通管道，即奏折制度

应运而生。奏折直接送往内廷由皇帝御览，皇帝与军机处磋商，之后才往下层的内阁与相关部门进行附议或执行。

这些奏折并未取代例行的题本、奏本，且理论上为亟须立即响应的紧急事件所用。然而毫不意外地，上奏的官员倾向认为他们所报奏的事情相当急迫。很快这个特殊的管道成为一般的沟通方式，即使相较而言不那么重要的政策决定或也采用此管道。一般性的题奏依然占了大部分，但变得局限在如天气、收成、备用存粮、一般刑事案件、 042
公共建设的维护之类的例行报告。[13]

奏折制度的兴起并成为政策讨论的主要论坛，对清政府统治有数个重要影响。为了管理此直达天听的管道，军机处严格限定有权上呈奏折的官员数目。在任何时候，一共不到百名官员，包括六部尚书与侍郎、总督与巡抚、高阶军事将领与其他特殊官员等方能列入其中。这种限制意味着相对于下属府县官员，省级督抚的地位有所提高。其次，这群有权上奏折的上层官员在自己的心中认为他们成为一群精英团体。然而，就皇帝的观点来看，此种情况令其不安，须要时时提防。

在奏折发还给上奏官员前，皇帝通常使用朱笔在奏折上加以评论或“朱批”。自然的，即使是精力充沛的统治者，每日能阅览的公文书信亦相当有限，因此这些朱批常常用“知道了”一句简单带过。然而欲严密控制其官僚系统的皇帝，则利用朱批，以高度个人与口语化的方式来揶揄、哄骗、威胁或激励这些官员。如下，乾隆皇帝在某官员奏折中写下来的文字即非常典型：“汝在刑部时，表现出色。然一任外省，即染模棱腐败之陋习，殊堪痛恨……汝空耗时日，奏报但无一字是实，汝实有负朕之信任，不知恩之物。”[14]乾隆觉得这群安逸的官员在其职位上过得太舒服，在提交的省级报告中集体串通，因而他开始以定期的、蓄意的喝斥及威胁之手段以整顿这些官员。

彻底杜绝这些失能上层官僚结党的方法，就是定期的“广开言路”。每当皇帝察觉奏折中透露出过于自满及乏善可陈，或在某些核

043 心议题上的思考停滞不前，皇帝可选择大幅地往下开放可直接提奏的官员范围，甚至不具官员身份的士人，都可在特定时段内对特定政策议题递呈上奏，以此征求新的想法，并借以刺探广大公众群体人心之所向。

钱财与人才

农业生产被认为是帝国经济的基础，而清政府的收入绝大部分来自从农业生产课取的税收。清代土地税收是两种赋税的结合，其一是根据每户成丁人口所课的丁税，其二是根据每户持有的田地，以预估收获量课征的田赋。在 18 世纪 20 年代之前，这两种税赋分开征收，直到清朝的第三位皇帝雍正决定取消丁口税，而仅向各户依土地课税,即所谓“摊丁入地”。这项改革将税收负担转移到土地持有者身上，依照其持有的地产征税。此改革本质上是进步的，地土精英虽试图反抗，但没有太大效果。[15]

在赋税的核定与征收上，清朝初年大抵依靠明代户籍与地籍的登记，然而大家都知道这些记载错误百出且早已过时。1712 年，清朝完成了唯一一次的全国性地籍清丈。赋税由县级征收，先解往省，再上呈中央。县与省都会从征收数额中留下一部分补偿其劳费（在省级有时另外会有一部分转送给被认为更有需要的邻省）。然而无论县或省都无权收税为己用，而只是皇朝的收税代理人而已。然而，该征收的税赋在县之内如何分摊是掌握在县官手上，而此常是地方政治与社会争议的焦点。在清代，区域或地方行政经费来源的正式管道一直是未能解决的重要问题。

虽然因为时空环境不同，对地方上的人们会有好坏不同的影响，但一般而言清代人民总体的租税负担并不会太重。[16] 事实上，很有可能被课税过少。特别是在 18 世纪中叶，清政府趁着盛世之际，以多

次特定的改革达到轻徭薄赋。无疑地这是儒家的“仁政”，但也降低 044
了清朝在遭遇新威胁或预料外需求时的动员能力。而借着藏富于民，清政府可说助长了人口增长速度，而这些人口最终却耗尽了国家的力量。[17] 从18世纪初期开始，清朝的统治者已经察觉其帝国的人口以危险的速度增长，但人口增长普遍被视为是德政的表征，因而以财政或其他方法减缓人口增长的想法未曾被考虑。

地方行政机构对店铺或手工作坊等已经开发的资产不特别课税，但对财产所有权登记与买卖契约收取费用。然而这些所有权尽管没有正式登记，在县衙中也通常具有效力，因此多数的所有权人会躲避缴纳这些规费。大部分的商业经济被忽略，不被视为国家税收的来源，虽对制造、批发与零售等行业几乎都不征税，但仍有几种针对商业活动的间接税。如在国内的关卡与海关都对长途的商品货运收取适度的通行费，而在主要交通转运中心，政府核发“牙帖”给俗称“牙行”进行货物批发的贸易中介。牙行则向商人收取居间交易的佣金，从中再抽取部分支付政府的帖费。清政府借由专卖权方式将盐这个重要的消费商品，从其制造与经销中获取税收。同样也在采矿业，特别是铜、银等作为货币的金属矿上，以专卖垄断形式取得更多国库收入。

其他不固定的杂项收入，包括以裁罚为形式进行没收的财产，向富人索取、资助各种公共建设的“献金”。而卖官鬻爵（通常只是名义上的职位）的捐纳收入，则用以资助国家在各地设置、用以救荒的粮仓。18世纪末为了弥补内陆沿边各起战事的支出，捐纳的收入大为增加，而捐纳到19世纪中叶达到前所未有的高峰，以支应平定内部动乱的花费。[18] 然而尽管如此，至少到清朝最后的50年为止，所有政府的非农业收入相较于田赋来说只是一小部分。

政府官员来自何处？追溯至唐朝（618—906）[19]，帝国的官僚即 045
由现任的官员荐任。这意味着官员阶层直接自我复制自己的血统，也就意味着早期中华帝国其实是以“贵族社会”为基础的“政治精英领导体制”。从晚唐到宋代初期，已实行数个世纪的科举扮演着更重要的角色，这通常被视为是中国历史上最重大的变革之一。到了明清时期，科举已成为选任官员最主要的途径，国家亦尽力维持此选举制度的公平与有效。[20]

在清代科举制度的三个层级中，最低一级的考试每一年半在地方举行。通过考试的机会很小，许多考生试了数十次也未能成功。然而对通过的人来说，报酬十分丰厚：这些新科秀才被赋予“生员”头衔，晋升为士绅精英的一员。这个地位让他们可以身穿儒服、免除徭役、县官不能随意对他们用刑、有些人可领得官方的廪米津贴，且更重要的是享有与地方官员同等的地位及与他们来往的特权。

第二级考试每三年由省级机构主办。依据各个不同时间与地区的员额，录取率从 1% 到 4%。通过者成为“举人”，理论上可以受任官职，然而如果没有更高的功名则不太可能任官。尽管如此，举人可以进入所谓的上层士绅阶层，与下层士绅在地位上的差别，给当时人的感受是相当明显的。

第三层也就是最高层级的会试，每三年在北京举办，通过者可自称为“进士”。这些人是真正的国家精英，也是多数官员来源的人才库。他们的名字会被刻在石碑上，依年度排列在北京孔庙之前。

所有三个层级的考试，试题包括关于儒家经典与诗赋。考生需要
046 写“八股文”。也就是以儒家经典中指定的道德论题做逻辑推论的一种文体，并且有一套特定的复杂的写作规则。此外也有针对经世之道或当代政治经济议题的策论，但此对通过考试与否来说无关紧要。那些通过科举考试且继续成为官员的人当然必须要学会如何实际施政，然而这些经世之学并未包含在科举教育的内容之中。在清朝期间，对于是否应该重新调整科举考试内容、使之更重视具政策导向的命题，一直有各种激烈的辩论，但对此始终没有根本的改革。[21] 科举考试大致上仍旧是高等语文素养的测试，然而因为清楚的文书沟通对治理这

样广大的帝国来说十分重要，这样的考试在某种程度上来说仍有一定的实质意义。

尽管如此，考试仍是由本身具有特定目标的人来作答和批阅，也
会因政治目的而被巧妙地操弄。例如在明代，有皇帝敏感于士人的
批评，因此经常在科考上提问，要求考生阐明对君主尽忠的美德。在
18 世纪清代考据学兴盛之际，精于经典文字训诂之学的官员亦常在 047
考试中加入考据的相关问题。毫无意外地，这样的安排对来自江南或
其他私人藏书丰富地区的考生有利（也通常是这些考官出身的地方），
而不利于来自其他较偏远区域、只能专注于精读少数经典的考生。到
了更晚，属于古文派的考官选取以娴熟之古典风格撰文的考生，这也
是这些考官们擅长的文体风格，而这种古文风格至少在理论上暗示着
对正统道德与政治观的共同信念。[22]

清朝政府为保持科举考试的公平公正做了许多努力。众多抄写员

图3 北京孔庙进士题名碑

负责誊抄每份试卷，以防考官从笔迹中认出考生的身份。但有一种规避的方法是考生将事先与考官约定好的特定字词或文句写进自己的试文中。回避制度的原则也适用在科举上，对于与考官在亲属或籍贯有可能关联的考生也给予特别“回避检验”。而违反考试公平之事，由于此类弊端时常被揭发，对涉及之考生与考官的处置都非常严厉。

清廷也致力于让中举者的出身区域平均分布，且的确有一些例子像是在实行某种地域或族群的保障，确保社会或文化上较弱势的属民有充足的机会去准备科考、应考及登科。三个层级的考试都各自设有录取员额，并随时调整比例，以使官员来自不同的群体。对来自帝国中经济较繁荣、文化较发达之区域的官员与家庭来说，这样的做法与他们的利益相违，于是朝廷与精英社会之间为此出现一种复杂的“猫抓老鼠”游戏。例如富裕地区的家族由于当地考试的竞争很激烈，他们常常会在像是西南一带文风不盛的偏远区域设一个户籍，然后经由收养或寄籍，将家族中特别有希望的青年迁到该户。他们在寄养家庭中一举及第的机会远大于在自己的出生地。

无疑地，清代科举制度是给那些出生地域或出身不那么好但有才能且有抱负的人一些提升自己经济社会地位的机会。在一定的严格限
048 制范围内，他们似乎成功地做到了这一点。[23] 大部分考取功名的人，若不是那些及第成名者的后代，就很有可能是他们的近亲之中已有人登科及第。也就是说，要考取功名仍有一定的社会门槛，这受限于科举考生须受密集而长时间的教育，为此须付出的代价让某些人无法获得晋升上层社会的机会。然而对于书籍与延师受教的花费还比不上牺牲劳动力所造成的损失。一户家庭须享有一定程度的经济实力，才足以牺牲一名男性后嗣的劳动力（且通常是强健的男性，因为学习经典与训练考试相当需要体能），并可资助他花数十年的时间准备成为考取功名的“候选人”，即使经过这样长久的学习与付出，他仍有可能会落榜。

然而仍有许多方法来应付这种状况。例如宗族有时会建立起共同的资金（如学田），支应宗族内特别杰出的年轻人受教育所需的费用，希望若他因此中举时，能为整个宗族带来名利双收的“彩金”，只是这样的状况仍相当少见。因此，虽然社会最顶层会有固定的进出流动，这些享有精英或士绅身份的人或许占成年男性的 2%，然而流动的范围大概仅在经济水平顶端 10% 的人口之间。而底下约 90% 的人无论如何都没有机会经由这个在文化上最受肯定的管道力争上游。

科举制度为清政府提供一个官员的人才库，在有所限制的情形下让人们得有向上提升的希望，这对当朝也是另一种好处。在那么广大的帝国、具有多元的地方文化，科举制度让一大群人自愿地密集地接受一种课程，由此灌输经由政府认可的正统意识形态。而更有效的是，这一群人同时也是各自地方社群中最富有且最具影响力的一群。这种绝妙的教育体制也许比起其他任何因素都更能将晚清帝国团结在一起。

地方治理

在清代中央施行小政府的决心之下，意味着清代的地方治理被迫要持续仰仗当地非官方的人群与组织（如地缘社区、宗族、商人或工匠的行会等），以补充其地方层级上人力的不足。这些团体向来不是很好掌控，而国家、地方社会以及实际执行大部分事务的吏员之间一直有利益冲突。[24] 县政管理须依靠非正式来源的收入来填补其支出，这些财源对现代人来说也许像是贪污，实际上却是属于体制内的一部分。换句话说，在地方层级中真正运作的政府总是比起理论上描述的要大。

最主要的官员——知县，面对着一种矛盾的状况。他是由中央训练且支薪的外来者，在任何被派任的管区都只待很短的时间，但他同时又是“父母官”的角色，负责县内生活的各种层面以及居民的福祉。如同帝制中国最后千年的趋势,越到后期清代县官的工作越艰难，因为帝国的人口持续增长，而县的数目，亦即地方管理者的数目，却只增加了一点点。

知县个人收入与地方政府行政财源之间的界限十分模糊。例如，一般认为知县应该捐出自己的薪俸来资助任何地方须要进行的计划，或者自掏腰包来补足税收逋欠，同时也会用公共的资金支付自己的“娱乐”与其他花费。[25] 县官薪俸众所皆知是不合时宜的低。在帝国晚期，随着物价持续飞涨，中央政府逐渐在正常的薪俸之外加给美名为“养廉银”的年度津贴，换言之是一种让他们可以不用“偷”太多钱而活得下去的回扣。

18 世纪 20 年代末，雍正皇帝更进一步地准许县官从层层上缴的税收中收取“耗羡”。此规费原本是要抵偿当小量的银两从纳税人那边收取过来、重铸为大块银锭过程中会消耗的部分，但事实上大家都知道此费用单纯是用来填补地方行政的支出。[26] 这就是典型清朝的做法，宁愿有如打哑谜一般，而非直接赋予县官正式收取地方税的权力，在
050 任何情况下这些做法被证明只是暂时的缓解。雍正的后继者在面对物价上涨、人口增加、社会越趋复杂的情况下并未提高“耗羡”，于是支付公共支出、官员个人与属吏收入的主要财源仍依循“陋规”，如不定期的费用、回扣等各种大家原则上谴责但实际上不可或缺的收入。[27]

虽然在清代政府结构中知县是地方治理的最低一层，但是许多县亦设有中央指派的县丞。许多地方县丞除了获取其日后被派命为他地知县所必需的经验之外，似乎没有什么事可做。即便如此，他们通常也协助知县处理一部分的司法案件，而审理案件正是往往占去知县最多时间的工作;在有些地方，县丞则专门处理县境中特定区域的案件。18 世纪 20 年代曾有一位大臣向雍正皇帝建议，由中央在每个县底下的乡镇任命“乡官”，可能每个县设立 6—8 个。此提议让地方行政

的网络再向下一层扩展，使地方上的正式官职密度倍增，以此来因应知县工作负担日益加重的问题。这个想法在朝廷有过争论，但最后仍被否决掉。从皇帝的眼光来看，既然新的乡镇官员也需要自己的属吏，这么做只会使地方行政过度官僚化的情况恶化。[28] 如同“耗羡”的实施与随后的忽视，这些都代表清政府直接体认到此最小化的地方治理制度本质上有其缺陷，但最终仍决定不重新改造它。

既然进一步分割县级行政区的提议被否决了，唯一的知县欲治理如此大又陌生的范围，只能仰仗四种类型的助手帮助：胥吏、幕友、地方精英，以及指定的里长、甲首。第一种群体是无所不在的书吏衙役，他们依法律可供职于各县的人数较少，但其实际人数往往远超过法律所允许的，在有些县里甚至达数百人之多。书吏负责县内日益增多的户籍簿册、案牍与来往信件等等。衙役负责守卫、收税、传唤等其他无须会使用文字的工作。该职位多为当地人，其他也有些来自外地，特别是来自富庶江南的绍兴府。在帝国晚期由于当地识字的男丁人力过剩，使得从绍兴府出身的书吏遍布整个帝国。[29]

无论他们是否为当地人，从县官的观点出发，他们都是地位稳固的胥吏，有职位，但没有任期。理论上县官可以依照需要雇佣或解雇他们，但实际上由于胥吏对其是否能够成功治理地方具有相当的重要性（此也关乎官员的政绩），让县官无法为所欲为。胥吏处在一种暧昧的位置上。一方面他们是治理体制的一部分，但他们既然大部分都非正式，因此极少受到中央控制。只有一小部分的胥吏能有正式的薪俸，却少得离谱，所以他们总体而言是以接受馈赠与自行任意收受的规费为生。也因为如此，或许没有像清代胥吏一类的社会人士那样普遍被众人憎恶的人群了。作为国家政权的代理人，地方人民惧怕官吏而顺从他们，但胥吏是平民而非绅衿，因此也得不到尊敬。这些胥吏因侵吞掠夺上至官府下到社会的财富而受到改革派士人的谴责，几乎所有人都憎恶他们，视之为“鱼肉乡民”的鼠辈。

051

直到最近，历史学家仍直接将这些原始史料中的众多控诉当成实据。不过现在我们从四川一处记录完整的地方档案中发现，至少该处的县府胥吏明显具有职业道德与精神。他们有系统地训练新成员，且处罚为非作歹的同僚。更重要的是他们将司法系统当成财源，各种诉讼费用不只用来支应个人生计，更用来维护公共建设和其他较无法自给自足的地方管理部门。这些胥吏在知县背后推动必要的工作，让县政可以在财政窘迫的地方政府之下完成。[30]

由于知县须仰仗这些胥吏，但又不信任他们，于是知县个人幕僚的功能似乎逐渐演变为保护知县免于受到胥吏欺诈。知县和督抚一样，身边逐渐围绕着“幕府”。所谓的幕府即是一群私人秘书，有法律、军事、财政及公文书等专长。这些专职人士随着现任官员轮调赴任，与知县一样对他们工作的地方感到陌生。这些“幕友”由于薪俸是来自知县个人的资金，因此不向国家也不向地方社会负责，而只听命于聘请他们的主人。[31] 他们一般来说有科名，或至少是受过古典教育的文人，因此在地方上远比胥吏更受尊敬。

19 世纪初的改革者如包世臣等主张应该废除幕府，而将省下来的钱用以提高正规官员极其微薄的俸禄。随着地方政务日益复杂，胥吏与幕友的数目在清朝都大幅增加。此两类为数众多的群体都未由中央支薪、不受中央管辖，显现出清政府宁愿牺牲一些对地方的控制，以达成“仁政”的要求——最重要的是保持低税率。

小政府必须格外依靠由地方社会自行产生的领导人，尤其是士绅阶层。在某种程度上，士绅至少通过最基本的科举考试，他们被认定为已经内化了科考课程最核心的部分，即遵循道德、为民福祉与忠君体国等必须履行的责任。然而这些士绅同时也是地方社群的护卫者，亦是常常与敌对宗族争斗的宗族成员，同样也是在很多方面与佃农和邻境穷乡利益有所冲突的地主。究竟代表国家的知县，可以信任地方士绅执行政府的任务到什么程度？此乃是地方治理中的核心的两难问题之一。

在清朝巩固其政权之际，相当依赖地方精英执行许多半官方的工作。如掌管地方教育、通过圣谕宣讲推行国家意识形态，主导官方支持的、团结地方与如乡饮酒礼之效忠国家的仪式，协调冲突以避免诉讼与地方械斗，管理地方层级的公共建设计划，等等。而地方精英经常也同时是包税人与地方团练领袖。由于帝国认定对疆域内的税赋与武力防卫有绝对的独占权力，让地方精英从事这些活动已经在法制的边缘，甚至是与法不合。然而缺乏足够可靠的支薪人员来执行这些工作，大部分的知县就宽准甚至鼓励地方精英参与这些活动。 053

通过这些管道，士绅借由协助治理知县的辖区以符合知县的利益，而另一方面这些活动也增强了士绅的私人权力与社会影响力。从国家的观点来看，这样的利益交换值得吗？承续清初重要政治思想家顾炎武的说法，当时部分人相信对上层士绅来说是值得的。这些取得举人以上功名的士绅，比起只通过乡试的下层士绅受了更多的儒家经典训练，也被认为更能内化儒家的道德教训。他们已经为应试准备多时，并与其他地方层级以上的考生交谊，因此也被认为更能超脱狭隘的地域主义，而不会自私地只为自己的社群考量。尤其他们通常比起下层士绅更富有、经济上更稳定，因此他们较不会压迫乡里、汲汲营营于物质上的微小利益，而更注重维持社会的和谐稳定。晚明的经验告诉他们，一旦生活悲惨的平民暴动起来，才是最恐怖的。此固然是地方精英驯良程度粗浅的衡量标准（对如顾炎武这样的上层士绅来说，提出这样的说法有自我膨胀的味道），但似乎对很多人来说多少也有些事实在里头。

另一种在地方社会中协助知县治理的是村中的里长甲首。这个群体因为不是士绅，某种程度来说是刻意造就出来的。20 世纪的民族志将里长甲首分为两类，一类是真正受到尊重且有影响力、管理村中内部事务的地方农民，另一种是在村人眼中地位较低，在村子与国家之间扮演此角色的人（真正有社会地位的人不愿承担此种工作）。在清朝很有可能也是这样的情况。然而清代另外有一种非士绅的甲首是通过古老的保甲制度任命的。保甲是一种以十户、百户、千户为单位
054 的人为层级组织，每个单位须为其成员的行为负连带责任。每个单位由其中一户之长领导，他在理论上不仅须对自己亲族，也须对邻居的行为负责。为此，他管理户籍登记、维持和谐、解决争端、向县官通报不法，并为审判诉讼做证。

集体责任的概念在实际上或许只是幻影，但在清代乡间的确有不计其数的人执行赋予甲首的、至少一部分的责任。这些职位照制度来说应该是农民户长的兼职工作，并且在各户之间轮流。但实际上这些甲首似乎是全职，且可能是永久性的固定工作，甚至可能是代代相传的。他们原先应该是无酬的自愿服务，但实际上是由其所服务的对象或至少其中的一部分人给予他们酬劳。

这不过是清代因寻求最有利、最合适的结果，而发展专业化之普遍趋势下的一个例子。问题当然是在由谁来挑选这些人、谁来支付他们酬劳，而他们最终符合谁的利益。答案也许随区域之别而不同。在某些地区他们或许不过是由独霸一方的权贵所雇佣的打手，而在其他地方他们似乎由当地社区定期支付酬劳，地方父老倚重他们的服务，而他们或多或少也得对地方负些责任。[32]

清代国家的管理能力

也许在中国史研究中，没有任何一个问题能比“帝国的规模与其势力可及之界限”，更能在杰出的史家间导出极端的两种综论。这两种最常见的描述提供“全或无”的选择：明清若不是一种集权的“东方专制政治”，就是极精简的“税收与治安代理人”，让其属民全然地自谋生计。[33] 就我们现在的知识或许能证明这两种观点都不正确，但

并非全然错误：如果国家选择这么做，的确可以调度资源，用以专制地胁迫其人民，然而在日常生活的基础上，国家又将我们认为可能是政府的功能，让渡于私领域的个人或团体。不过亦有实质上处于中间点的地带：某些政策领域中，清政府因为同时为了政府存续与人民安康而扮演相当积极的角色。在这些领域中，特别让人印象深刻的是粮食供应、货币监管与司法诉讼三个领域的扩展与管理。

早在康熙时代，清代的统治者就已意识到在帝国人口的快速扩张之下，必须垦荒来增加耕地数量，且同时在已经开发的土地上以更集约的方式提高单位面积生产力。[34] 区域或地方官员更积极地推广适合在丘陵地耕种的新作物，例如甘薯或用以养蚕的桑树，以及推广品种更好的稻米与其他作物。他们也扩建新开发区的灌溉系统。若如预期的大规模区域性粮荒发生时，清代政府在全盛时期有能力从散布各地的粮仓，经由漕运系统转运米粮，对受灾区进行大规模的救济。

然而清政府也理解，人口中有很大且持续增长的一部分人不被预期要生产自己所需要的粮食。这些包括城市居民及以运输或其他职业维生且增长中的乡间劳动人口，还有在比例上不断提高、集中生产非粮食或非主食作物的农户。为了喂饱这一群人，清政府努力确保区域间米粮与其他食物的自由流通与交易。米粮以可预测的模式，从湖南到西南、从广西到广东沿海，并从台湾运送到福建山区与海滨。然而清代最重要的米粮商运是那些供给长江下游地区的路线。在唐宋时期，长江下游是帝国主要的粮食盈余区域，但从16世纪以来，长江下游已成为高度都市化的区域，手工业兴盛，而最重要的是改种植棉花与其他经济作物。而此地粮食的大规模短缺，则从长江中下游的跨区域粮食进口补足，如从江西的赣江流域、湖南的湘江流域与四川的红土盆地。当越靠近长江下游的区域种植作物进一步多元化，而减少出口的粮食数量时，越往上游走的区域便成为新的粮食出口区，而在农业生产上开始具有重要性。这些长途私人贸易均受到国家支持与保护，在某种程度上会减免其运输规费。

056 然而国家所做的还要更多。通过“常平仓”制度，清朝不仅要确保各地粮食供应无虞，还要让地方市场的粮价稳定、实惠。这种控制地域与时段物价波动的野心和系统化的努力，不仅在中国，或许连在世界其他地方都是绝无仅有的。历史学家曾经一度以为，这个有大量史料记载的稳定物价机制从一开始就不过是一种官僚式的虚构，但我们现在知道这个机制的确发挥了效力，且事实上在清朝盛世时运作得出奇良好。这个制度的意图是在保护粮食生产者的利益，在秋收粮价到最低点时购买地方市场的过剩米粮，而将这些米粮在冬春之际地方市场粮食供应不足时卖出，以维护消费者的利益。因此，借由重复地买低卖高，这些粮仓不但可以自给自足，甚至还会获利。

更有甚者，清代不只以控制价格或发送税粮来达成价格稳定，国家也会介入地方市场，此亦是清代经济逻辑中相当重要的一部分。清朝的策略是以市场来控制市场。从来没有要将此制度设计成取代市场供应粮食的能力，而是补充其能力。价格稳定制度依其设计在如中国西北等区域发挥最大效力，在这些地方市场较不发达且需要额外的刺激。这个制度最终的衰微是因为跨区域商业市场日渐活络，能满足帝国对粮食的需求，而非晚清国家的能力有所衰退。

虽然常平仓的制度起源在更早之前，且当清朝初期此制度之遗迹尚存，直到 18 世纪 20—30 年代的雍正时期，该制度始有效地建立起来，让帝国每个县都可找到活络且库存丰富的粮仓。然而该制度却受到其继任者乾隆皇帝的质疑。虑及此时全国性粮价上涨的趋势，并受一连串地方粮食暴动所扰，1748 年乾隆认定政府收购地方市场的粮食来库藏，是粮价上涨的主要原因。于是他下令减少每年储量的额度，并且缩小全国粮仓的规模。很有意思地，许多地方的官员向皇帝
057 抗议，认为他们的辖区需要这些储备粮食，而这些地方一个接一个地成功取得此政策的“豁免权”。因此这个制度在 18 世纪的盛清时期

仍很重要（虽在削弱中），直到19世纪中叶连年的叛乱，才与王朝的其他许多基础建设一样，遭遇致命的一击。

另一个展现了清朝出色的洞察力与行动力的政策领域是它对货币供应的管理。[35] 与其让广大国境采用单一标准的货币，清朝选择“复本位制”，由未经铸造的白银（以中国的两来计算）和铸造过的铜币（称为钱文）组成。钱币中间有方孔，惯常以千枚为一串，以一串兑换一两白银。不过主政单位清楚地知道严格控制钱银或其他各种兑换比率的努力，终究会引起反效果，导致投机炒作、囤积、黑市交易或伪造等种种滥用行径。因此，为了不受时间地域之限的货币稳定，清朝开创性地调整这两种货币金属在市场上的相对供应量。如同粮仓制度一样，清政府亦有效地以市场来管理市场。每个地方被要求每月上报地方银钱兑换率，如同他们上报粮食产量与粮仓活动一样。

18世纪的大部分时间，主要问题是铜钱价格逐渐上扬，让每串铜钱的市场价格远超过一两银子。这是因为主要由新世界流入的白银提升了银的供给量，传统以来由日本进口的铜却在紧缩。随着乡村地区快速的商业化，对于铜钱的需求增加，而非做货币用的铜需求量也增加。一开始雍正还有点儿不情愿，但到乾隆时他便以解除私人开矿的禁令来响应（此禁令原先是担心聚集的大量矿工无法控制），并准许民间业者开采中国蕴藏丰富的铜矿。这项措施让18世纪中叶帝国许多地方的产铜量大为增加，尤以在情势紧张、多元文化的中国西南地区为最。

中央政府的这些措施虽有帮助，但稳定货币供应的主要角色留给
了区域或地方的官员。在市场内大量释出或买进铜币，在适当时机从 058
邻境运入铜币，在税赋征收上，选择收取的货币（或更常见的、捐纳所收取的货币）为铜钱或银两，以及在很极端的情况下调整铜币中铜的质量以反应铜的市场价格。借由这些不同措施，主事官员们有相当好的表现。

在这些与经济相关联的领域之外，第三个清政府介入甚深的领域是对民事纠纷的解决。[36] 由于中国帝制时期没有成文民法，且社会上关于地租、水权、婚姻事务、债务等的纠纷常常被忽视，以官方的语言来说是不值得政府关注的“枝微末事”，因此过去的学者将帝国晚期的中国与西方世界相比，将之描述为在法律上尚未发展。不过我们现在知道，民事诉讼实际上是清代行政管理中的例行公事。由于没有成文的民法，地方官员引用刑法条文来断定财产纠纷。这些条文或许与正在审理的案件似乎鲜有关联，但是大量的清代司法判例向大众阐明了体制之内的这些条文，如何在民事案件中有系统地诠释。帝国的当权者拒绝迈出这似乎很明显的一步，真正地修纂一部成文民法，是因为担心若如此做会引来更多诉讼而破坏社会和谐，而和谐社会才是儒家治国中宣扬的常态。但这绝对不意味着国家不主动出面解决民事冲突。这只是清代统治中另外一个官方呈现与实际作为有系统性差异的领域。国家本身比在书面上所能呈现的更大且更积极主动。

审理司法诉讼在 18 世纪晚期几乎占用了知县每日工作过半的时间。整个诉讼过程也许会相当昂贵，但基于私人利益仍有许多诉讼提出。很多时候原告提出琐碎的诉讼只是为了迫使对手在与诉讼不相关的争议中让步。然而即使社会上好讼的风气常为官员所指责，清政府仍持续以愿意听讼来宣扬自己。这不只是因为仁政在理论上制止以更暴力的手段解决私人冲突，亦因为提出诉讼的这个行动，实际上表示争讼者支持了国家的合法性，这对自觉是异族征服的王朝来说绝非小事。

059 如何处理这日益膨胀的民事案件便成为县官与他们的刑名师爷所要研究的事情。最普遍的手法是以初次听审为基础，先给一个预备的判决，此判决对双方来说可能都相当严苛，然后引导他们寻求非官方的仲裁。如果他们不想在所有的证据都在庭上被听取后遭受这么严苛的判决，他们会答应非官方的协调。在判决民事案件背后有一套很复杂的逻辑，不仅考虑字面上的条文，同时也考虑超越性的理性道德，且留意此判决的实际社会影响。毕竟法官的目标是让涉案人在争端解决之后，能够回到他们原来的地方社群和平地过活。

清代对地方治理制度的讨论

从宋代以来，理学思想中一直强调“治术”，特别是在地方的这个层级。此日益增长的自我意识传统通常被称为“经世”，这个词在英文习惯翻译为statecraft（治国之道），但如果逐字翻译应该是ordering the world（治理世界），如此翻译才能跳脱“国家”的概念，并且捕捉住追求治理秩序同时也追求宇宙秩序的精神。[37] 在明末之际，一位江南的改革派学者陈子龙（1608—1647）出版了一套书，收集当时讨论经世议题的历史资料，名之为“皇明经世文编”。此书开启了一种出版类型，组织关于如何妥善治理的辩论，后续到清朝时不断加入新的材料而多次再版。

自17世纪末到18世纪，经世之学与起初是独立的“实学”这个学术运动相联结。实学强调道德与礼仪的严整，同时有点儿矛盾地，也强调常看似非道德的务实治理技术。令实学拥护者同声鄙弃的有：智识层次上贫乏的八股文写作与科考举业，对文学形式的精雕细琢，各种形式的形而上玄学，与阳明心学相关的、不问世事的道德冥想，以及钻研文字、在当时兴起的考据之学。他们主张应该着力研究的是历史、地理以及诸如水利河工与军事武器等技术性的学问，并认为这 060
些研究才能让士人有能力去面对时下迫切的政经议题，以无愧于自己文化精英的身份。[38]

至少直到清初，经世之学与实学在某种程度上多少与长期对帝国官僚政治批评的改革分子相互结合。受批判的官僚政治被以“封建”一词概括。封建这个词在现代中文被用来对应英文的feudal，但几乎不带有西方史学或马克思主义理论中的特殊含义。常与“封建”并列讨论的是“郡县”，指的是将帝国划分为府县等行政区，各区由中央指派、支薪的专业官员轮流治理。为了防止“郡县”制的失能，“封建”则是将地方的管理权交付由国家认可且或多或少由国家所封赐的地方精英手中。[39]

没有人比顾炎武更能诠释经世、实学与封建想法的结合。顾炎武本身是苏州的地主、行事谨慎的明朝遗老，以及才华横溢的全才。在他写于 1660 年左右、广为流传的一系列名为“郡县论”的文章中，他认为公元前 3 世纪秦始皇设置的郡县制度，可说是中国行政史中的“原罪”，但也是无法避免的。然而，顾炎武主张“寓封建之意于郡县之中”，以此大胆的行动将让“天下治矣”。他严厉谴责那些如寄生虫般不断增生的胥吏衙役，从外地派来、只顾全官位而丝毫不主动、真诚关心其辖区的官吏，在庞大而无法自察之中央政府上的过多花费，以及反对从发展优越的地方征取税收，运用在其他落后的地方（这样的意见来自帝国最繁荣地带的精英，一点儿也不意外）：“法之敝也，莫甚乎以东州之饷，而给西边之兵，以南郡之粮，而济北方之驿。今则一切归于其县……”[40]

顾炎武的解决方式是指定一位地方精英的成员担任知县。为预防这位知县有可能贪污或不能胜任，一开始应有三年的试用期。如果表
061 现让人满意，将准予第二个任期，而进一步有更好的表现，则此官可终生任职。假设他持续有好的政绩，这个知县的职位将成世袭。过多的监察职位，如总督、巡抚、布政使司、按察使司、漕盐总督等都应该废除。响应批评，他主张：

> 天下之人各怀其家，各私其子，其常情也。为天子为百姓之心，必不如其自为……夫使知县得私其百里之地，则县之人民皆其子姓，县之土地皆其田畴，县之城郭皆其藩垣，县之仓廪皆其囷窌。为子姓，则必爱之而勿伤；为田畴，则必治之而勿弃；为藩垣囷窌，则必缮之而勿损。自令言之，私也；自天

子言之，所求乎治天下者，如是焉止矣。

顾炎武的主张明显地证明他对至少一部分上层士绅成员的开明自利有很大的信心。他对下层士绅与胥吏的质疑，与他相信有钱与有文化素养的人、和他相同阶级与教养的人，可以被信赖以追求全体之利益，即顾炎武版本的“看不见的手”，形成了很强烈的对比。然而他真的如此天真地设想吗？当他的计划实行，国家都任命像顾炎武这样的人当县官（他曾经因怀疑一位三代都服务于他们家中的仆人不忠而处决他），国家真的会被管理得更好吗？[41]

如果单以《郡县论》为本，很容易认为顾炎武十足是精英私人利益的拥护者。但在他更重要的著作《日知录》中，他的政治观点更微妙。[42] 他论点中的关键是“上”与“下”两种范畴间的系统性区分，上与下依照脉络可以是中央与地方政府、国家与社会或富人与穷人。
维持上下之间的阶层区别是文明的基础，但同时也可当成是必要的制 062
衡，用来抗衡政治权力与经济资源集中于任何一端的自然倾向。一直以来的威胁是上层的独占垄断，然同时存在但较不明显的危险是下层胥吏与地方权贵的专断。[43]

在顾炎武的理想世界中，财富在各阶层自由流动，政治权威由皇帝指派给有能力而对地方负责的县官。皇帝试图通过烦琐规定与考察的精密控管，只会有损地方官员的权威，而将权力赋予胥吏，让他们与“劣绅”合流，以自身利益来操弄法条。顾炎武提议赐封特定急公好义之地方精英为知县，其欲驾驭地方士绅的企图，似乎更胜于让渡权力给他们，也不是想达成真正的、反专制的“多数统治”。

因为对亡母的誓言，和对先人任官之前朝的忠心，顾炎武拒绝了清朝的任命，故而从来没有机会将他的计划呈送皇帝。顾炎武不可能认为他的意见有实现的机会。不过顾炎武的这些想法随着他大量的学术著作而广泛流传，其中之大胆擘画激发了日后清朝的政治改革者。有点儿讽刺但也意义深长的是，当晚清民国的学者受到西方代议制度与民主主权等思想的影响，想找寻中国本地传统以移植结合之时，他们找到顾炎武论述的“封建”传统。[44]

第3章

盛 清

1661年2月5日顺治皇帝福临因天花骤逝，年仅23岁。福临之前已亲政8年，但从来不是非常强势的君王。在他死后宫廷内接着掀起一场权力斗争：福临的遗体在可疑的情况下迅速火化，遗诏据说经过篡改，而他最宠爱的宦官则被处死。之所以选择顺治7岁的三子爱新觉罗·玄烨继位（即康熙皇帝），一个或许有些薄弱的理由是玄烨儿时患过这种让其父亲亡故的疾病并存活下来。由于清政权的巩固远未完成，这个朝代存续的可能性并不乐观。

然而清朝不仅渡过难关，还很快进入一个在中文历史著作中称之为“盛世”，而在西方名为High Qing的时代。[1] 其成功的重要原因之一是在整个“漫长的18世纪”（long eighteenth century）中，[2] 清朝幸运地拥有三位非常能干、勤奋且长寿（这也是很重要的因素，其中两位在位时间均超过60年）的君主，分别为康熙、雍正与乾隆。

康熙（1662—1722年在位）[3] 普遍被认为是中国历史上最伟大的皇帝之一。1669年康熙16岁时，毅然决然地对抗当初将他扶上皇位的辅政大臣们，详列罪状将为首的鳌拜等人逮捕入狱，不久鳌拜死于狱中。热爱满洲式狩猎的康熙皇帝亦是相当成功的军事统帅，除亲率大

图4　手持毛笔的康熙皇帝（北京故宫博物院藏）

军平定三藩之乱与征服内亚之外，同时也是卓越、有创新精神的行政管 065
理者。[4] 康熙拥有广博好学之心及缜密心思，热衷听讲各思想学派（包括从西方来的传教士）的演说与辩论。他公开演证科学与数学的原理，而且喜欢炫耀自己掌握要领、熟记细节的程度。[5] 借由支持耶稣会教士学者，他涉猎西方药学与解剖学。[6] 他也赞助出版《全唐诗》和其他大部头文选，并主导编纂《康熙字典》，作为中国语文的权威辞书。

在此之外，康熙也是个相当感性的人，思及自己的子民和养育60多名子女的苦与乐（然而他们似乎常常让他失望），以及自己的情绪皆使其感触良深。想到衰老与死亡，他写道：

> 不忍弃病笃老者于不顾。以钱资助为其医治，亦请故友与其话家常，无论垂老之忠臣、朕兄弟之奴才或在长城塞外受水肿之苦的耶稣会教士翟敬臣（Charles Dolzé）或是宫中年老公主。如朕之姑母、皇太极之女，固伦淑慧长公主，在京城年老垂死之际，朕经常去探望，打理一切所需。公主终以含笑而逝，安享天年。……吾等亦可馈送礼品讨老者欢心。过去每年固伦淑慧长公主进献太皇太后与朕油凝乳饼及羊腊，吾等则回赠貂皮袍褂、黑狐皮衣与绸缎。朕必择其所需，投其所好。倘若此礼为任意进奉，朕亦以等物回报，如此相互易物，实无意义。……孝亲乃人之常情，无须繁文缛节、刻意造访。[7]

或许康熙最著名、影响最深远的政策来自他长久统治的晚年。
1713年，康熙皇帝宣称帝国的经济生产已经恢复到明代时的高峰，
而其朝臣进行多时的地籍清丈业已完成，政权的财政基础因此可以长 066
久稳固。虽然新的土地还可能继续开发，来满足人口增长的需求，而这些土地也或许能适当地课税，然而康熙认为未来将永远没必要再提高田赋的基本税率。即使新的技术、作物选择与商业化可能会让这些田地的生产力大增，也永远不再加税。

康熙永不加税的宣告让他的后继者尽管面对膨胀的经济发展、越来越复杂的社会和一系列戏剧性的新挑战，也只能从国家的生产中，

图5　雍正皇帝，朝服像轴（北京故宫博物院藏）

分配到日渐减少的财政收入来治理国家。他们将不得不找各种方法增加政府的收入，如在农业生产上加增许多杂税，或从其他产业经济课税。但孝道的原则让他们永远不能违抗康熙的誓约，只能维持1713年的基本田赋税制[8]。于是到19世纪时，清朝中央政府才意识到自己一直陷于财政短绌的状态。

爱新觉罗·胤禛，即雍正皇帝（1723—1735年在位）[9]，与他的父亲相当不同。在康熙可能继位的15个年纪较长的儿子中，排行第四的胤禛显然不是最受钟爱的。他无情地除去任何可能反对他继位的兄弟，忍受着夺权篡位的谣言。[10]胤禛即位时将近45岁，他对父亲执政末期需要修正的问题已了然于胸。虽在位仅13年，但雍正利用这短暂时间在清帝国，乃至中国接下来的历史留下了不能抹灭的印记。据说他是位性情直率之人，没有父亲的逞强、好炫耀，或文雅学识与美学品位。在他身边的都是他从下层满洲贵族或从出身低微且常常是来自边疆地带的汉人中提拔上来的官员，都一样地坦率敢言。雍正经常在政策制定前邀集这些朝臣给予他谏言批评，以一种共议、务实的精神行事。

雍正年间的治国基本方针被形容为“严”。但他并不好斗，也非残忍无情。他在军事政策上绝对不冒险行事，对违法犯纪之徒的处置也能相当宽厚。此所谓之“严”其实是指无论代价高、反对者众，仍执意将官僚体制合理化、将帝国控制集中化的那种顽固意志。他决心让各县可以自给自足，以“火耗归公”使官吏可以收取耗羡，便是此 068
种考虑的代表。还有将八旗官制度官僚化[11]、取消部分士绅的税赋减免，以及“摊丁入亩”，将丁口税并入土地税的简化改革。他试图在帝国的每个县内建立育婴堂、养济院与县学。他也努力将一种标准化的白话中文（我们有时称作官话）推广为境内标准的口语，只是短暂推行且未见成效。[12]

以平定教派争斗为由，雍正下令驱逐除北京之外的西方传教士。

他通过常平仓制度，由中央控制地方储备存粮，是此宏伟计划的主要推手。在一些富有远见的政策中，如竭尽所能在具生产效益的耕作下利用更多土地，废除农奴与其他贱民阶级制度等，其背后都有他的身影。简言之，雍正皇帝是近代早期国家建构之首创者。[13]

雍正于1735年驾崩后，继承皇位的是爱新觉罗·弘历，其作为乾隆皇帝成就了世人所认知的“中国”。弘历继位时年方26岁，既不像祖父继位时只是个男孩，也不像父亲即位时已是中年人。[14]由于雍正顾念继承合法性受质疑的包袱，在乾隆少年时期就选定他为皇位继承人，并且细心调教他帝王治术。但一如他父亲20年前一样，年轻的弘历洞察其前任的缺点，而在登基后，他自己制定策略来矫正这些过当与错误的施政。他最早的行动之一是召回他幼时的导师、受人敬重的汉人大臣朱轼，在过渡时期来协助他。在雍正晚年，朱轼是那群对雍正严厉政策表达强烈不满的文臣之一。如今被刚登基的乾隆皇帝赋予重任，针对前任施政的缺失向新统治者提出忠告。

与他父亲的严厉相对比，乾隆朝宣告自由宽大的方针，在登基15年左右后，乾隆逆转了许多雍正时期的政策。他结束了前任皇帝对于农地开垦的狂热，且在1748年降低地方层级之国家谷仓的储备
069 量。他重申帝国的财富是固定的，国家集结这些财富会与较受欢迎的“藏富于民”政策相冲突，把父亲“耗羡”与“摊丁入亩”这两项重要的财政改革，说成违逆仁政、不成体统的贪婪。低调地在通货膨胀时不调高各种杂税，借此让耗羡等名目逐渐萎缩。乾隆在他统治的早期进行一系列杂税的减免，包括减少地粮定额、屯田征额、田产买卖与登记的费用，以及数种地方杂税等，一直到他军事征服行动使军费节节上升，才让这些减免无法再实行。

1745年，为了庆祝登基10年，乾隆宣布一项大规模的田赋减免，减征了2800多万两银子。实际上，他结束了雍正未完成的实验，即创造一个财政可负担又能插手介入的国家机器。[15]无论在当时的历史

脉络中,这些政策转向之举明智与否,其遗绪将一直影响到19世纪末,此时清朝骤然被迫参与欧洲与东亚的民族国家竞争。

乾隆远比他的父亲更能同情汉族士人，将他们视为统治的伙伴，而非中央集权的绊脚石。他恢复了许多在雍正期间废除的士人赋税优遇与刑罚豁免。对于朝臣的任用，更偏好有品位的文人雅士，而非雍正所喜爱的干练技术官僚。乾隆年间科举考试的题目，逐渐侧重于对散文与诗词文笔风格的掌握，以及对考据知识的精深熟练。对于基础的识字能力，乾隆放弃了普及教育的推行，特别是在边疆地带。他认为让不值得信任的少数族群获取识字的权益，是不智且浪费公帑之举。[16]这些决定的背后是乾隆对其父亲热衷减低帝国内社会分化与文化多元化，并在其专制统治之下创造出相对高同构型子民之使命感表示憎恶。统治一个由各种阶级身份与不同族群所组成之帝国，乾隆很乐意在其中扮演不同的角色。[17]

没有比1728年的曾静案更代表两个皇帝对清朝统治观的差异的了。[18]曾静是位名不见经传的塾师，他将故乡湖南严重的水灾诠释为 070
上天对雍正统治不满的征兆与改朝换代的天谕。当曾静试着寻求川陕总督也就是守卫中国文化与民族独立之英雄守护者岳飞之后代[19]的支持时，他谋反的计划被揭发。曾静对雍正的仇恨部分是因为雍正篡位之说，部分则是雍正个人行为不检的谣言。但大部分是反映了一种本质主义的传统，认为汉人天生就比外来异族优越，一定要誓死抵抗被满族这样劣等的民族统治。曾静明确地引用17世纪浙江学者吕留良作为这些想法的起源，但这些思想在曾静同乡王夫之的手稿中更是明显。这种湖南先天论者的潜流到清朝最后百年中将更有力地开展出来。

雍正发现曾静谋反计划的反应引人注目。他将吕留良开棺戮尸，却对忏悔的曾静施予皇恩，令其返家，在当地成为英雄人物。接着雍正编纂自己对此案的记录，其中花了相当大的篇幅驳斥那些让曾静蹈罪的理论,且将此书广为宣传。在这本《大义觉迷录》中,雍正解释“满洲”事实上如同北方、西方、南方等等只是出生地点的表示，并非种族的标志。确实，在此雍正已几乎要主张，种族的区分一般来说完全不是事实。

但对于雍正继任者乾隆，在其统合主义（corporatist）的统治概念下，此态度是完全无法接受的。在1736年1月，乾隆即位之初所做的几件事之一就是重新逮捕曾静，将他凌迟处死，接着开始搜查并销毁雍正这本离经叛道的小册。乾隆此举隐然赞同王夫之“种族间有本质上的差异”之说。然乾隆珍视自己的满洲传统，并急切努力地保存满洲的语言、骑射、狩猎等特色，以划清旗人之间的族群界限，追寻族人的发祥地与谱系源头并且下令创作民族史诗《盛京赋》。乾隆将塑造“满洲”成为一个国族团体作为一个伟人任务，断然终结雍正文化同质化的计划。[20]

071 即使放弃了雍正的政策，乾隆也绝不会表现出自己违背父亲的旨意。如果这么做，就是不孝，而乾隆对外向来是以谨遵礼法自居。反而以若是父亲多活几年，必会赞同他以如此俭省的方式来呈现自己。然而事实上，乾隆是无与伦比的展示大师，是帝国无时无刻可见的“示范中心”，是出了名的工作辛勤，是清代盛世的稳定力量。他将自己从巩固边地到开疆辟土的诸多大小军事征战，恰好圆满地包装成后世子孙传颂的“十全武功”。[21]他喜欢以不同装扮让人画像，例如装扮成菩萨讨好信仰喇嘛教的属民，又或者坐在马背上、身着欧式盔甲，由耶稣会教士、宫廷画家郎世宁（Giuseppe Castiglione，1688—1766）作画。

位于长城外的承德避暑山庄中，乾隆建造了一个大型的“主题公园”，展现大清广袤疆土内的各式公共建筑：一座代表西藏的迷你布达拉宫、一座江南形式的中国南方寺庙等等。[22]他乏味的父亲在任内避免进行形式上的巡访，乾隆却以“南巡”为乐，而且不惜重金，就是要让一切看起来合宜体面。富裕的商业城市扬州，大部分的区域

图6　乾隆戎装骑马图，郎世宁作（北京故宫博物院藏）

在乾隆一次来访前整个重建，以符合皇帝心中对这个城市应有的想象。他还花钱举行登基 10 周年的盛大庆典。[23] 乾隆在其生涯中最盛大的演出，可能就是他在 1795 年的退位。在位 60 年之后，其于在位时间比祖父康熙少一天的时刻退位，以此最后的演出来表达对祖父的孝顺。

帝国扩张

中国民族主义史学写作始于 20 世纪 10 年代晚期的五四运动，基本上将清代中国描写为西方国家以及后来的日本等日益炽盛之帝国主义侵略下的受害者。在这样的史学传统之下，自然有很好的理由接受如此的形象。但此种刻画所掩饰的是，清朝自己也参与了帝国主义的竞赛，而且至少在 18 世纪末之前非常成功。在西方，历史学者已
073 不再将中国描写成受害者或一个特例，而是众多在大致上相同时期之欧亚大陆兴起的数个近代早期帝国之一，包括莫卧儿帝国、莫斯科罗曼诺夫王朝、奥斯曼帝国与大英帝国等。现在让我们注意的并非帝国间的差异，而是其帝国野心的共同特征：在广大范围内施行集权管理的能力、精心经营的多元族群共存与超越国族边界，以及同样重要的、侵略性的空间扩张。[24]

在清朝的前 150 年，领土较明帝国增加了一倍多，并大部分遗留给 20 世纪的后继者，被视为今日中国的疆域。对众多参与领域扩张的清代士兵、政治人物和思想家来说，与此征服行动相联结的，是和欧洲经验并非全然不同的“文明使命”。中国自身历史的一些特殊产物，如父系从夫居的家庭制度、财产诸子均分制、乱伦禁忌、婚丧礼俗、定居农业、土地产权登记制度与户籍制度，以及对中文的读写等等，被积极地移植到边疆或殖民的地域，而作为文明人类社会的典范。如同他们的子民，若这些概念对王朝有用的话，清朝统治者亦汲

而取之。但多半时候，清代的扩张动机很不相同：其利用了内亚历史使命的信念、不同族群对帝国安全的需求，以及有时个别君主的好大喜功。

属于卫拉特蒙古一支的准噶尔部（Zunghar）是欧亚草原上的半游牧民族，他们顽强抵抗以免被并入清帝国，也抵制沿袭明代、以“分而治之”分化的边疆政策。相反地，在雄图大略的大汗巴图尔珲台吉（Batur Hongtaiji，1653年卒）与其子噶尔丹（Galdan，1697年卒）的统治期间，大汗忙于进行结盟与建立国家的计划，可与皇太极在建立清朝时扮演之角色相提并论。[25] 在1660年左右，准噶尔部已经创造出一个强大的内陆帝国，西北与俄国为界，东南与清帝国为界。然而早在1689年的中俄《尼布楚条约》，中俄双方在东边的共同边界（现今的中国东北）便已稳固。在接下来的100年间，这三足鼎立的帝国逐渐变成双雄对峙，在准噶尔部两侧的两个农业帝国逐渐扩张并巩固其边界，进而压迫到这个游牧邻居。 074

在缔结尼布楚条约的后一年，康熙皇帝即宣布亲自征讨噶尔丹汗。他率军进入草原，与准噶尔军在乌兰布通交战，身为康熙舅父的清军主将佟国纲即在此役阵亡。虽然清在此役中获胜，但后续的战争亦延续了数十年。到了1697年，康熙针对噶尔丹的盟友与粮食补给采取的消耗战，终于迫使噶尔丹在不明的情况下身亡。噶尔丹的尸体进呈给康熙皇帝，其后被碎尸万段。但随之继位的准噶尔汗继续抵抗，因此战事仍持续进行。

1722年康熙辞世后，雍正与父亲的个人宿仇取得和解，通过停战协议或贸易来平定蒙古各部。但18世纪50年代末期另一次公开叛乱，让表面上宽宏大量的乾隆皇帝，对人数超过50万人的准噶尔残部展开灭族战争。准噶尔族被成功歼灭，清扫一空的草原很快就重新移入上百万清帝国属民。

以此次对准噶尔部的胜利为基础，从1757—1759年，乾隆占领了从塔里木盆地到准噶尔南部与西部等，这些由突厥、维吾尔与其他穆斯林民族居住的领域。[26] 这些战场上的征伐，要比说服那些国内的高级汉族士人接受这些战役要容易得多。士人认为草原上的民族传统上不会对中国本土构成威胁，故没有必要占领这些大草原。备受信任的大学士刘统勋、长期在西北担任督抚的陈宏谋，以及其他官员，一个接一个地进言反对此计划，且在 1760 年会试中留下看似精心策划的一致答案，微妙地谴责这些战事徒劳无功，是帝国妄自尊大的浪费表现。乾隆漠视这些批评，并在 1768 年宣布把先前并入版图的区域命名为“新疆”。他通过此举将帝国扩展至现今中国主张的广大领土，同时留给继承者一个挥之不去的族群冲突问题。

虽然乾隆不理会人臣反对出兵的劝告，但他热切地试图说明新疆
075 值得占领，以冲淡他们的批评。乾隆从未成功，保有这片领土在清朝统治期间一直都是财政上的负担。理论上能自给自足的屯田制移植到新疆后，却一点儿也无法维持自给，还须持续地从中国内地进口米粮。开发新银矿、建立牧马地、由国家提供种子与工具、半征召的农民移垦区（并搭配初期免税的措施），以及选择性地对汉族商人开通贸易路线，种种作为都有所帮助，但都不足以支应不断上升的军事与行政花费。对新疆最成功的运用是将之作为流放之地。一项数据推估 1758—1820 年间帝国的总督有 10% 曾被贬谪到此，同样也流放了相当大量的地方官员与成千上万的一般罪犯。[27]

1768 年一群被流放的罪犯因酒醉指挥官的虐待而起身反抗，结果遭到屠杀。这显现出新疆本身是个充斥暴力的棘手之地。本地与移居进来的穆斯林人口对满洲或汉人领主发动的反抗时有所闻，且愈演愈烈。尝试通过忠诚度不高的地方首领间接且花费较少地治理当地，其结果至多只能说是成败参半。虽然与扩张中的沙俄帝国不时进行协商来确定帝国疆界，但与俄国的边界冲突从来没有停止过。19 世纪下半叶，内有大规模的叛乱加上来自海外列强的侵略，使得清朝无法

提出有效的对策，新疆边防也陷入危机。

在驻印英军怂恿下，穆斯林军事领袖阿古柏（Ya'qub Beg,1820—1877）在1865年进入新疆，从中分裂出一个自治的国家。1871年，理应保卫自己领土以防阿古柏入侵的俄国，为对抗英国势力而进占新疆东北部。清廷对此反应慢半拍，主因是在此地区最有力的军事将领、对抗太平军的英雄左宗棠正忙于镇压邻省陕西与甘肃之“回变”。1873年，左宗棠平定“回变”，四年之后，在英国的调停过于缓慢而来不及解救其附庸势力的情况下，左宗棠出兵新疆并消灭了阿古柏的势力。清朝几乎收复了所有的领土（除一小部分的伊犁仍在俄国手中），并在1884年宣布新疆建省，与其他省份一样由中央官员管理。危机在此刻暂时解除， 076
然而治理的花费持续上升，穆斯林分离运动也从未消失。

另外一个直到21世纪仍持续困扰中国的前清遗绪是西藏。[28] 明朝时期未曾宣称或尝试直接介入这广大的领土，而倾向于只对当地众多教派与部落实施中国传统的“分而治之”政策。入关前的清朝刚开始同样对西藏缺乏兴趣，直到其与蒙古盟友和对手之间的关系让他们注意到西藏在宗教上的重要性。于是在1639年，皇太极邀请达赖喇嘛到皇廷，达赖虽未赴约，但在回复中称皇太极为“文殊菩萨皇帝”。清军入关之后的1652年，达赖喇嘛终于访问北京，受到顺治皇帝的隆重款待。清代历史记录将这些仪式交流认为是西藏接受了清朝的宗主权，但西藏方面似乎不这么理解。在18世纪绝大多数时间，清帝国对西藏自治的影响仍微乎其微。

此情况到了18世纪末开始改变。西藏内部因敌对贵族间的冲突陷入动乱。篡位者桑结嘉错（Sangye Gyamtso,1653—1705）结纳清朝的仇敌准噶尔，促使康熙皇帝密谋暗杀他。当准噶尔在1717年入侵政治分裂的西藏时，康熙皇帝同样地在1720年占领拉萨以为回应。随后继任的雍正皇帝曾试图从西藏撤兵，但更多的内部动乱爆发，迫使他在1728年增兵。清朝之后的几次行动接着在1750年与1791

年展开。渐渐地清帝国掌控了西藏的地方行政，以驻藏办事大臣进行管理。与此同时，清朝皇帝自称为佛教世界的保护者，且根据《礼记》中依各自的文化特性管理不同群体的理念，清朝几乎没有实行汉化或改变西藏的地方社会。

在台湾，康熙皇帝于1683年镇压郑氏王朝的势力之后，清朝试
077 图要让这片领土主要通过土地税赋来支付行政管理的花费。康熙在18世纪的继任者当然也注意到，从郑成功与其之前的荷兰人经验，他们须在这里建立比明朝更强大的统治。但是在此世纪的大部分时间，朝廷成本效益的计算指出，有系统地开发对岛屿土地的收益，无法支应维持台湾原住民与汉人移民间之和平的花费。结果是，尽管有急进扩张主义者、像蓝鼎元这样著述丰富的地方官员如此呼吁，朝廷始终立法禁止汉人跨越海峡移民到台湾。1684年甫平定郑氏王朝，康熙皇帝随即颁布海禁政策，而在清朝统治的最初数十年，台湾的汉人人口比明郑时期还少。虽然康熙的政策在雍正时期略有放宽，但在清代中叶台湾从未有像准噶尔或新疆那样由国家所支持、推动的移民举措。[29]

然而结果证明并不须由政府来推动这些移民政策。耕地缺乏、人口增长促使闽南居民违抗朝廷禁令开始移民台湾。更值得注意的是，由于沿海地区日益众多的人口投入海上贸易与其他非农业活动而造成粮食短缺，对台湾中北部沿海平原产量丰富之稻米的需求也因此增加。潜藏丰厚利益的蔗糖贸易又吸引了更多移民。虽然不时有海禁，沿海省份的督抚虑及粮食供给问题，仍设法让海峡两岸贸易不在此限（虽然理论上是以特许的方式来管控）。结果是汉人在边地台湾的发展迅速地进行。

经过1722年的一场地方叛乱，清政府对台湾移民的响应是，在允许汉人移垦的范围与合法保留给原住"番民"的区域之间画出一条界线。这条界线在18世纪重画了好几次。只有在淡水与安平已开放

为与外国人交易的通商口岸，且清朝对台湾的治理受到明治日本的挑战之后，清廷才于 1875 年在全岛改行更积极的“开山抚番”政策。

18 世纪清廷对维持台湾稳定所需花费之忧虑是有其根据的。在缺乏密集的行政与军事部署之下，清朝中叶兴起的台湾精英多半是富有的地方豪强，在其拓殖地拥有私人武力。这些豪强与他们的后代随着时间逐渐成为士绅，寻求功名头衔并营造精致的生活风格。此外，在台湾的地方官员，与帝国其他区域一样，老练地采取吸收经挑选的地方豪强之策略，来镇压那些不时造反、违抗朝廷的地方势力。但越来越复杂的台湾社会，终究让清朝想以较少花费来统治台湾的策略遭受阻力。 078

1786 年林爽文起事，攻下数个县城。乾隆皇帝派出身经百战的福康安率领 10 万大军，在两年之内平定了叛乱。嘉庆皇帝回顾这场由他父亲主导的一大“武功”，认为它是帝国一连串开疆拓土、荣耀胜利的转折点：嘉庆皇帝指出，这是第一场正规军队需要以地方乡勇支持的战役。唯未能发展出一套计划，在不需要这些武力时解散他们。这个问题在随后数十年的白莲教乱时仍困扰着清朝，甚至直到清朝灭亡。[30]

在西南的云南、贵州两省，以及四川、湖南和广西省与其邻接的部分，清廷同样面临处理众多原住民族的困境。在逐渐理解这些语言与文化群体的多样性，并以前所未有的民族志精准度去研究他们的时候，清朝的观察者同时倾向将他们简化成一种同质性的文化建构，以“苗”名之，与己身的文明相对，作为野蛮的“他者”。[31]18 世纪的对苗政策同时包含了封禁与强制性的涵化（acculturation），有时互相交替，但也会在不同官员之下同时展现。例如在湖南山区称为“苗疆”，人口组成以非汉族为中心之区域有时被封锁起来，限制或禁止汉人移民，而有时其商业与农业发展则相当活跃。

处理苗人涉嫌刑事案件时，同样也随情况而改变：或以一套反映

了当地习俗民情的特殊法条分开审理（此为后来赋予沿岸欧洲人治外
079 法权的先驱），或当作一般清代属民一样起诉与惩罚苗人罪犯。在 18 世纪，湖南西部的人口逐渐涵化为清代常民，主要是通过日益增强的商业往来。然而“涵化”未必为“同化”（assimilation），更不是“汉化”（sinicization）。18 世纪末爆发的公开反抗活动，受到清政府军队的欺凌所致，非汉民族的五府区域自觉地在 1795 年的苗乱时结合在一起。[32]

汉人出现在云南与贵州已有千年之久，此区域从更早的朝代起就被视为是中华帝国的一部分。然而汉人在明朝和尤其在清朝前 100 年移民到此区的规模是前所未有的。驱使这些移民的原因主要是寻求土地、贸易机会，以及特别在 18 世纪 20 年代之后，到此地开采蕴藏丰富之铜矿与其他货币金属矿。此外，作为吴三桂的地盘，西南地区曾在 17 世纪 70—80 年代的三藩之乱时受到破坏，而在重建期间政府以行政管理方式加强整合此地，避免动乱再发生。[33] 然而清政府似乎从来没有试图要全盘地夺取其土地或迁移当地原住居民。随着冲突日益频繁、愈演愈烈，双方往往不仅是进行争论。受害的一方亦诉诸武装力量来保卫其高度复杂与特定的地方利益，且不尽然全都跟随着严格的族群界限来划分阵营。

如同在台湾一样，清代早期试图以较少的花费统治这个区域，通过挑选当地领袖作为政府的代理人，并称之为“土司”。但是随着逐渐引进汉人的父系继承制，许多新争议便起因于土司身份的承继。当清朝在 1705 年宣布只承认受过汉语学校教育的土司，这些争议经常演变成部族之间的战争。在 18 世纪 20 年代清政府决定“改土归流”政策，强制地从土司制度直接转移至官僚管理，其主要目的便是解决此区域已持续一段时间的无政府状态。

明代在 16 世纪时便已试过官僚管理，然鲜有实效。17 世纪 60—70 年代的吴三桂时期再次进行这样的尝试，但结果是土司没有消失，反而更多。当最大的区域被分割成数个新设置的府时，实际上的管理直接被交由府的下一个层级执行，即当地土官，因此土司反而更多。

雍正皇帝在西北地区比他的前任或后任者更不轻启战事，但就西 080
南地区而言，雍正是最具侵略性的殖民者。他的云贵总督鄂尔泰积极地展开一系列土地改革，包括开垦荒地、私人拥有制与以收税为目的之户籍登记。于是因应每个政策而起的动乱需要有更多的军队进驻。正如所料地在中土的汉人士大夫抱怨这些花费时，雍正于 1728 年为其整合政策辩护："此朕念边地穷民，皆吾赤子，欲令永除困苦，咸乐安全。并非以烟瘴荒陋之区，尚有土地人民之可利，因之开拓疆宇，增益版图，而为此举也。"[34] 然而暴力事件不断增加，终在 1735—1736 年间发生几近种族屠杀的古州苗变。根据清朝官方估计，有将近 18000 名当地人遭到屠杀，1224 个村庄被付之一炬。这场血腥灭族事件，正好与野心在其他地方的乾隆之继位时间相重叠，实际上代表清朝霸权在西南第一阶段的扩张告一段落。

汉化过程在包括云南西部、湄公河与伊洛瓦底江上游谷地的中缅边境问题更大。[35] 汉人在此活动的记录仅能追溯至 1659 年吴三桂与其绿营军抵达之时，此后便快速发展。吴三桂与清朝当局试图在分封的土司之上建构一行政机构，然而傣族与其他语言族群复杂交错的文化混合而成的当地贵族，更常设法平衡地接受从邻近数个不同政体而来的各种任命，清帝国不过是其中之一。相同地，他们也自数个区域强权选择性地采用不同文化元素。例如在繁荣的边境城镇，儒家私塾在历史较悠久的小乘佛教寺庙旁纷纷出现。

这个身份认同、血缘关系与政治忠诚皆属流动的区域，同时也是重要的商业交会点，中国制品交换当地产品，如熏肉、犀角、特产木材，以及从新开垦之栽植区出产的棉花与茶。中国商人以其由宗族、行会与同乡关系组织成的绵密网络取得商业的主导地位，依照需求经由几

081 个不同路径涵盖中国与东南亚。清朝政府根据起伏不定的安全考虑，时而鼓励贸易、时而实施禁运。例如一次重要的禁令是在18世纪60年代清代对缅甸的战事期间。虽然乾隆在他的“十全武功”盛赞其胜利，但数千名满洲与汉人军人死于热带疾病，事实上可说是几乎毫无所获的惨败。随着战争落幕与禁运的解除，贸易更为快速成长。

18世纪晚期到19世纪初，诸多小国的消灭与缅甸和暹罗王朝的统一让西南边疆的政治、文化与经济的情势更加多极。但是如同其他地方一样，近代早期国家之间逐渐固定化的领土疆界终止了过去模糊不明的边界地带，而持续增强的文化紧张关系最终在19世纪中叶的“云南回变”中达到最高点。

盛清文化

相较于晚明时期的思想开放与艺术上的实验精神，清初在很多方面都代表回归到纪律与控制的那一面。例如在儒学的领域，康熙朝廷完全摒弃晚明泰州学派激进自由的思想，而重倡宋代理学，特别强调社会阶序与遵从礼制的部分。此发展的最高点是在1713年与1715年由朝廷出版、理学名臣李光地所编纂的《朱子全书》与《性理精义》。不过此复古理学亦自有创新之处。宋朝传统中思辨性的宇宙论因素与对个人成圣的追求饱受忽视，而强调理学中解决经济、政治与行政管理等实际问题的创造性追寻，而这部分后来被发展为实学与经世之学。[36]

到雍正与乾隆时期，城市阶层恢复以往的繁荣昌盛并扩展了晚明出现的中阶文化（middle-brow culture）。这些商人与工匠的品位
082 填补了精英阶层较僵化且同构型高的哲学、文学与艺术传统，和受到前者人士的批判谴责但相对活泼、变化多端的大众文化两者之间的鸿沟。[37]不过，这些清朝中叶的城市文化在多大程度上独立于朝廷的正

统文化？学者就此问题以袁枚（1716—1797）为案例进行辩论。袁枚也许是清代在 18 世纪最伟大的诗人，他同时也是相当受欢迎且在商业上成功的职业作家，以散文形式撰写出有虚构的、非虚构的，及半虚构的作品。他同时也评论政治、经济政策，其观点虽不一定被接受，但受到许多高级官员的尊敬与重视。有些史家强调袁枚不受拘束的波希米亚风格和对正统价值观的疏离，有些则指出他大部分的作品根深蒂固地来自古典文人传统。至少，在袁枚的例子中我们可以看到，即使是城市士人中的正统文化成员，也会受到帝国都市中兴起之独特中产阶层文化的影响。[38]

这种影响在文学与表演艺术上最为显著，特别当读写能力普及至社会较低的阶层时。[39] 商业出版市场快速成长，由古典学家钱大昕（1728—1804）嘲讽可知：“古有儒、释、道三教。自明以来，又多一教，曰：‘小说’。小说演义之书，未尝自以为教也。而士大夫、农、工、商、贾，无不习闻之。以至儿童妇女不识字者，亦皆闻而如见之，是其教较之儒、释、道而更广也。”[40] 如同钱大昕所言，在快速扩展的印刷文化与较古老的口传文化之间有相当大的交集之处，包括流行的说书、公开朗诵，乃至于应该是神圣的圣谕宣讲等媒介。[41]

新的小说包括短篇故事，如山东作家蒲松龄（1640—1715）的“志异”故事。[42] 但清代读者与同时期的近代早期欧洲读者类似，培养出一种对长篇小说形式的喜好。盛清最伟大的小说无疑是《儒林外史》这部长篇讽刺作品，其讥讽科举士人的价值观与志向，将他们描写为逐渐与社会经济变迁的现实生活脱节。作者吴敬梓（1701—1754）出身于没落士族的后嗣，虽为秀才登科之途却屡试屡败，遂为放纵的作家在南京与扬州勉强度日。他的小说在 18 世纪中先是以手稿流传，在死后 20 年始得付梓，于 19 世纪大受欢迎，且多次再版。 083

清朝的戏剧种类繁多，具有各种不同的形式与文学质量，从庶民的布偶戏与皮影戏，到李渔（1611—1680）那样精致奇巧且常带有情欲色彩的剧作。出身杭州的李渔也许是第一个以剧作家身份过着优裕生活的中国文人。[43] 在乡间，仪式性或描述历史故事的戏剧与露天野台戏，以流传数百年的剧本在村中或庙前市集表演，有时接连数天更吸引方圆数里的大量人群。[44] 从江南到四川的城市，行会或街坊邻里为大众赞助地方戏曲，常在没有舞台的情况下在街头演出。[45]

比较精致的戏曲传统，其私人剧团由城市精英支持。如在扬州有30个左右的剧团由因盐运而新近崛起的“富贾王公”赞助，在北京则是由朝廷与官员支持。明星演员个人或有时是整个剧团，会从一个赞助者换到另一个赞助者，持续地为自己交换更好的条件。在一些大都会，几种不同的地方戏曲传统同时并存，且彼此相互影响。在北京，被称为是“京剧”的混合戏剧形式从18世纪晚期逐渐成形，在晚清与民国时期成为中国的国粹。[46]

中阶文化的兴起在视觉艺术上似乎不那么显著，但在此时的变迁同样也很明显。晚明时期，由朝廷所支持的学院派绘画已被高度多元的城市艺术市场所取代。此市场在朝代转移之际被打断，但在17世纪的最后十年再度兴起。主宰此市场的是带有“流行意识”的文人品位，而清代城市中的绅商则通过对奢侈品的鉴赏，企图建立其文化优越性。如同各地方在装饰艺术中发展出其地方特色（苏州的玉雕、嘉定的竹雕、松江的金工与扬州的漆器），特定的地方也与各种不同文人画派相结合，如苏州吴派、杭州浙派与扬州画派。

084 最有名的扬州画家之一是石涛（原名朱若极，1642—1707）。他是明代皇室的后裔，从1690年晚期僧侣的游方生活到后来成为职业的画家 / 企业家。他所创作的书画卖给长江中下游因盐业繁荣的大都会。石涛与另一位明宗室之后，八大山人（朱耷，1626—1705），共同创造出一种绘画派别，在当时称为“奇士”派，而今日的艺术史家称之为“个人主义”。石涛作品的特色在强烈地拒绝传统规范（“纵有时触着某家，是某家就我也，非我故为某家也。天然授之也，我于古

图7 《墨荷图》，石涛作（北京故宫博物院藏）

何师而不化之有。”）、重新回到对主观响应的注重并加以转化、多重的视角、画家与观者的疏离，以及怀疑感。在盛清的城市商业世界中，这些感性的特质大有市场。[47]

在帝制中国的历史中，最伟大的艺术成就是在瓷器领域，其在康熙时期达到技术成就的巅峰。在 17 世纪晚期，最大的陶瓷生产中心、位于江西东北部的景德镇，再次达到晚明高峰期的水平，甚至一举超越。1677 年时官窑整个重建，而许多由私人资本经营的私窑也加入此风潮。清代中叶景德镇大量增长的输出，主要是销往欧洲与北美市场，满足西方日益增长对“中国风”（chinoiserie）的喜好。许多这类瓷器（china）直接由西方买主委托制作，饰以欧洲家庭饰章和取自西方古典时期或《圣经》中的场景。蓬勃发展的瓷器外销贸易似乎对国内的品味几乎没有影响，比起绘画，国内瓷器的品味仍然为朝廷所掌握。

到晚清的时候，陶瓷出口市场开始大量萎缩，最主要是来自欧洲制造者的竞争。欧洲制造者得利于在当地新近发现的黏土矿藏，与耶稣会教士殷弘绪（François Xavier d’Entrecolles）等商业间谍从中国偷来的技术。[48]

尽管出口陶瓷没有让本地兴起模仿欧洲品味，到了 18 世纪的最后数十年，“欧洲风”（euroiserie）的时尚已然进入中国，并响应欧亚大陆另一端的时尚品味。钟表、香烟与鼻烟壶、英国毛织与棉织绒布，都经由广州等港口城市抵达中国，且为都市精英日常使用。该世
086 纪末的扬州与其他主要城市展示出一种参与全球品味社群的典型现代意识，且彼此争相发展出自己与众不同的流行感。在服饰与其他消费商品的领域中，盛清主要的商业城市展现出对最新、最入时的风格之钟情。假发、宠物、袍子、外挂、裤子、褶裙等都曾流行一时，在一夜之间又骤然消退。[49]

甚至在古典学术研究的领域中，盛清亦有许多重要创新。18 世

图8　景德镇外销瓷碗，画有板球比赛（伦敦玛丽勒本板球俱乐部博物馆藏）

纪中叶的主要潮流是严谨地运用如音韵学、金石学、地理学、训诂学等技术来研究古代经典。此时被称为“考据之学”或“汉学”的学风所受到之影响，还来自由耶稣会教士传进来的西方科学与数学，以及顾炎武的音韵学先驱研究。[50]虽然汉学学者谴责晚明泰州学派对内在道德自主的强调，视其为明代衰亡的主要原因，但是考据学派拥护者的怀疑主义式态度，显然是源自李贽与其他属于泰州学派的学者。

汉学学者使用训诂的研究方法来找出且纠正经典文本中受窜改或传抄谬误之处。最主要的研究如阎若璩（1636—1704）的《尚书古文疏证》，作者在世时便以抄本形式流传，而死后至1743年方首次付梓，而惠栋（1692—1758）的《古文尚书考》则揭露此中国文化原典之现存版本中的伪造之处。早期的汉学学者对朱熹与其他宋儒的贡献予以推崇，但在汉学运动的高峰时期，宋理学被认定是主要问题之所在。例如1768年戴震（1724—1777）具有争议性的《孟子字义疏证》，即主张朱熹断然地误解了如理、气、性、情等许多关键字词在古时使用的意义。

考据学派运动是在已城市化与商业化的江南进行之集体计划。其受益于同时期促进该时代廉价小说与中阶读物成长的出版热潮。[51] 在挑战朱熹的权威方面，这些南方的训诂学者亦抵制北京朝廷甫宣布为正统的读经方式，然而不论原因为何，清廷对这些行为出奇地容忍。随着时间流逝，当受过训诂学训练的学者成为高官、掌握对科举考试的写作与批阅，并有系统地让与其想法相合的考生通过考试之后，此运动本身即成为正统。在某种程度上，这意味着对江南来的考生蓄意地偏袒徇私，因为他们能读到其他地方无法看到、散布在此区的大规模私人古籍收藏，而没有这些经典便不可能做出比较性的训诂研究。就是这种区域性的结党行径让乾隆皇帝在 1761 年做出反制，自己重新评定当年殿试的名次结果，替换原已及第的江南进士，把状元给了来自穷乡僻壤的陕西考生。[52]

20 世纪中国民族主义史学家称许考据学派为帝国晚期文化中科学精神的原型，然而一些修正的研究则强调考据本身反动、复古的一面。这些研究指出，即使当 18 世纪学者运用日益娴熟的技术来摒除经典中造假与窜改的部分，对许多包括戴震之流如此卓越的人来说，这些努力真正的目标乃是恢复最原本的经典。这些经典被视为是揭示真理的宝库，并由此重建其心中已定的社会与道德秩序。[53]

盛清思想计划的高峰是起始于乾隆皇帝 1772 年 2 月的谕旨，历经 10 多年编纂而成的《四库全书》。帝国中所有已出版的书与未出版的手稿都被送到北京的四库全书馆，总共有超过 1 万部作品被审阅。当中的 3450 部书被誊抄至 36000 多卷标准版套书之中。这些抄本收藏于北京紫禁城皇宫内、城北的圆明园（于 1860 年与圆明园一起被额尔金勋爵所毁）、承德与沈阳的行宫之中。较晚的抄本放置于扬州、镇江与杭州。作为此套书的目录的《四库全书总目提要》则在 1781 年 2 月呈献给皇帝。[54]

实际掌管这些编纂工作的是翰林大学士朱筠（1729—1781）与一个由训诂学者组成的小圈子。虽然本籍在杭州，朱筠一家已在北京居住有三代之久。他在学术上的崛起反映出北京作为江南之外另一个文化中心的地位。朱筠和他的圈子将他们自己的汉学宗旨强加在帝国的学术世界上，随时掌握机会挑战宋学对经典文本的解读。也因为如此，四库全书计划的遗绪之一，就是让士人之间的党派分别更加强化，而这些党派之争在18世纪最后数十年间对官僚士气的低落有所影响。[55]

警 讯

对大多数学者来说，盛清结束于1795年乾隆正式让位于其子嘉庆。一系列严重的失能或多或少戏剧性地出现在此世纪之交，作为时代分期之见证。然而在官僚的积极性与士气上，困境之征兆早在此前就已经浮现。

1774年，由具有千禧年信仰的佛教秘密教派领袖王伦带头，在山东西部大运河沿岸爆发叛乱。这些叛民似乎不是因为经济凋敝，而是被真诚的宗教信念所煽动，他们攻占数个县城，最终威胁到主要运
河港口临清。深感惊恐的乾隆有能力派遣足够的兵力弭平叛乱，但即 089
使已这么做，仍未能收复这些县城，这就是清朝社会控制逐渐削弱的惊人征兆。[56]

约7年之后，一件广为周知的丑闻爆发，此丑闻事关常平仓的管理，常平仓被视为是清代国家治理中的表率。在农业生产的周期循环与帝国广大的领土基础上，这些县级谷仓于之前的半个世纪，在控制区域性粮食短缺和达到价格稳定上都相当成功。这些粮仓的主要手段之一，是以贩卖科举功名头衔，换取银钱或粮食的捐献。然而在18世纪70年代，甘肃布政使王亶望造假诈财，以购买粮食为名征集大量银两，收进自己口袋，接着再假报天灾，谎称这些不存在的粮食已发放救济。当朝廷在1781年得到密报时，王亶望已经升至浙江巡

抚，其个人资产被发现已超过百万两白银。在 18 世纪终告尾声之际，清朝官僚统治最完美的成就，常平仓制度，毫无疑问已经失常，如同“盛世”也将于此际结束。[57]

第 4 章

社 会

19 世纪与中国接触的欧美人士，经常将中国的社会与文化描述为长期“稳定不变”，或者是更要命的“停滞不前”。[1] 对西方文明来说，抱持着将他们独特的进步经验带到世界广大蛮荒之地的任务，乃是一种“便利的神话”(convenient myth)。然而不幸地，在 20 世纪下半叶，不仅在西方，同时也在中国，“停滞论”成为中国晚期帝国史的标准历史论。在中国大陆，“停滞论”与“封建主义”密切结合，而在台湾，这种论调为国民党倾心的美式“现代化”提供适用的对比。此种晚期帝国停滞论的观点至今仍可找到追随者。 090

的确，在清朝社会中许多元素相对稳定，甚至增强，以与中国过去的历史相承。这包括了从夫居婚姻、父系亲属、男性子嗣分家继承、以家庭单位为中心、定居农业、土地拥有权，以及区分精英与平民界限的科举制度等等。而逐渐将“机器作为人类之度量”的西方观察者，其认为大清帝国少有根本之技术革新的观点，或许也没有错。不过清朝停滞不前的概念是种错觉。在与西方“近代早期”相平行的时间架构底下，清代社会经历许多规模大小不一的变化，并总体形成结构性的转变。在 1911 年清朝灭亡之前，甚至在 1839—1842 年的鸦片战争期间，与经历 17 世纪中叶之危机与征服的时期相比，此时的中国社会已不同于以往。

人口增长与转变

091 从清帝国开始到结束之间最大的变化是人口密度的增加。在 15 世纪与 16 世纪，欧亚大陆东西两方都开始经历所谓的“现代人口增长”。这部分是因为引进新大陆的耐旱粮食作物，如马铃薯、甘薯与花生等。这些不受季节循环影响的作物，在优先粮食作物（如稻米与小麦）歉收时，可用来防止饥荒。紧跟着 17 世纪的危机之后，中国的人口恢复增长，并在短时间内开始加速。1700 年人口计约 1.5 亿人，大略相当于 100 年前明朝的人口。到 1800 年时，已超过 3 亿人，而在 1850 年太平天国之乱爆发的前夕，人口可能已经达到 4.5 亿人。至 2000 年为止，中国的人口已经超过 12.5 亿。[2]

如同之前的晚明与同时期的欧洲，清代初期人口快速增长必然与死亡率下降有关。马铃薯与花生在热心的地方与省级官员协助下扩散到中国内陆，让许多人免于因营养不良而死。17 世纪最大的杀手天花，也因为种痘的普及而得到控制。改良过的接生技术与幼儿照护方式，经由职业化的医生与产婆和商业出版的医药手册宣传，在降低婴幼儿死亡率上扮演了重要角色。但也许中国人口增长最重要的因素是溺婴率的降低。溺婴向来以女婴占多数，但其并非是唯一会被溺毙的对象。从 17 世纪晚期开始，由于国内局势平和、新土地的开发与谋生机会增加，人们有意地减少杀害或抛弃新生儿，虽然此陋习在 19 世纪时曾再度增加。20 世纪密集施行的避孕减缓了欧洲的人口增长，然而同时期的中国由政府推动的反溺婴运动相当成功，于是将此人口规模的传统“预防性控制”取消，而带来重大的后果。[3]

此时欧洲正经历经济从农业转移到制造业的结构性改变，而人口增长最多的地区是大城市及其周遭乡间。而在中国正好相反。即使在帝国其他地方人口都增长迅速的时段，清朝最城市化、人口最多的江 092
南地区，其人口增长仍微不足道。[4] 然而在僻远边地与高地地区的移民活动却相当兴盛，因为这些区域提供了最佳的机会，让人通过开发与耕种提高生活水平。

当然，在此所指的不仅是人口增长，同时也包括了从人口密集区域迁移到新土地以寻求机会。清政府有意地对前所未有的人口西迁做出贡献。清廷废止了多数明代对区域迁徙的禁令（虽然在明代的最后100 年左右这些禁令多半已被忽视），同时提供税赋减免、发给谷种或牲畜等积极的诱因。在晚明张献忠的血腥屠杀后人口大量减少的四川，其肥沃的红色盆地产生一种“真空效应”，如 19 世纪学者魏源（1794—1856）所说 :“湖广填四川，江西填湖广。”到 18 世纪 20 年代时，该省 70%—80% 的人口不是本地人，而在一个世纪之后更达到 85%。清代四川社会文化的混同变得错综复杂，且充斥紧张的关系。[5]

在中国本土那些长久有人居住的地区，重新在 18 世纪早期被填满之后，清代的子民开始涌入帝国的边疆，将沼泽与森林开垦为中国的定居式田地。如同前面提到的，在整个 18 世纪头十年有百万汉人迁徙到西南（今云南与贵州省）地区，他们冒着罹患本身缺乏免疫力之热带疾病的危险，以求取耕种该区域肥沃的谷地，和在山上开采铜与其他贵金属的矿藏。[6] 同样，在 18 世纪的台湾，清朝对移民的限制无法阻挡对于土地的渴望，加上种植稻米供应一海之隔且长期缺乏粮食的大陆地区所带来之商业利益机会，更加剧此发展趋势。实际上到了清代中叶，台湾在社会上与经济上皆已和福建省整合在一起。[7]

在 18 世纪 50—60 年代清朝征服新疆之后，乾隆展开对新疆的农业移民政策，部分是为了保证驻扎此地的大量军队有稳定的兵粮供应，部分则是为了纾解中部省份的人口压力。这些移民地有许多形式：新疆的穆斯林、旗人与汉人；军事移民地、犯人流放地与自由民的移民地。政府给予这些开垦移民者的诱因包括给予土地、免费的工具与
093 种子、现金借贷及牲畜。在 19 世纪中叶，新疆已有 360 万亩地被改造成定居农业的田地。[8]

在女真祖地的东北，汉人移民的速度初时远较西北缓慢。在 1668 年之前朝廷推动辽东移民，而在 17 世纪 70—80 年代送了些移民者到吉林与黑龙江的边疆之地。但大部分移民都是在违抗帝国法令的情况下迁徙到东北。体认到此问题严重性的乾隆皇帝，在他上任的第一年即宣布将女真土地租让给汉人是非法的。但到了 19 世纪晚期，甚至连尝试执行诏令都免了，而从 19 世纪 90 年代到 20 世纪初期，从山东、河北移民到东北的人口有 2500 万人之多，是现代规模最大的移民潮之一。[9]

与清代移民到边疆同时进行的是移居到中国本土新近开发的区域中。中国传统农业模式较喜欢在平原与河谷耕作，而将帝国内大量的高地留给原住民、盗匪、走私者与其他边缘群体。明代一项禁止在高地居住的禁令一直延续至清初，但如同其他限制地域迁徙的禁令一样，违抗这项禁令的人多过于遵守的，最后此令逐渐在清代被废除。因此，18 世纪成为中国文明社会往山区迁移的决定性时代。山区的诱因之一是它的金属矿藏，特别是铜与铅，因为商业经济快速成长带动对货币的需求。结果是在 18 世纪中叶，帝国内部掀起开采金属矿的热潮，但更为普遍、难以抗拒的仍是对新开垦农地的渴望。

早期移居到华中、华南交界之高地与位于汉水流域西北部的开垦者通常实行轮耕。他们将树砍下，作为木材或木炭卖出，将余留的植被焚烧做为肥料，之后再前往邻近区域进行下一个种植季。这样的“刀耕火种”与其他形式的山居谋生方式，让这些居住在高地的住民与其平地邻居有相当清楚的分别，尽管他们之间有密切的往来。这些人被

称为“棚民”，因为他们身上背着可展开为临时遮蔽的棚帐。虽然身为汉人，却属于受贬抑之社会阶级。[10]

另外一波的移民潮是有钱的土地开发者同政府订立契约来开垦大 094
片高地，接着再将这些土地拆作小区块，转租给小业主来耕作。因此同一块农地的所有权可能分有很多层，其收租也可能层层转包。[11] 独立的农户各自被招募来从事实际上的耕作。如甘薯等旱作通常会先栽种，因为适合在山坡地种植，但如果有任何平坦的阶地，最终都将切割成缓坡状的梯田，种植水稻。

开垦土地的驱动力基本上来自私部门，但 1730 年左右雍正皇帝因增加食物供给以应付这群急速增长之人口的需求，而有合理的担忧，于是展开一场让地方官员竞相拓垦的运动。并且以 5 年到 10 年

图9　成梯田的山坡

095 的免税期作为诱因，这些官员就于雍正年间在地籍登录上新增了超过100万亩的新耕地。可预知的结果是产生一堆假造的报告，以及将不可耕的土地分派给地方各户，以登记为新开垦的土地。在免税期结束后，掀起进一步的危机，因为新税负担（大量从登记有案之不存在或没有生产力的土地而来）必须摊派给辖下的农户。

一种尝试解决的方式是找出那些真正具有生产力但之前由这些农民非法开垦的土地，然后把这些新的赋税负担分配到之前未被课税的小块土地。但如此可预见地又引发另一回合的徇私舞弊。在更谨慎且自觉"宽宏大度"的乾隆皇帝于1735年即位之后，朝廷决定大比例地消除田赋登记中的新垦土地。包括河南巡抚内的诸多官员，因在开垦竞争中的轻率而遭革职。但朝廷宣布继续支持合法的土地开垦，在有些例子中则对已有居民的新垦小块土地提供永久的租税减免。[12]

毫无疑问，土地开垦的热潮大量增加了帝国的粮食产量，一直到18世纪结束，养活急速增长的人口之余，并未让人均粮食消耗量减少。但土地开垦带来一个未能预料到的灾难性后果：生态环境的破坏。滥伐森林引起大规模的表土流失，不仅让土地日益贫瘠，亦淤塞河道、淤高河床、缩窄河岸，最后引发洪水。虽然黄河与其他流经华北沙土的水道，在千年间长期带来洪灾的威胁，但水流顺畅的长江与其他华中、华南的河流则无此状况。然而清朝中晚期大规模的生态破坏彻底改变了这种情况。造成此问题恶化的是华中两大湖泊，湖南洞庭湖与江西鄱阳湖面积骤减。这两大湖与其他湖泊，历来在河道无法负载高山融雪带来的丰沛水量时，担任蓄洪的角色。在清朝年间，求地若渴的农民在湖畔筑起堤防，圈出土地以种植稻米，让这些自然储水库调节洪水的功能大大降低。

096 从18世纪末开始，政府注意到日渐严重的生态问题，而特别是在大洪灾之后，不时地谴责或取消这些被认为是引发大灾难的开垦计划。最早的例子之一，是1788年湖北西部的长江河堤溃堤，因而促使清政府查扣且摧毁一处在河中央由私人开垦的沙洲。但是久而久之，令人难以抗拒之遍寻新耕地的驱动力，超越了政府限制这些活动的任何努力。[13]

土地与劳工、贱民与奴隶

若不考虑各区域确实存在的重大差异，一般而言，我们可说土地所有权的集中是帝国晚期几个主要的趋势之一。明朝建立之初，土地主要为庞大的庄园所占有。明代的第一个皇帝明太祖在某种程度上说是以农业改革者的角色登基，他以“让耕作者拥有土地”的政策打散这些集中的田产，进入以自有小农为主的时代。但在明朝年间，整个趋势又转向重新集中在少数地主手中，只是拥有的形式与之前不同。其主要的方式之一是转让，即无法负担其田地所增加之田赋的小农户，签订契约将土地之所有权转给较富裕的邻居（或是享有免税待遇的士绅）以交换免除纳税义务的自由，以及对其前属田产之永久租约。到了17世纪早期，帝国大部分的田地可能都由现代学者所称的“租佃地主”所有，而由平民小户耕作与管理。

作为征服者的清朝拒绝依循明代立国者实行系统性土地改革的前例，而最后选择承认汉人精英在经济上的支配地位，以换取他们认可清代的政治合法性。不过，明清改朝换代之际的农民战争本身就已提升了佃农的地位。逃遁到乡间去的地主抛弃或者贱价出售他们的产业。战争降低了人口压力，同时提高了劳力相对于土地的价值。其结果之一是重新回到自有小农拥有田产的模式。而另一个结果则是亟需劳力的地主给予有意愿且有能力的佃农永久租佃权或田面所有权，只是需要以缴纳地租为条件。这样的安排给佃户一种安全感，且给他们改良生产或实验新作物的诱因。因此终清一朝增加的农业生产力，大致可跟上这个时代大量增加的人口。

乡间精英持续地迁移到城镇、从事其他各种职业活动，让许多佃户家庭对作物的选择与其他管理田地上的决定有相当大的自主性。在江南或其他地方的某些府，兴起一种称为“租栈”的代理人，专替通常不清楚实际替他们耕种的人是谁，甚至田地位于何处的城居地主向佃农收租。[14]这种相对来说的自由带给佃农之利益，可能很大程度上被人口增加的影响所抵消，然而这又再一次提升土地相对于劳力的价值，结果使地租更高。在一些受影响特别严重的区域，由于19世纪中叶的叛乱及与此关联的人口减少，也许逆转了此种效应，重新创造出清初时的情况，让亟需劳力的地主给予能干的佃农较好的条件。有一位学者主张1851—1864年间太平天国起义造成的劳力短缺，或许迟至20世纪20—30年代间接影响、阻碍中国共产党在江南地区掀起佃农抗争的努力。[15]

地主与佃农之间的经济实情又因社会地位的问题而更为复杂。虽然大清帝国大部分的属民都是自由的“良民”，但并非所有人都享有此地位。[16]存在着有别于“自由”或“良”两种基本类别的状态，其一是被归类于“贱民”的群体，其二是奴仆。贱民与奴仆依法都不能跟普通人一样参与科举，而在法律审判上，法庭对他们的权利与义务之理解也有所不同（即使地位是“半人、半动产”的奴仆也被认为足当遵循法律）。在习俗上，贱民与奴仆既不与良民通婚，且必须要以鞠躬或其他方式承认自己较卑屈的社会地位。在清朝年间，朝廷与官员们都欲将更多贱民与奴仆编入平常百姓的正户之中，但这些举措只是断断续续地实行，到帝国终结之时这两类族群仍未消失。

098 如同种姓制度的贱民身份通常是给那些受黥面的罪犯、娼妓、通奸的女性、男性同性性行为中受侵入的一方，以及其他被认为社会行为有偏差的个人。但有些在不同区域的世袭群体亦被视为不洁，而这些多半是从事特定职业的群体，包括了山西的乐户、苏州的乞丐与东南沿海包括疍家在内的各种船居渔户。这些贱民的数目总共只占清代人口的一小部分，且他们的身份常常是可以变动的。在经历几代之后，经济较佳的家族会设法摆脱这个身份。

清帝国中在某种程度上处于奴仆状态的属民人数确实比贱民多上许多，但实际的比例很难得知，因为此类别本身模糊不清，且有许多种奴役在清代法律下全然是非法的。奴仆状态存在于各种经济阶层。例如所有八旗成员，包括许多帝国中最高级的官员，在定义上都是其旗主乃至于皇帝的奴仆。此外，在满人征服华北的过程中，清廷将晚明动乱时荒废的土地重新划为皇家、王公与官家的庄园，而在这些地产上工作的人则都成为家奴，包括那些地产的管理者，尽管他们个人可能相当富裕、享有大权。在清朝最初的150年间，这些庄园实际上已私有化，而通常归管业者所拥有。之前的地产逐渐发展为农村，而其中的住户实际上成为自有土地的农民或是佃农。[17]

也许更大部分奴仆是来自明代或之前便世袭此地位的本地汉人。在这些人之中，相对数量比较少的是家奴，而数量大得多的是世袭的不自由农地劳力，及农奴化的佃农。这些族群的叛乱是导致明朝灭亡的原因之一，虽然清初其数量基本上已经减少，但仍然存在。在清朝最初几十年，新政权欲完全解放他们的谣言引来几次地方农奴叛乱。但是这样的谣言纯属空穴来风。实际上清朝与士绅逐渐结盟，部分即展现在政府表现出协助地主镇压暴动农奴的意愿。然而清初政府仍有 099
几次尝试解放帝国中数种不自由的人群。

例如在17世纪80年代，康熙皇帝实施一项政策让官方产业之内的契约仆役能赎回自由，成为平民。农业雇工的个人自由在法律上或受雇主限制，然从17世纪末到18世纪初，各个不同层级的司法官员在受朝廷的认可之下大幅地缩减农业雇工的范畴。他们试着使用许多不同的准则从不自由的农奴之中区别出自由者，包括雇工已在其雇主手下工作多少年、雇工是否有自己的居所或居住在主人家中、雇工的先人是否埋葬在主人的家族坟墓、雇佣的契约是否存在，假使存在的话雇佣终止的日期是否明列。[18]

但是最积极塑造国家（state-making）的雍正皇帝直接着手解决贱民与奴隶的问题。在他就任之初的18世纪20年代晚期，他积极地推动不少法令，让乐户或渔户等贱籍得完整享有与清代平民一样的法定权利，并且也解放了农奴。关于雍正的解放运动已有许多著作讨论过，然而论述的内容有时被夸大。雍正皇帝自己认为他要“保护”主奴关系的神圣性，即在经典教条上认可的上下之别，但维持这具有法律正当性的关系，首要之务是指出并改正那些不适当地强行约束之奴役契约。

以雍正的观点，其中最重要的就是佃农问题。他认为在多数的状况之下，租佃关系应为自由签订的契约所制定，而让农户可对其租佃状态有管理权，如果有更理想的条件出现，可以在租约到期时终止此租佃关系。换句话说，租佃关系比较不像是身份地位之约定，而是一种能让土地与劳力持续地以最具生产力的方式运用的实际机制。雍正的观点实际上在帝国中实行的程度有多少无法得知。只是在乾隆及其继任者们在位的期间，无论如何都未有后续的作为。而在一些零星区域，如安徽的徽州府，农奴仍然相当普遍。[19]

族群

100 在多民族的清帝国，族群认同作为公开讨论的事务，其程度可能在帝国史上前所未有。在众多原因之中，最重要的莫过于公然承认非汉民族统治的事实，且宫廷内部对统治民族也有许多非常公开的不同意见。其次是清代大规模的帝国扩张使其领土超越明代的两倍之多，并且帝制瓦解之后在中国遗留下民族分离主义的棘手问题。最后是中国内地的边陲区域被新移民所填满。虽然将近2000年来都宣称这些区域是帝国的一部分，但是在近代早期之前这些地方自认为汉人的人口寥寥无几。

在扩张的“我朝”范围内遭遇到多元文化族群的必然性，给清朝属民一种来自“他者”的深刻挑战，这样的状况与近代早期欧洲人与新大陆人群接触的情形相去不远。汉人与这些蛮夷之别是否仅在于一整套的文化习俗：如以筷子进食、密集的定居农业、从夫而居的父系家庭制度、适切的葬礼与祭祀祖先，或是至少对精英阶层而言之习得汉字书写的能力？还是如王夫之在明清易代之际所主张，我们与他们之间存在着更本质性的生物（种族）区别？

此问题对同化或“教化”这些异族人群的可能性当然有深远的含义。是否应该以密集的基础教育课程教育他们，如同18世纪中叶在云南所引进的那样，还是这样的计划根本徒劳无功，甚至毫无必要？异族通婚应该受鼓励，或是禁止？其理由是如此将使汉人退化成变节的混种或种族背叛者，抑或是让蛮族提升？这些原住民是否如一些相当成熟的清代民族志作品所言，彼此之间极端不同，或者实际上彼此相似，而可用“苗”这样的类别将这些没有区别的“他者”归纳起来？

简而言之，这些奇怪的生物究竟是谁？他们真的是“民”，或是
其他物种，如同中国文字中“虫”“犭”的偏旁部首用来表示其族属 101
名称所暗示的那样？如果他们确实是人，尽管比较原始，是否如同16世纪贬谪到云南的杨慎，其带有激进文化相对论的主张，认为“民”实际上并非一种单一的范畴，事实上是有各种不同的“民”，而有些尚未被发现？或者他们的存在反而是印证一种单一的人类演化进程，在这些原始民族之中，必然有些很像我们汉人在远古时期的样子？他们的文化习俗是否只是可悲可鄙的，或者是其中有如“高贵野蛮人”的部分，即使不受仿效亦可让人欣赏？大量清代原住民的图册（有如清代版的《国家地理杂志》）似乎暗示也许就是如此。[20]

而如果野蛮人确实是汉人的祖先，其是否很有可能在文明演进的过程中得到的同时也失去了一些？19世纪20年代一位对台湾原住

民的观察者就这么认为。[21]深陷困境之道光时代的文化不振(cultural malaise)，以及经济衰退、不断发生的自然灾害，与欧洲强权扩张威胁的影响，他主张当前社会失控的商业化已腐蚀了我们与生俱来的本性，所以我们应该“反本修古”，以这些高贵的原始人为模范。[22]

即使在大家都同意其本质上为汉民族的人口中，对于某些人可否真的视为具有完整能力的“民”，也有争论。其中一群人是居住在福建、广东沿海，多半为船居渔民或商贩的疍民。虽然他们在生理构造上和语言上与其务农的邻居没有分别，然而由于他们无法持有岸上的地产权、无法拥有墓地来妥善安葬其祖先，且女性们通常被联想为娼妓，而让他们在有礼教的地方社会中，成为不适宜的婚配对象，并逐渐被排挤成一个特定的、受到鄙视的文化群体。据说疍民是帝国早期到中期，自华北、华中较晚一波南迁而居的移民后代，但最近的研究认为，与移入时间早晚的关系相较，影响较大的是当移民抵达时是否成功取得良田，由此决定家族是否会被归类为疍民。

102 然而疍民的社会身份也是会改变的、可协商的。如一疍户因经商发财，或甚至干起海盗勾当而获取地产，“登陆”之后也许只需一二代的时间便能去除“疍”这个标签。详细研究福州地区精英家族的族谱之后显示，他们之中至少有些是在清朝年间自疍民发迹的。这些新近富有的家庭会将自己的父系宗族嫁接到另一个纯正的“民”户，甚至断定其一名数代前的男性祖先为此家收养，以此解释姓氏不同的尴尬事实。借此他们宣称自己是最早由中原南迁的移民后代，因而不可能是疍民出身。如同多元文化之清帝国的其他身份一般，这根本上是地方共识的产物。如果你能说服你的邻居你不是“疍”而是“民”，那你就是“民”了。[23]

某种程度上可以比较的是“客家”的例子。客家的命名是将他们与住在华南的“本地人”做区分。客家也许是最后一波南迁移民的后代，经过数世纪的通婚及孤立于外的生活，逐渐发展出基于方言、饮食、如女性不缠足的社会风俗等可分辨的外在特征与文化认同。他们大部分都居住在高地上（较晚抵达南方时仅余可得之地），并发展出适合其生态区位（ecological niche）的各种技术，包括林业与茶叶栽种、靛青染与烟草等等。他们的生活要与其平地邻居紧密调和，与其交易以取得食粮。

清代中叶是客家发展最好的时代。不仅他们的产品为市场所需，且雍正与乾隆年间早期的开矿热潮也让这些已长期适应山居生活的人们有了新的生计。客家移民从刚开始以广东梅县为中心，扩散到东南包括台湾在内的高地，而新近致富的客家人开始取得科举功名，进入帝国的文化精英阶层。虽然这群人数世纪以来就在那里了，但似乎只有到了 18 世纪“客家”这个标签才开始广泛通行，而 19 世纪早期在新的客家士人领导之下，从散布各方的客家人中形成一种超越的、自豪的文化认同。客家族群在政治上开始主动积极，最后在太平天国 103
起义与 1911 年的辛亥革命中扮演了核心角色。[24]

当然，在地理流动性高的清代中国社会中，族群的基础可以仅建立在其来自相同的地方，而在特定的条件下，可以导向社会边缘化。在长江中游货物集散中心的汉口，陕西商人虽然是城中最富有的人群之一，但由于服装、饮食与群聚的居住模式呈现的特征，及其执拗孤僻的行为而受其他人的怀疑。在河港城市湘潭，1819 年江西“客商”在一场江西地方戏剧演出时，遭湖南当地群众攻击。而在快速成长的通商口岸上海，来自江南富庶地区，如宁波、无锡与苏州等地的移民，形成了都市精英，而来自苏北地区较穷困的移民则被视为是低贱的文化群体。他们因其粗俗的苏北方言与行为举止受到轻视，被有系统地导引至最低贱、薪资最微薄的工作，且被怀疑是与太平军和后来日本人合作的叛徒。虽然“苏北”认同在江苏北部没有特别意义，但在上海被其他人建构之后，即变成一种集体认同的单位，最终更成为共同的骄傲。[25]

在清帝国，族群边缘化最客观的标志之一，是较难进入科举制度。稀少的科举员额分配，在定居的主流人口和他们在文化上被污名化的邻居之间激起的冲突，可与重大经济对立造成的冲突相提并论。因而这个特别的议题是帝国族群政策的焦点所在。例如倾向同化政策的雍正皇帝于18世纪20年代在云南制定了特别的苗族考试，以培养本地的士人精英，而在1734年，他给予贵州非汉人口特别的科举员额。1732年江西棚民，多半是但不全是客家人，因被排除在乡试之外而酿起暴动之后，雍正宣布有土地的棚民可以参与科举。为了缓和棚民与当地人之间的敌视，雍正皇帝为这两类人群各自制定录取员额，然而实际上此亦将棚民与本地人有别的概念更加具体化了。

雍正皇帝在1729年下了一道诏令，宣布疍民与其他受污名的人
104 群均改籍为“凡民”，拥有所有一般平民依其地位所有的权利，包括参与科举。但是继任者乾隆皇帝在位的最初数十年，逐步地消除几乎所有的“扶持行动”（affirmative action）政策。1771年，乾隆皇帝甚至修改其父在1729年的诏令，指明之前那些受到污名的人群，必须要成为有土地的纳税户四代之后，方能拥有参与科举的权利。[26]

女与男

大清帝国下的性别角色不停地在转变。例如18世纪末出身苏州幕僚家庭的沈复在谈到自己的婚姻生活时这么说：

> 丑未归来，业已灯残人静。悄然入室，伴妪盹于床下，芸卸妆尚未卧，高烧银烛，低垂粉颈，不知观何书而出神若此。因抚其肩曰：“姊连日辛苦，何犹孜孜不倦耶？”芸忙回首起立曰：“顷正欲卧，开橱得此书，不觉阅之忘倦。《西厢》之名闻之熟矣，今始得见，真不愧才子之名……”
>
> 其癖好与余同，且能察眼意，锤眉语，一举一动，示之以色，

> 无不头头是道。余尝曰："惜卿雌而伏，苟能化女为男，相与访名山，搜胜迹，遨游天下，不亦快哉！"[27]

沈复与其妻之间的关系远非过去中国社会典型的那种冰冷的工具性（instrumental）婚姻。更简单地说，他们彼此"相爱"，且是那种自明末开始的"伴侣式婚姻"。然而他们可能不是清代中叶典型的夫妻。[28] 在当时最主流的婚姻结合形式，女性系统地受缚于儒家道德 105
规范内的诸多约制，而此道德规范是由男性所制定，也是为了男性而设。女性很有可能受溺婴之害；她们在结婚时便与原生家庭分离，实际上成为夫家的财产；她们唯一能离婚的合法理由是遭受丈夫严重的肉体残害，或是丈夫要鬻之为娼，丈夫却可用像是多言等借口来休妻；她们的继承权与财产权受到严格限制；她们被局限在家中内闱，不能自由行动与交际；她们将其女儿缠足，使之更适合婚配，却导致终其一生的强烈疼痛与行动限制。[29] 沈复与芸娘的婚姻也是在双方 14 岁时奉父母之命而定，他们虽居住在城里、识字，且属于士绅阶级，但并不能算经济精英。然而他们享受着那种我们通常认为是西方的、中产阶级式的浪漫结合。

如果与晚明较早的伴侣式婚姻表现相比，清代伴侣式婚姻明显缺乏青楼文化所提供的启示。在晚明有名的欢场如南京的秦淮河畔，男性过客所遇到的是一种精致的、文雅的女性伴侣模式，而有些人在婚姻对象中也试图仿效这种模式。但是到了清初，浪漫化的青楼文化如果没有全部消失也走向地下化。作为捍卫儒家基本的家庭价值观，与将明末"文化革命"的恶灵收回瓶中之尝试的一部分，17 世纪末到 18 世纪初的清廷对娼妓、淫书、同性恋与强暴等性放纵行为采取严厉的镇压手段。此政策虽成功，但维持不久。[30] 可能早在乾隆年间，在富裕的盐运城市扬州，即有如红灯区的运河画舫，以其最为精致、风尚的形式，一时之间成为全国青楼文化的"圣地"。

同时，在经济上更多元的港口城市，如天津、汉口与重庆，性交

图10　19世纪70年代时的一位中国妇女（美国皮博迪·埃塞克斯博物馆藏）

易的复苏带来商机，有着清楚划分等级的娼妓服务从事商业与运输的各阶层男性劳工。最后，在19世纪晚期急速成长的上海，这两种潮
106 流合而为一。这个通商港口成为娼妓之城，从贫穷的街头流莺，到作为温柔、世故、见多识广之代表的闻名全国的名妓。男性恩客崇拜她们，争相传播她们的消息，且以礼待之。[31]

特别在18世纪的清帝国，性别角色的转换领域当中，一个成为

目光焦点的是寡妇守节问题。由于许多婚约在儿童或青春期早期时就
已定下，加上较高的夭折率，因而造成为数甚多的年轻寡妇。通常这 107
些女性在丈夫死前就已经住进夫家，因为在丈夫死后她便无法发挥原先预期的作用，即为其丈夫与父系血统孕育男性继承人，于是此家庭便多出要供养年轻寡妇生计的负担。另一方面，由于社会上不均衡的性别比率（多数因为溺婴，但也与难产死亡相关），一位仍风姿绰约的女性，无论其过去是否有婚约，如果被卖给新丈夫的话，或许能拿到很高的聘金。

考虑到将年轻寡妇当成商品的强大诱因，以及将寡妇守节视为其他各种顺从关系（包括对国家忠诚）之代表性的一部分，清廷实行一项政策以褒扬那些拒绝卖掉寡妇之诱惑而选择支持她守节的家庭（如立贞节牌坊）。如文化上较边缘的西南地区，帝国官员以褒奖守节寡妇为文明教化的媒介，作为消灭那些如兄弟继娶寡嫂等“野蛮”婚俗的一项工具。然而在富裕的核心区域如江南，许多精英家庭开始以受朝廷承认的守节寡妇来与其街坊邻居竞争社会地位，但朝廷认为此行为并不恰当。特别是当褒奖延伸到丈夫死时自杀殉节之寡妇的家庭，当局更加怀疑此行径可能是受迫而为，乃主张无论是如何无私，寡妇殉节仍然代表一种不道德、缺乏尊重生命的行为。渐渐地，朝廷缓和此热潮，而较少给予奖励。[32]

新的学术趋势，如考据学派，亦增加对寡妇守节的疑虑。一般而言考据派学者质疑宋代理学，学者如汪中开始挑战程颐“饿死事小，失节事大”的名言。他们注意到对于古典事实的新研究并未支持这样的意见，逐渐将此种对礼仪的过度要求与人性中一般所知的悲悯同情相对立，且更常支持人性的那一方。[33]

一项改变且挑战清代性别建构的重要刺激是，有史以来清代男性 108
最常处于行旅状态。在各种情况之下，女性长时间被一个人留在家里，而有很大的余裕进行各种活动。[34] 丈夫不在身边的妻子拓展她们作为

家庭财政管理者的角色。精英女性继续风行自晚明时期以来的艺术追求，特别是写诗，并偶尔将之出版。女性社交活动的新场域持续开展。让沈复感叹无法与妻子一起寻访名胜的常规限制仍然存在，但越来越多的女性违反这样的规范，让守旧派持续发出警告。女性离开内闱参加地方戏曲演出、庙会庆典，或者更糟的，她们越来越常组成进香会，与其他跟她们一样不安于室的女性一起游览各地圣迹。[35]

当沈复乐于有机会与妻子一起阅读、讨论通俗作品如《西厢记》时，其他男性则对女性的读写能力持质疑态度。18 世纪对于女性教育及边疆非汉民族教育的辩论都出现相似的方向，其中确实有些人同时在两者扮演重要的角色。批评者主张教育女性是项浪费，因为女性的心智不足以掌握经典的本义。受教育的女性事实上对社会是项阻碍而非利益，因为她们只会读些通俗小说与其他杂书，而让她们的视野不必要地拓展到合宜的家庭领域之外。

赞成识字教育的人士认为所有人都能被灌输“理”而可教也，因此蓄意地剥夺某些人受教育的机会是违逆天意。既然当时的女性无论如何皆可快速地具备读写能力，引导其阅读品味至有效方向的最佳做法，是让她们都可以接受这些古代经典的教育。这意外地与美国内战后关于“共和母职”（Republican motherhood）的争论意外相呼应。清代改革者指出，在多数场合是母亲提供小孩成长初期的语文与道德训练，而受过教育的母亲会教出有教养的小孩。如积极支持的官员陈宏谋（1696—1771）所下的结语：“王化始于闺门。”[36]

在差不多同一时期，因清初统治者与精英谴责晚明文化宽容而不
109 获好感的“才女”典型逐渐又被大众所接受。一个可能的转折点来自声名狼藉的袁枚。作为一个相当成功的职业作家、知名的放浪名士，他积极推销自己在南京圈子中的诸多女性成员之诗作。至 19 世纪早期，受过高级教育的女性至少在某些精英社会的小群体，已经不再是具争议性的成员。她们谦逊但自信地与知名男性学者讨论文化与政治

上的课题。在此世纪中，随着散文体小说领域的扩张，女性作为作者、评论者与读者，重新确认她们在文学中的地位。[37]

另一个性别争议是女性缠足。清朝在征服明朝之后，新政权随即禁止行之百余年的缠足，与之相对应的是施行汉族男性薙发留辫的谕令。虽然这两者在社会上都遭受抗争，朝廷仍判定留辫值得一试，但缠足则不可为之。事实上，这种毁伤身体的做法在清朝年间可能更加普遍，从一开始局限在有闲阶级，顺着经济的光谱向下推行。有些家庭以教育女儿作为吸引更好婚配对象的方法，但更多家庭视缠足为确保好姻缘而不可或缺的手段。

一些特定族群，如客家及人数明显下降的满人，因认定不属于其文化传统而避免缠足。然而在清帝国的最后 10 年，“不缠足运动”曾喧腾一时，天足会开始在许多地方兴起。康有为与其他绝大多数为男性的改革者，认为此习俗不仅不文明且浪费了半数劳力及心力，缠足因而成为所有“旧中国”弊病本质的最佳象征。[38]

清代士绅

在 20 世纪中叶对传统中国乡间社会的代表性诠释中，乡村的阶级结构仅由两种对立的族群组成：农民与士绅（gentry）。[39] 这样简单的描述或许有所误导，实际上尚有许多不同的社会群体：商人、小贩、工匠、吏员，特别是运输工人等等。即使在这两大“阶级”当中， 110
个人和其中次级团体彼此的利益冲突一样经常发生。每个族群团体内部的复杂性在清朝年间越来越严重。

英文中的 gentry 一词会造成误解，让人联想到亨利·菲尔丁（Henry Fielding）与简·奥斯丁（Jane Austen）小说中，穿着红外套猎狐的绅士贵族。但将它应用到中国并非完全毫无道理。虽然中国士绅没有世袭的贵族爵位，他们如该词之由来的英国士绅阶级一样，是拥有土地的精英，享有帝国给予的特权，且被期待着要负责掌管地方事务。中国如同英格兰一样，也曾经有过真正的贵族，到近代早期仍有留存，但在乡间已大致上被作为主导社会力量的新兴阶层所取代。讲求血统出身的贵族被以个人教育成就发迹的士绅所取代，乃源自晚唐到宋代朝廷的政策，其承认以科举考试制度取得官职及其后之地位晋升的决定性作用。[40] 然而士绅较为大量崛起是在 16 世纪，当时他们进一步介入商业化经济与地方管理。此发展让他们无疑地成为乡间的支配阶级。[41]

如同与之相对应的英国，清代士绅无论在家乡或在城内都是具有一定文化与政治风格的专业人士。以公共的角色来说，清代士绅的成员是受帝国认可的男性学者与公务员，至少通过某等级的科举考试，拥有功名，在法律上准许穿儒服，具备任官资格，且尽管不一定是官员，却可与官员平起平坐地对话。清代也经常有士绅是青壮年纪曾短暂为官一两任的“退休”官员，告老还乡后大半的日子享受此荣光。在范围更广的私人角色中，乡村士绅的一员是大地主和“大家族”的一部分，换句话就是“地方精英”。在私人领域，“士绅”这个词不只包括拥有科名的成年男子，也包括他们的妻子、后代，和部分的旁系亲属，以及父系祖先过去曾（或可能从未）获得功名者。[42]

111 清代士绅主要以其生活风格来界定。他们比平民更优雅、更有闲暇，坐轿的机会多于任何有距离的步行。他们通常更有学问，且在晚清经常通过戴眼镜来证明。他们买得起艺术品，如一件摆放在家中没有任何实际用途，只是为欣赏其美观的瓷器。对上层士绅来说，收藏鉴赏这些“长物”是种地位的象征。

虽然在地方社群中许多人也许都属于同姓氏团体，然而士绅比起其他人更倾向参与正式的宗族组织。在生命历程阶段的礼俗，如婚礼、丧葬、祖先祭祀等等，他们也更会可能依循 12 世纪理学家朱熹的正统（且昂贵的）指示。普通人可能选择火化方式来安葬已故的家属，请不得体但通常富有娱乐性的巫师或法师来主持丧礼，然而士绅则用这些场合来巩固其文化权威：我们比你们更正统且更严守礼节，所以有权享受更多的财富、你们的尊敬与顺从。丧礼与婚礼的手册规范了各式仪式的繁复程度和花费等级，让家庭自己衡量能负担得起何种程度的仪式。这些家族仪式的展演，也通过决定宗亲成员中谁被邀请、座次如何安排等来巩固宗族的范围，建立内部的阶序。清代的训诂学家对古代礼仪文本真实性的热烈讨论的主要原因之一，便是来自如何组织地方社会并将之层级化这样的实际议题。[43]

随着时间变化，狭义范围的“绅衿”，即在科举中取得功名者，与广义范围的地方精英，逐渐融合在一起。理由之一是那些通过科举并得到官方任命的人通常在财务上也因此成功，并且以他们新获的财富来投资家乡附近的土地。另外一个原因，是这些在科名上有所成就的人几乎一开始就是来自有闲或经济上较宽裕的群体，因为这些家庭可以负担得起投资数年的教育在其子嗣上。而当一个较贫困的家中恰巧出了一名成功的应试者时，他们会尽快与家里附近有钱但没有这种确实资产的家庭婚配。如果这两家之前并无太多交集，最后一个结合 112
双方共同利益的是赋予有科名者（合法享有以区别其地位）及大家族（在法律之外地方政府须要其收税的协助所赋予的税赋减免）的税赋待遇。

科举制度建立在“勤耕苦读是及第登科之不二法门”的神话上。不过有功名的士绅如果不是出自士人阶级的话，则远比他们所愿意承认地更常出身自商贸家庭，而非农耕家庭。举例来说，这也就是为什么众多客商故乡的安徽徽州与丝业生产中心的浙江南浔，在科举考试的表现上异常优秀。此外，在不少例子里，这些士绅的先祖是地方上的有力“豪强”，这些拥兵自重的武力领袖充分运用暴力手段，冒险开创事业成功，让后代成为文人士绅。[44]

谁是作为一个社会阶级的士绅？如何在这些人群中划分界限？最

有价值的思考方向与指标可以从检视他们收入的来源开始。[45] 其中最大的来源是私人投资，最多也最常一开始投资在土地上，但也有投资于当铺或其他形式的高利贷，特别在清朝年间，借贷的利息变得越来越重要。也有许多投资在商业上，尽管在形式上有功名者投身其中是违法的。接着也许是可称作“官方”收入的部分。如果他们在朝当官，这些收入包括官俸、养廉银和各式各样的“陋规”。如果他们是县学或府学的学生，或许会有国家发放的廪饷。但在帝国晚期日益重要的是，利用士绅主要的资产，即“读写能力”赚取的各式收入。

地方精英的成员可以作为家庭教师或私塾老师。长久以来这一直是没有求得一官半职者获得收入以维持生计的一条路。而在明清小说中，贫穷的乡村塾师则是迂腐且通常是滑稽的角色。[46] 在 19 世纪快速发展的汉口，一则流行的笑话说：挂个写有“老师”的招牌在门外有两个好处，首先是可以吸引学生；其次是表明屋主很穷，能赶走乞丐。然而在晚明随着大众识字率的提高，此职业的经济利基逐渐成长。更多有名的学者借由扩张的商业出版市场贩卖自己的文字技巧：作为
113 作者或代写者、编辑科举参考书、如同现在书本封面上的推荐广告般替人写序等等。他们甚至会列名于有畅销潜力之书籍的知名校订者名单内以换取报酬。[47]

越来越多的士绅作为现任官员的随从幕僚。更多作为宗族、寺庙、行会，长期或短期的社区事业、灌溉系统、救济机构、各种公共建设计划等的管理者，以其服务取得薪酬。特别在 19 世纪晚期，他们在大量出现的各种“局”中担任管理职位，这些机构负责收集或分配非常规的税金、献金、劝捐等，以资助维持秩序与战后的重建工作。[48]

也有一部分的士绅—管理人越来越像职业的工程师，最著名的是在水利事业方面。其他成员则加入日趋专业化的法律与医学领域。若相信当时官员的抱怨，有相当多士绅加入了为私人提供法律服务的行列，被称为“讼师”或“讼棍”，然而这类称呼较少取决于个别讼师

的行为，而更关乎称呼的人本身对讼师之态度。虽然清代律法并不包含针对民事诉讼的详细条文，且几乎所有官员都谴责兴讼，但民事诉讼逐渐成为寻常之事，而清政府也勉强地表明乐意听讼，纯粹为能收取大笔的钱财。不只“仁政”的做法排除任何用更暴力的方式来解决私人冲突，提出法律诉讼的行为事实上即代表诉讼当事人承认了国家的合法性。在1725年之后，“讼师”在形式上是不合法的。以多数官员的观点，这些讼师的主要目的是要延长诉讼，直到各方都破产、无法支付费用，但国家的作为让讼师成为发达的行业。[49]

以上这些自士绅刚起步的职业化，可说是在清朝年间平民百姓同样以更大规模的专业化寻求最有利行业的对照版本。而每个人的利益导向也许有很大的差异，此取决于各自收入来源的比例。到了清末之际，再说有一个具有一致性的士绅“阶级”可能已不合理了。[50]

对于那些希望避开严格的科举考试而取得精英地位的人，另一途径是捐纳以获得功名。将士绅品级卖给富有的平民百姓以换取金钱或
粮食的“捐献”，最早出现在17世纪80年代，康熙皇帝执政初年时 114
开始有计划地实施。到其继位者雍正皇帝时，卖官成为一种常态，不仅用以支付政府因应自然灾害或急迫的军事需求，也用来填补与扩充常平仓。许多清代士人赞美此制度，不仅是因为此法担保了合法的行政花费而不须加税，同时也帮助事业有成的平民实现地位晋升的抱负。然而仍有一大群人抨击以献金换取功名头衔，认为此举有辱了士人的道德廉洁。针对这些批评，乾隆皇帝在他在位的最初几十年严厉地取消此制度，作为其计划性地逆转父亲过于严格之“建造国家”的一部分。然而，在18世纪下半叶，乾隆年间东征西讨而剧增的军事花费，让他以前所未有的积极重新开始卖官鬻爵。直到1800年，帝国中大约有35万个品衔是买来的，而这个数字在19世纪政府财政困窘时更是不断上升。[51]

类似的摆荡不定也见于政府对士绅阶层所享有之特权的政策上。

作为巩固政府与士绅联盟的计划之一，康熙皇帝下令有功名者被控犯罪时可免受地方官员审问，而转由县里的教谕“规劝”。雍正废除了这个措施，而乾隆重新恢复。在财政上，雍正于18世纪20年代中期取消了“官户”“儒户”等税赋减免的名目，且严格限定士绅免除劳役的范围只限于有功名者自身的家庭，不能伸延至亲戚圈里。不过，继任的乾隆皇帝一向不把地方士人当成是中央政权的挑战者，反而是执政当局的伙伴，自觉“宽大为怀”的他逆转了前任者之决策。乾隆皇帝重新赋予士绅的特权，之后成为当朝既定的政策。

家庭与亲属

清代最显著的特征之一，是父系亲属在文化上与社会上的强大影响力。人们深信任何一个人的成功或失败主要受父母亲的家教影响。举例来说，在清朝年间，湖北的东北部地区上广为流传一封由在北京当官的明代家长写给其子的信：

> 字寄妻杨氏，男邹瀚：
>
> 余不及言，自离家之后，将及二载，乡市各处，亲邻朋辈之往来，以及家务、人口、种作、屋宇、塘池、树木、头畜等项，二兄家道安否，澍、海二子生理，俱不知详悉。尔虽有家信一二次，只开些须略节……尔之平昔为人苟且，简慢懒惰，粗粝无状可知。其待父母如此，又不知相处内外亲戚邻里何如……
>
> 每忧尔少读书，识见寡……左邻右舍不知和睦，年老之人不知恭敬，贫穷之人不知眷顾，患难之人不知怜悯，为恶之人不知回避，为害之人不知仿效，有恩之人不知报本，有冤之人不知洗雪。与人饮酒不知深浅，醉后之言无天无地，无礼无法，醒后诸事不知……
>
> 至若起家不知要节俭，耕作不知要辛勤，畜养不知要水草，树木不知要栽种。子弟要教训，屋厅要打扫，内外要防

> 闲，出入要谨慎，夜晚防盗贼，丰年防旱干，有田防无田，用人要饱暖，待下要恩爱……
>
> 比之别人家，一般纳钱粮，赶人情，又当相应人。夫凡事 116
> 量入为出，千思万想，要知何者为起家之计，何者可以纳钱粮，何者可以备荒旱。务要长远，莫顾眼前。[52]

就地方人士而言，这种父亲的监督是一个家庭，甚至是整个地方得以持续繁荣的公式。

为了进一步助其达到此目的，清代见证了父系宗亲的重大成就。这种在较早的英文史料常翻译成 clan（氏族、宗族）的团体是地方社会最主要的组织性机制。其最开始是宋代中国社会转型的产品，历史称此转型为“地方转向”（localist turn）。当科举取代贵族的优势成为进用帝国官员最主要的途径时，精英以改变其婚配对象、认同和忠诚来响应这种变化。他们与家乡的富贵人家有系统地联姻，取代与帝国中的准贵族通婚，在此过程中建立地方的利益是他们心目中最重要的事。从中崛起的是乡镇或县层级中紧密通婚的宗族团体，他们各自或集体力求资助、保护与掌控自己本地的势力范围。这种地方宗族的建立需要一段时间，到了清朝时期达到狂热的地步，使得这些显赫家族成为地方社会的基石。[53]

为何宗族在这段时间内如此受到重视？其中原因之一来自思想上的变化。随着晚明以李贽为代表之实验性自由思想的潮流和社会上佛教与道教的风行，清初经历了回归儒家正统的狂热（且通常是竞争的）。无论是要采用古代五经或宋代开始与其竞争之四书所指示的形式，宗族组织似乎已获得儒家的授权。随着似为其后果的血腥阶级战争，精英从晚明社会中的那种自由主义退却，被引导去寻找可以更有效地强加社会规范于其邻居之上的工具，于是宗族的建构便提供了一
个答案。但是亲属组织并非只是反动性或防御性的社会策略，同时也 117
是种侵略性的策略。清代政权的巩固，加上人口爆炸与经济繁荣，似

乎提供了更强的资源竞争，以及更多进一步发展的机会，让那些拥有更有效之组织工具的人来争取。

虽然清代宗族表面上是基于同宗继嗣，但在本质上绝非事实，而是刻意制造出来的人为产物。创造宗族最开始的行动通常起于较晚的世代，且在经济上有所成就或取得官职的成员。他们归认一位较早的“开基祖”，往往（并非总是）为同姓团体中第一位搬迁到家庭现居地点的祖先。被找到的这个祖先是在多久以前，以及有多少后代支系被选择纳入有组织的宗族中，通常都没有指明清楚，而让制定宗族成员资格的范围得以有很大的弹性。也有许多宗族通过内部协商的过程，持续地重新定义成员限制应更宽或更窄，其标准依照的只是他们想承认谁为宗族的一分子。

宗族领导者可在选择其开基祖上有相当高的创造性，甚至改变数代以来的姓氏以有力地主张其拥有显赫的身世。[54] 当开基祖已经确定下来之后，特定的“字辈”会被分派给每代承继的男性：例如开基祖后第 10 代的所有男性成员名字均须包括“洪”这个字，第 11 代须有“传”这个字，等等。此外也编纂书面族谱，通常（并非总是）由专人付印，其包含宗族历史、著名先祖的传记、各代所有成员的家谱图、规范族人行为的族训家规，常常也有族产地籍图与地契副本。最后，祠堂也被兴建来作为宗族的总部，以及每年祭祀祖先的地点，那时所有宗族成员都会出席，且以相当细密的不同阶序位置来安排座位。

在作为精英控制其邻近平民的工具之外，宗族组织还提供许多额外的吸引力。其中之一是让成员的地理与职业分布多样化。举例来说，虽然根源于一个地点，但假使在某地有代表在商业或其他理由上具有利益的话，宗族可能会选择让已经移民或寄居异地的家族保持其宗族
118 成员身份。拥有共同财产是另一项宗族组织的优点。虽然有些非常著名的宗族在祠堂之外几乎没有共同财产，但对其他人来说，宗族是资本动员与管理最首要的方式。在广东，一些宗族进行相当于欧洲的世

袭继承制度。为了防止历经世代均分继承财产导致社经地位下降，宗族握有几乎所有成员家庭的财产所有权，而当父亲去世时，是以产生收入之共有宗族产业的股份分给儿子，而不是将实际的财产均分。

在帝国很多地方，建立宗族托管的产业是为了提供基金收入以维护祠堂和举行祭祖活动，但实际上的目的常远超乎此。在有些地方是以慈善产业的形式救济宗族内贫穷的成员，或者在江南部分地区，不拘姓氏，所有社区成员都可以得到接济。[55]在一些极端的例子，这样的产业是由几个不同姓氏的群体共同建立起来。在缺乏有效率的银行借贷之下，宗族信托也或许是动员资本作为大型投资最重要的单一手段。由于缺乏有限责任公司的法律，这些充沛的资金通常不自己操作生意，而是提供贷款给个别企业主，通常也是本宗族成员。

在 18 与 19 世纪，族产资助了广东珠江三角洲资本密集的沿海稻田开垦，以及四川南部规模甚大且相当复杂的盐矿企业。[56]族产通常不代表宗族所有的成员，而是一群投资者以其世系中选出来的先祖为名持有这些资本（在一个单一宗族里可以有许多这样的共有财产），买卖这些共有财产中的股份，就如同以现代资本市场中的证券交易来参与运作。换句话说，对祖先的虔敬越来越明显地成为在意识形态上可疑之投机投资行为的道德掩护。

清代官员对宗族组织抱持矛盾的看法。因为宗族对儒家正统如此支持，而此正统也是帝国合法性的基石，照理说国家应该赞许宗族。
实际上，地方官员也通常仰仗宗族的慈善乃至企业活动，以维持其辖 119
区人民的福祉与生计。在雍正与乾隆初期有些案例，省级官员甚至将一些司法权限委任给宗族领袖，以此减轻知县讼案过多的压力。然而宗族的力量至多是利弊参半。由于没有制衡的力量，如同在广东经常发生的那样，宗族可能欺凌甚至奴役其街坊邻居，或者如同在福建的情形，宗族间的宿怨越趋暴力而演变为械斗。另外，有些宗族的企业活动可能会在大规模经济上适得其反。如同湖北西部宗族集体开垦河中沙洲，导致长江中游流域一带灾难性的洪灾。[57]

有时候这些继嗣团体单纯是因为扩张得太大，而让中央政府无法安心。如在江西和湖南，多个乡镇甚至县里成立了较高层级的宗族组织。对于这样的案例，清代官员也许会将“敬祖孝亲”搁在一旁，以这些团体不是共同世系宗亲，只是“恰巧同姓氏但毫不相干的家族凑合起来”的非法组织为由，将这些亲属团体解散，共同资产充公。

慈善活动

清代建立宗族的热情无非是中国近代早期建立大众组织之潮流的展现之一，此为这个时代的重要特色。此潮流同样可以在新式的商业机构、商人与工匠的行会、旅外同乡会等组织中见到。这也包含了再度兴起的书院、互助会，与综括正统到异端的各类宗教组织。所有这些组织以它们自己的方式，响应在人口密集的社会中对稀少资源更激烈的竞争，响应更大的个人社会地位变化与清代文化混合所形成的疏离感，响应当代经济复杂情势所带来的机会意识。

在清代建立组织的热潮中，最特出的表现是在慈善活动的领域中。[58] 清代支持这些活动的意识形态从佛教转向正统儒家，清楚地表明“公共”或“共同”领域的概念，而相对于“国家”或“私人”领域，
120 域，两者均为慈善活动的代理人与受惠者。日益纯熟、去个人化与官僚化的慈善组织形式代表其目的之转移，从道德或模范行为，转向因应成长且趋于复杂之人口急切需要的实际救助。

也许地方慈善活动的先驱模式是兴起于明而延续至清初的“放生会”。这是一种佛教组织，购买被捕获的鱼、鸟和其他小动物加以放生，使其成员能种善因。另一种以此为模式建立，但在功能上更广的组织“同善会”则在晚明，特别在江南商业城市中风行一时。此种会社自称其目的是要协助其成员（称为“会友”）增进道德，而非治愈

社会整体的病恶，但他们通常担负贫困救济等社会任务，作为佛教修行或渐而为儒家德行修身的方式。

随着盛清之世政府机能回归正轨，朝廷试图积极地介入地方的慈善领域。雍正皇帝下令让每个县都要有地方自己成立的“育婴堂”与“养济院”等机构，且他更试图要让这些活动标准化。虽然可能在县府账册上，这些机构的财源是来自“公共资金”等名目，实际上多半来自私人捐献或遗赠的支持，而非来自财政税收。虽然这些组织提供贫困救济以担负社会实际的需求，但无意去为地方贫穷人口负全责，仅试着提出一个“私人利益应该为他们之中较不幸的人口做些什么”的官方示范。

在 19 世纪初期，一种新形态的组织逐渐兴起，后来被归类为“善堂”。不同于育婴堂或养济院，善堂基本上是非政府组织，虽然常在地方行政单位登记。此类组织从长江流域与沿海的商业城市兴起，最早出现在 19 世纪 20 年代，但在太平天国之后的重建时期更常出现。这些善堂由地方商人与都市地主赞助与管理，源于地方救火与救溺的组织，以及收葬街头无主尸骸的会社。而后又增加一些救济功能，如
施粥（原先是在洪水或其他灾难后的救济，但逐渐在一般的冬季也施 121
行）、义诊施药，并在某些地区赞助维护和平治安的地方民兵。

善堂的经费来自赞助者定期的捐施，以及从受捐赠之城市产业所得的租金收入。一开始是赞助者以义务服务来进行管理，到后来则由半专业人员来担任。善堂明确的目标是要照顾所有需要他们服务的人，这样一来即使在城市无业的穷困人口越来越多的情况之下，盈利甚丰的地方商业仍可以顺利进行。多数的善堂以城市特定的邻里作为其运作的范围，通常是由同乡客商主导的邻里，但 19 世纪最后数十年，在许多城市这些善堂逐渐发展出一些彼此配合的方式，最终形成诸多都会层级的伞形组织。此为清代组织建立中最令人印象深刻且最具活力的成果。

第5章

商 业

虽然中国人口的绝大多数总是由农民组成，且西方长时间认为中国是农业社会最名副其实的典型，不过到了清朝中叶，中国可能是全世界最商业化的国家。宣称过着理想化“耕读生活”的中国精英分子，他们通常是无法不依靠从贸易得来的家产资助过活。而那些19世纪来到中国自称为“商业先锋”的西方人，认为自己教导当地人交易的好处，其实也不过是自欺欺人的假象。[1]自16—19世纪之间海外贸易规模的扩大，及鸦片战争后西方商业进入中国内陆城市，增加更多的贸易活动，这些的确让帝国的商业总额有所上升。然而这些商业活动远远不及清帝国本身庞大且兴盛的国内贸易经济规模。

中国的国内贸易在西方人到达之前已经发展良好。如果我们可以假定有一自足的“自然经济”为帝国早期的范式（这本身可能已言过其实），此经济形态可以分为两个根本的转变时期。其一是大致从11—13世纪的宋朝商业革命。这个时期有着大规模的长距离跨区贸易，同时也开启了对东南亚的海外贸易。交通运输的改善（特别是运河与其他水运）让货物运送至中国各处，致使大都市兴起而繁荣，一如为商业而存在的杭州。一个相对较小但相当富有的商人阶层出现，建立了一种创新的合股关系来运作资金。宋代的商业革命无疑是中国经济的重要转型。

唯此转型仍有明显限制。跨区域贸易的项目大多是由都市人口生产并消费的奢侈品，如丝、香料、药草，及瓷器、漆器、金属器具等工艺制品。早在唐朝就已有将谷物与其他主食作物从乡村到城市、从富庶的东南区域大量运送到首都与西北，以供给增长中的都市人口、提供军队粮食，以及接济缺粮之需。但这些粮食的运送多半是经由命令的手段，如租金与税收，而不是通过行情变化莫测的商业市场。[2]

14 世纪末明代开国者对贸易、职业活动、地理迁移强加的严格限制，大大减缓了中国境内贸易的发展。[3] 但从 16 世纪中叶到 18 世纪末，帝国开始了比前次转型幅度更大的第二次商业革命。[4] 历史学家有时称此时期的发展为“流通经济”或“商品经济”，其中商业化扩散至地方乡村社会的情况达到前所未有的地步。有史以来首次出现大量中国农业家庭将自有之相当比例的农产品售出，并依靠市场交易取得日常消费品。跨区域的贸易也开始包括了主食作物，与其他单位价格较低的项目，如棉花、谷物、豆类、植物油、林业产品、动物产品与肥料。虽然大部分的农业产品还是由其生产者所消费使用，但在 18 世纪末，帝国 1/10 以上的谷物、1/4 以上的生棉、一半以上的棉布、超过 9/10 的生丝，以及几乎所有的茶叶，都是为了在市场贩卖而生产。[5]

各区域开始有其专业的出口作物，或许是从集中种植棉花的长江下游（江南）开始。明代初期，棉花实际上仍是鲜为人知的商品，而到了晚清，棉花已经是全中国最普遍的衣料。当江南所生产的棉花不够满足市场需要，棉花的种植乃向北沿着大运河扩散到山东与河北、向西溯长江到湖北。曾经是帝国稻米主要生产区域的长江下游三角洲， 124
现在忽然因为栽种棉花导致粮食作物短缺，因而开启了其他区域出口导向之商业化稻作的大门。最先开始的是江西的赣江流域。当此区的生产不敷需要，更上游的湖南湘江流域，以及最终四川的红土盆地都加入驰援的行列。到 18 世纪 30 年代，每年有 10 亿到 15 亿磅（800 万—1300 万石）的稻米顺着长江运到江南。[6] 长江中游的新兴港口汉口，在 17 世纪成为此庞大跨区域贸易的中央集散地。从汉口可以看到其他各种大宗商品从遥远的帝国各地运到此处：湖南与福建的茶、安徽的盐、四川的药草、西南的木材与漆、东北的小米与麻、西北的毛皮与烟草，以及来自东南的糖、海产与其他亚热带的食材。[7]

此第二次商业转型的发生是第一次商业转型逻辑进展的结果。首次商业转型起始点是在晚唐到宋代的长江下游三角洲。商业化断断续续地从该处扩散到帝国其他地方。晚明国力下降，无法贯彻其早期的反商政策，伴随一些对贸易有利的积极变革，如 16 世纪为奖励商人运送粮食与军需到北方前线受围之军队，给予盐业专卖权与其他商业利益的政策。这些因素更进一步地为清代商业快速发展奠定基础。新政权积极地增进市场效率，如废除限制个人迁徙令、维护商业契约与财产权效力，以及消除“把持”与其他对货物最大流通量的限制之作为。

但也许第二次商业革命最重要的因素，是大量来自新世界墨西哥的瓦哈卡（Oaxaca）与波多西（Potosí）矿场，经由菲律宾马尼拉迅速输入中国的白银。在晚明时期帝国逐渐转变为银本位制，且更加速进行所谓的“一条鞭法”税赋改革。这一套复杂的财务政策在康熙朝达到高峰，其主要特征是以白银来估算并征收田赋。地主需要现金
125 来付税，也开始要求以现金来缴交田租，而这让佃农有更强烈的动机转向可换取现金的作物，取代那些供个人食用与易货的作物。

经营革新与都市化

在帝国晚期典型的土地拥有形式“收租地主制”之下，拥有耕地多于本身家庭劳力能有效耕种之耕地的所有者，会将这些土地分成

小块租借给佃农家庭。但当这些土地适合用来转种拥有市场的商品作物，有些大一点儿的地主逐渐选择不将他们的产业分割成家庭规模的佃田，而是将他们整个地产组织成利益取向的农作企业。一个明显可资比较的对象是美国内战后南方的棉花与烟草庄园，只是中国的“庄园”是由受薪的劳工，而非奴隶所耕作，这意味着其获利要依靠日渐普遍的自由、流动劳工。

这种“经营地主制”也许最初是在 17 世纪的长江下游首先发展，但最佳的例证是大运河向北延伸的山东西部与河北东部，从 18 世纪晚期起，商业化的棉花栽种在这些地方迅速发展。在这里，有经营概念的种植者能利用漕运船只南下回程时的便宜运费，将原棉以高利润卖给江南的纺纱与织布业者。[8] 此资本主义式的农业在清朝年间有多普遍仍有待商榷，但这种做法显然没有取代一般实行的地租征收形式。即使在华北，经营地主的兴起毫无疑问，但其仍受制于土地质量与个人监督管理的实际限制，让可以负担得起以此种方式经营农地的地主成为少数。[9]

在精制与加工这些新近扩展之商品作物的同时，清代的前一个半世纪亦见证了手工制品的爆炸性增长。多数工艺产品，如棉纺与丝织等，可能是乡间农民以副业来完成。然数量虽小但比例上日益增加的是雇佣固定薪资或按件计酬之工人的大规模手工作坊。例如 18 世纪中叶的苏州有 33 家造纸工坊，超过 450 个织染工坊，在单一企业主 126
底下平均每家有超过 24 位工人。如同马克思主义史学家强调的，这些企业代表“资本主义萌芽”，而在那里工作的人代表中国都市无产阶级的开端。[10]

资本主义式企业最引人注目的进展或许是在矿业这个领域。在 18 世纪上半叶，铜矿与其他货币矿藏迅速成长，从云南、贵州等区域开始，扩展到其他省份。雍正与乾隆朝廷勉强地被消费经济对铜币的需求说服，克服对无产无家之暴乱矿工的恐惧，更进一步地准许商人开采更新更大的矿藏。虽然缺乏银行信用制度与建制化的公司法，但在高度纯熟的财产权与可经由法律强制执行的文字契约之基础上，这些企业家发展出许多创新的方法来筹措资本与拓展营业规模。例如在18世纪的北京周边，煤矿的经营者发展出一套财务制度，与现今的普通股买卖非常相似。在四川南部经营盐矿的商人通过宗族资产筹集资本，建立大规模且具有弹性的合伙关系，创建专业化的管理单位来监督各种不同的运作，且多半经由互相投资，达到从生产到跨区域市场不同阶段的大规模垂直整合。[11]

第二次商业革命最重要的影响之一是都市化。中国帝制时期一直有相当大的都市，同时作为区域行政中心与军队驻防地。中古时期又加进了如杭州等商业都会，13世纪的马可·波罗称杭州比他的家乡威尼斯还大。但两种类型的都市都可说是在乡村区域的都市岛。从大都会到乡村之间少有小型或中型的城市。规模较小的都市并不是那么必要，因为历史上收取乡村之盈余以供应城市借重的是政府单位，而非依靠商业力量来完成。但是在晚明与清朝中早期，随着都市与乡村之间的经济交换越来越市场化，大量的产品经由国内贸易的管道流通，一个更完整的城镇层级在多数区域中兴起，以支应乡村与大都会
127 间的货物交易。北京、苏州、广州、南京与武昌在清朝时的城市规模可能不如在宋朝时的大，然真正的都市化在别处发生。

乡村的定期集市增多且开市的时间更密集，使其中有些逐渐提升为真正的市镇。而最活跃的市镇发展成为多功能的小都市，作为市镇和更大的区域性都市间的中介。[12] 这种层级在江南最为明确，使其在18世纪已成为一个都市化区域，与近代早期的托斯卡纳（Tuscany）或低地国家、今日美国的东北都市走廊并无不同。任何一户乡村家庭到相当规模的城镇都不需要超过一天的时间。帝国的其他区域也有类似的发展，如广东的珠江三角洲、四川的红土盆地、湖南的湘江流域等等。例如在湘江流域输出稻米的湘潭县，其有记录的市镇从1685

年的 3 个，成长到 1818 年超过 100 个之多。[13]

这些新的市镇与小型商业都市发展出自己独特的文化，是更广大之中产阶级认同与意识的一部分。街道发展得更趋复杂，有整条街道专营特定的贸易项目。商人常光顾市镇的茶楼与店员和工匠并坐，听说书人讲述他们喜欢的武侠或浪漫故事。但这些商人新富并未放弃加入士人精英的期望，也未忽视子弟的古典教育，例如浙江的丝业市镇南浔，在清朝统治的第一个世纪内有超过 58 人获得高等功名，同时也有 69 人获得低阶功名。[14]

贸易的进行

中华帝国晚期的商业市场层级如施坚雅（G.William Skinner）所指出，可划分成 10 个“大区”（macroregion）。[15] 每个区域内部的都市系统较之帝国整体更为整合、更具一致性，而商业货物的物流，与人群和资讯的流通，也都更加紧密。然区域间的贸易亦有显著增长，特别是在繁荣的盛清时期。大区内的都市层级大致以贸易路线划分。即货物要从一大区中相对较边缘的地区运送到另一大区中相对较边缘之地时，会顺着生产区域的集货层级向上运送，在被送到消费区的区域都会时，会顺着该区域的市场层级向下散货到消费区域。[16] 128

中国国内商业的密集化带来前所未有之庞大专业商人阶级的成长。
就像市场制度一样，这些商人扮演的角色也有区域与层级的分别。货 129
物从地方生产者到地方消费者不会只通过单一商人，而是经由许多人之手。不同的商人将货品在点与点之间，从向上集货转到向下散货的层级运送。这些商人中有些只是佣金代理商，但许多都自营商品买卖。

清代跨区域贸易不寻常的分散特性在商业上有正面也有负面影响。许多独立的商人可以低资本参与贸易，并处理短程的杂货运输，必然有助于促进经济活动。广泛分配的利益让小商人较易进场，也让国内市场可以持续扩张。但另一方面，在集货过程的每个阶段持续讲价的需求，以及在制度上因质量控制的问题让货物每次易手前几乎无
130 法抑制的掺假行为，两者都使中国商品被迫于国内及国际市场上与印度棉花、日本茶、锡兰丝、美国烟草等商品竞争时，降低了中国商品的竞争性。只要清朝的长途贸易被涵盖在一个相对封闭的系统之内，其分散的特性可带来正面的效应，但当中国商人进入全球经济，此资产反而成为障碍。

国内跨区域贸易中的大人物是大批发商人，他们经手商品从生产者到消费者的旅程中最长的一段，即生产与消费大区中主要大都会之间的路程。他们很少打入在此层级以下的区域经济。当外国人开始直接参与国内贸易（18 世纪的广州，19 世纪的上海、汉口、天津与其他港口），他们只是在集货的网络中再加上一层越洋运输的阶段，将自己置于顶端。然而如同中国的跨区域运送者，他们也很少自己涉入大城市以下的层级，或打乱现存的区域内部商人层级。[17]

不过大批发商的确会通过预订的制度，间接控制区域生产与集货网络中的指定商品。跨区域的商人会于产季之前，先在区域都会支付其供货者订金，以换取商品上市时的优先承购权。通常此订金会在集货层级的每个阶段向下支付，而最终让生产者得以在产季间购买种子或维持生计。当西方人进入此贸易的顶端时，他们最终也通过外国银行参与信用与资本的向下流动。西方“经济帝国主义”及其关联的经济依赖，不过是代表着从熟悉的现存国内跨区贸易流程进行扩张。

为了保证层级中各个阶段对其贸易伙伴的信心，中国商人特别依赖的是“关系”，通常是以延伸亲属或同乡关系为基础的联结。虽然有很多散布各地的同乡团体，在 18 世纪帝国境内最著名的是来自安
131 徽徽州的徽商与山西的晋商。在 19 世纪，则有来自长期经营海外贸易的浙江宁波与广州商人加入，而最终使晋商与徽商黯然失色。

以同乡关系联结的“客商”散布在特定的主区域，为区域之外的

图11　1860—1864年的一位中国商人和他的家庭，米尔顿·M. 米勒摄（美国皮博迪·埃塞克斯博物馆藏）

市场专注发展特定的商品。这种“内部殖民”有时会引发与当地居民的紧张冲突。例如在1819年湖南的河港湘潭爆发了针对江西米商的暴动。[18] 然而在多数地方，这种“殖民”针对特定商品的性质，以及各客商间层叠交错的复杂关系，冲淡了当地人受到剥削的感觉。

在主要的集散中心，不同层次、来自不同地方的商人相遇并交换货品，其商业关系乃由牙人居中维系。这些牙人跨越方言的障碍，将买卖双方凑在一起，保证双方对彼此的信心、将度量衡与交易程序标准化、为政府征收间接的商业税，并且经营仓库、马厩与旅店。早在9世纪的中古商业革命，监督市场中特定商品的工作已经开始从官员转移到作为帝国政府半官方代理人的私人商人组织手中。[19] 这些行会在帝国晚期具备了特定的形式，开始在都市景观中显得引人注目。有了“帮”“行”“公所”等不同名字，且有不同的成员标准（通常是共同贸易项目与同乡的特定组合），并逐渐遍布在大小不同的商业市镇中，依照当地的经济情形而有不同的目的。

行会的兴起及其在帝国境内贸易中具有主导地位是清代商业的主要特征。第一个在跨区域集散中心汉口有成立记录的行会出现于1656年。从北京、苏州、广东佛山、重庆、上海等地已出版的行会资料可以证明，在清初有一波建造公所、恳请官方承认行会与制定行规和价格表的风潮。[20] 一些新性质的发展似乎也在进行中：跨区域国
132 内贸易在18世纪初已经定型，而今来自各地方的客商需要在帝国所有主要的都市各自成立其常设、组织紧密的团体，这将使都市改变为兼具多方色彩、文化多元、市场取向、消费者导向的都市生活中心。

到了19世纪，行会在经济场域以外广泛、多元的城市社会中成为强大的力量。它们举办戏剧演出，特别是来自家乡的戏曲，而开放给更多群众。如同宗族公产，行会也成为主要的地主与地产开发者，并借着资金丰富的善堂而成为慈善事业与其他社会服务的经营者。例如19世纪80年代东北的通商口岸营口，由主要商人行会组成的联盟收取商店与交易税、征收过桥费、管理地方的粮食与货币市场。这些所得部分用来维护城市街道、水源供应、下水道与污水设施，以及各式各样的福利与救济工作之维持。[21]

在不久之前，主要的西方学者只看表面上儒家重农抑商之价值观，主张清代政府不仅不鼓励商业，还鄙视商人，且经常采取蓄意伤害商业的政策。[22] 今日鲜少有学者会这么认为。爱新觉罗氏与其盟友在征服东北之前，毕竟是凭借其商业活动所得之利益而崛起为强权。不像其前任者明朝，因命令式政策最终失败，而产生让市场力量进去填补的真空，清代从一开始就积极改善“民生”。大量增长的人口需要政府扶持各行各业之经济，其结果是清朝几乎比起中国任何一个朝代都更积极地热衷贸易。

统治者与官员一样都试着去发挥帝国自然资源与人类生产能力的

潜力，同时让经济盈余留在社会而非政府手中，如其时常表现之“藏富于民”的概念。在可能的范围之内，他们支持商品最大量流通的原则，并让市场机制决定商品价格。他们避开了诸如固定价格等命令式的政策，认为国家法令不能逆转天命之商业原则。且至少在某种限制之内，他们视追求商业利益为上天赋予之人类理性的展现。这并不是 133
说国家应该避免干预市场来达到帝国的目标与追求公众利益，而是政府最常用的是借由市场力量而非压制市场力量，来达到他们的目的（如常平仓制度之代表实例）。官员经常力图以提供刺激方案来发展帝国新的商业经济产业，并从目标发展的领域中招商。[23]

清中叶对市场运作的积极态度可以保守理学家、知名学者方苞（1668—1749）所说的话来总结:“大凡米价腾贵之地,一遇客商凑集,价必稍减;此地稍减，又争往他所。听其自便，流通更速。”[24] 方苞所说的是帝国内部的远距离贸易而非海外贸易，他在此表达出来的对流通经济长处的共识，并不必然可延伸到对海外贸易的讨论上。然在他晚年，对外贸易迅速取得重要位置，且亦有其提倡者支持。

朝贡贸易

一直到最近，我们理解帝国晚期中国如何进行国际外交与对外贸易的主导模式，仍是费正清与其合作者在 1968 年所编著之重要著作《中国的世界秩序》（*The Chinese World Order*）中所呈现的图像。[25] 根据这种观点，中国人视整个人类世界为“天下”，既然中国皇帝为“天子”，他便是宇宙万物的首要法理与所有人类间的中介者，因此而为人类真正的统治者。作为“中央之国”（the Middle Kingdom）的中国是世界的轴心（axis mundi），中国精英的文化实践是文明的普世规范。而那些住在中央之国边缘的人们则在某种形式上全是野蛮人。

这样的区分并非（或主要不是）种族上的，而是文化上的：中国精英的文化实践是文明的普世规范，所有蛮夷在充分长期接触中国启迪民智的影响下，终究必然会被教化（或同化）。的确，有些已经比
134 其他人文明一些。这些较文明或较“熟”的蛮族包括朝鲜人、越南人，有些时候也包括日本人，他们已经吸收了一些中国文化实践，如定居农业、父系亲属与从夫居的家庭制度、合乎体统的葬礼、适当的烹调与饮食习惯（使用筷子），并熟悉中国的书写文字。这些特性让其有能力以王朝官僚政体来治理自己，虽说他们的国王还须受到中国天子的准许与授权。至于较不文明，或较“生”的蛮夷，如许多西南部落民族、偶尔被归类的日本人，也许还有欧洲人，仍然与其差距甚远，且仍须接受更屈尊纡贵的对待。

中国朝廷与其接邻之政体间维持着正式的外交接触，但存在着彻底的不对等与霸权关系。在外交往来中只能使用中文与中国历法，而在辞令上对帝国要表现出卑躬屈膝。双方都没有常驻的大使，但周边的国家则固定派遣使节到中国，在皇帝陛下面前须恭敬地伏首叩头。此外，附庸国也借由每年向中国朝廷呈送贡品承认其臣属地位。这些贡品依规定数量由当地物产组成，经由规定的时程与路线呈上。中国则慷慨地回送价值可能比贡品高贵的中国物产作为赠礼。就费正清的看法，清代要将所有外国人，包括欧洲人与美国人，都纳入这种“朝贡体制”。

在规定品项与数量的贡品之外，贡使被恩准携带适度数量的额外商品。贡使可与指定的中国商人交易这些商品，而每个朝贡国都分别被指定可贸易的港口（想必是为了保护中国众多人口，防止他们受外国人与商业利诱的污染）。当中国与外国商人求利若渴之需求，远超过遣使的次数与法律规定容许的货物数量及种类时，当然有充分的机会来延伸此种安排的界限。有时，较具冒险心的商人甚至会声称他们的“贡品”来自虚构的政体或王朝，以分享中国贸易的丰厚利润。中

国朝廷不可能如此天真而未察觉到这些规定的安排如何受到私人利益的操控，但一般来说，朝廷仍满足地去强调所谓朝贡制度的礼仪形式 135 受到所有参与者的敬重。在费正清的观点中（后来被日本历史学者滨下武志更进一步阐明），这种朝贡贸易体制主宰了帝国晚期国际往来，同时也主宰了整个东亚区域。[26]

这种“中国的世界秩序”模式暗示中国是孤立、排外的、无法接纳基于对等主权与相互尊重之上的民族国家体制，且根本上受制于对文化与仪式的要求，而非响应实际的国家利益。指称朝贡贸易为中国对外商业的基础之阐述，暗示了中国顽固地鄙视自由贸易与利益动机,而此模式确实地呈现两者为理性与进步的动力。最隐含恶意的是，如同费正清此书副标题所指出的，这种停滞与僵固的文化不仅存在清代，更包含整个“传统中国”。[27]

然在此有力阐述之后数十年，包括费正清学生内的西方中国史学者，逐渐对此中国世界秩序模式中的欧洲中心论之偏见感到不安，且在将此模式套用在历史记录的经验性研究中遇到困难。例如，他们呈现清朝与其邻邦如朝鲜与越南在引渡或边界管制的问题上，是如何基于对等主权国家的模式来处理，以及清初与葡萄牙和荷兰之间的关系中，在中国方面“现实政治”（realpolitik）的动机是如何牵涉其内。[28]朝贡贸易模式未必是错的，但确实被过度放大，而历史学家则持续找出哪些的确是说得通的，哪些不是。

朝贡贸易体制运作的实况存在着太多的历史性变量，远超过“中国世界模式”所能解释。远在汉朝时期贸易就与朝贡相关联。但1000多年间，与朝贡相关的商业活动仅占帝国整体对外贸易非常小的一部分。然而，明朝开国者朱元璋试图要让由国家垄断的朝贡贸易成为中外贸易的唯一管道。虑及部分对外贸易在经济上的必要性，以及同时在政治上谨防这些外国与中国商人，朱元璋在14世纪70年代和80年代逐渐以更严格的海禁来提升朝贡贸易这条管道。在15

世纪初期，朝贡贸易实际上成为中国对外贸易最主要的途径。

136 但是朝贡贸易制度在满洲人征服中国的一个多世纪之前便已失去主导地位。除了证明其无法抑制所有走私之外，维持朝贡制度所需的花费亦成为国库日益沉重的负担。当葡萄牙人在16世纪初叶现身于东南沿海，朝廷起初企图将他们的商业往来纳入朝贡贸易的规制，但几十年内即证明无法办到。在整个16世纪，明代朝廷默许葡萄牙人占据广东南部的澳门半岛，建立一个私人贸易中心，并逐步开放福建的月港，让中国商人在官方监督下进行私人海洋贸易。只是这些举措仅可视为使繁盛的对外贸易仍合法地依循朝贡贸易体系的权宜性让步。

直到清朝才一举放弃朱元璋异想天开且非历史常态的贸易政策。在1683年对抗台湾的郑氏王朝取得决定性胜利的次年，康熙皇帝宣布结束海禁与迁界令。为了国家财政与人民生计的利益，他突然宣布开放所有沿岸港口进行私人海洋贸易（虽然须经允许并受监管），且为了征税建立海关网络。朝贡制度作为亚洲内部外交关系的组织性机制仍然有效，但康熙皇帝将其经济重要性降低到几近为零的程度。清廷鼓励合法享有朝贡状态的外邦减少通过贡使交换中国货物，而增加其他管道的贸易量。在1684年之后，相当大比例且不断成长的海上贸易，是与像葡萄牙及后来的英国这些未曾寻求朝贡关系的国家进行交易。在这段时间中国的私人海上贸易不仅繁荣，且合法而开放。[29]

一个可资比较的发展是清朝与其大陆贸易对象的陆路贸易。明代已然经营了与诸多蒙古部落及与西藏的朝贡关系，而清代在征服中国前就已经开始同样的工作，并延续这些关系。朝贡贸易随着使节到北京，而在明代，他们带来的这些羊、牛、马、骆驼、香料与织品等，
137 有其实质的经济重要性。在16世纪，明代又建立了诸多边境贸易市集，来处理与内亚社会超溢的贸易活动。不过在维持朝贡贸易为对外商业之主要管道的总体目标下，明代对这些市集做出的承诺反复无常，在发觉市集交易变得异常热络时，就将其关闭。

相反地，清朝在其第一个世纪便将内亚贸易与朝贡分开，让后者单纯成为臣属与外交的象征性表现。在海禁解除前一年的1683年，康熙下令让这些人数日益庞大、原本要到北京的朝贡贸易者转往边境贸易市集，在那里进行非仪式性的交易。两年之后，在他连续下达的数道谕令中（此后在1702与1713年又下达数道），第一道诏便严格限制内亚朝贡使节可携带到帝国首都的货品数量。这绝非是清代不重视内亚贸易，实际上从1689年开始，朝廷在宁夏建立一批新的边境市集，之后数年有更多市集，以此来鼓励（经过管制的）私人贸易。无论在陆上或海上，到了18世纪初期，虽然“朝贡制度”仍在，然而在积极推动的“私人对外贸易”之下，“朝贡贸易”已差不多快成为历史陈迹了。[30]

根据一项新近发现的日本档案，在1684年康熙谕令开放贸易后的40年间，远超过千艘的中国商船曾到访长崎，并定期往来长崎、中国沿海与东南亚港口的航线。[31]但这当然不是什么新鲜事。中国在整个东南亚的移民渊源至少可以追溯到唐朝。到了晚明，规模甚大的华人殖民地已在这整个区域萌芽生长，且持续迅速扩张至清初年间。欧洲在近代早期对东南亚的殖民亦是中国移民至此的积极动力。以共同方言及其在同乡人际网络结合的闽南人与广东人成功地在殖民经济中找到最佳的发展空间，作为海洋运输业者，或作为当地居民与其欧洲领主或当地皇室（如在暹罗）的中间人。[32]

到1639年时，约有33000名华人住在马尼拉。当年发生的种族暴动让华人减少一半以上，但随后人口很快地恢复。当荷兰人于 138
1619年正式建立巴达维亚时，当地已有华人社群存在。中国人开始在当地从事甘蔗种植与蔗糖出口，而荷兰当局通过中国商人领袖间接地管理这项产业。17世纪，华人社群建立庙宇、墓地、学校、医院以照顾居民的需求，并且组织了称为“公馆”（Kong Koan）之半官方的商务部。1740年针对华人的种族暴动夺走超过8000名华人性命，但到了19世纪此地已人口倍增。[33]

1717年，康熙皇帝对旅外的清朝子民可能参与颠覆活动产生了戒心。他特别关注那些有可能在其他国家或政权接受公职的华人，例如那些巴达维亚侨领。因此，康熙下诏严令商人及其家人居留海外的时间，逾时者则禁止归国，且命令当时留在南洋（东南亚）的华人三年内要返国，否则永不得回国。东南沿海的官员顾虑到海上贸易对这些区域的重要，以及体认长久旅居海外的需要，总是故意拖延这些法规的执行。1727年，他们说服雍正皇帝准许华人在海外停留两年，而在1742年乾隆皇帝又加了一年的宽限。到了1754年，朝廷让整个外国居留与返回的议题由各省自由裁决，此后在多数情况下这些法规形同虚设。[34]

在中国的外国人

欧洲人实际上在清初与清中叶就已经在中国出现，人数虽少但难以忽视。其中在17世纪最重要的是耶稣会教士。[35]1601年著名的意大利籍耶稣会教士利玛窦（Matteo Ricci,1552—1610）获准在北京建立固定的耶稣会士居所，并利用其西方天文学、数学、工程学等专长在明代朝廷中受到欢迎。利玛窦的中国古文造诣很高，其作品对晚明士人文化有重要的影响。如《交友论》（1595），收入西塞罗（Cicero）等西方名作，扩展了理学中人际关系的概念，而为晚明党
139 社运动提供了一项意识形态基础。[36]《天主实义》则以非常中国化的方式引介了基本的基督教教义，有助数个高级官员改宗。其中最有名的是上海出生的徐光启（1562—1633），一位农学家、改革派领导者，且在晚年成为大学士。

清初耶稣会的影响在宫廷与士大夫间都略有消退，但并未消失。对欧洲传教士来说，将西文经典翻译成满文拼音文字要比翻译成中文

简单，也因此有许多满文翻译出现。德国籍的汤若望（Johann Adam Schall von Bell,1592—1666[37]）、比利时籍的南怀仁（Ferdinand Verbiest,1623—1688）、葡萄牙籍的徐日升（Tomé Pereira）与那不勒斯籍的马国贤（Matteo Ripa）都曾为宫中的宠儿。顺治皇帝据说曾几乎要改信基督教，而抱持怀疑态度的康熙皇帝则深为耶稣会教士的科学所吸引，喜欢在公众前展现他在其中所学到的知识。才华横溢的耶稣会教士画家郎世宁从康熙到乾隆任内都在宫廷服务，并为这些皇帝画像。他也协助设计在北京圆明园内的西洋楼，一系列意大利巴洛克式的建筑、喷泉与迷宫。

然而问题很快就出现了。在1664年顺治皇帝驾崩之际，宫廷中反基督教的官员们由于忧心于耶稣会士带给顺治皇帝的显著影响，指控汤若望与其他受宠的同伙导致皇帝的死亡，因为身为钦天监监正，他挑选了凶日作为皇太子的葬期。次年，在这期间中风的汤若望被判凌迟处死。然而隔天的地震让朝廷相信是上天对此判决的不满，汤若望因而得到释放。但是多数在首都的基督教堂遭到关闭。接着在1720年左右，马国贤因为公开与数个他雇为助手的年轻男子过从甚密而受到鸡奸的指控。

清初困扰天主教教士最严重的问题也许是他们的派系内斗。包括马国贤在内，许多其他宗派仇视耶稣会，憎恶他们的优势。这样的敌意导致了所谓的“礼仪之争”。利玛窦与其耶稣会继承者看重儒家文化，并且希望尽可能地将之与基督信仰调和。例如早期对基督教文 140
本的翻译，他们用“上帝”“天”等常见的中国词汇来翻译基督教中的God。此外，也主张改宗者祭祀祖先与孔子是俗世仪式而非偶像崇拜，因此不须加以禁止。其他天主教教士则不以为然，而在18世纪初期一系列的教廷裁决后，他们说服教宗宣布耶稣会为“迁就主义”（accommodationism）之异端门派。基督教派长久以来努力争取中国精英分子的认同，但此事件重挫其地位。

到了康熙末年，皇帝渐渐对基督教在各地出现一事感到可疑，而数次勒令禁止传教活动。面对部分日益纷扰的白莲教与千禧佛教之骚乱，此两者与基督教同样具有末世观，且同样在非教徒圈外自成一个团体，雍正皇帝乃在18世纪20年代初将其合而为一，加强其父对外国教士在北京与广州之外地方传教的禁令。外国教士受到尊重对待，但被驱逐出境；基督教堂被挪用为地方公共用途，或改奉如天后等中国正统神明。这项政策与雍正皇帝“教化”地方宗教活动、建立为国家更能接受的地区仪式系统等整体政策一起进行。[38]

而乾隆皇帝在18世纪40年代到50年代间不时地进行反基督教的行动，亦有些许的成果。根据估计，中国境内天主教教徒从18世纪开始时的30万人，到18世纪末减少为20万人。其中有4万多人集中在四川东南部，基督教徒曾经发起一些运动，其中之一是在中国女性间形成称为“基督教贞女会”的抗婚组织。当四川与其他地方的天主教社群完全本地化之际，外国传教士持续横越帝国，偶尔地探访这些会众。例如方济各会（Franciscans）从澳门的据点，持续地派遣葡萄牙与意大利教士到四川、湖南、陕西、山东、直隶等地发展完善的地下传教网络。1784年乾隆皇帝忽然发现这个秘密网络，怀疑
141 此与近日镇压下来的陕甘回变有所关联，因此展开10个月的搜捕，逮捕了约19名外国传教士与许多中国传教士。[39]

虽然在清朝改宗的中国基督徒中，没有人像晚明时期的徐光启那样地位高且有影响力，但类似的人物并非未曾出现。其中之一是出身直隶的魏裔介（1616—1686），曾任都御史、最后官至大学士的他，将个人基督教信仰与公开倡导17世纪末宋学复兴相关联的儒家道德狂热做联结。另一位是满族王公，在湖广、福建与长江下游各地作为省级官员模范的德沛（1688—1752）。其活跃年代在雍正18世纪20年代禁教之后，他秘密地进行自己的宗教活动，并融入其对西方传教士科学的热衷。对帝国上层精英中那些不断追寻的心灵来说，这些外

国信仰确实极具选择性与独特的吸引力。

广州体系

对西方人来说，个人进出清帝国的大部分地区在18世纪早期因禁教而大幅受到限制，后因主导中西贸易的“广州体系”[40]施行后，更进一步缩减其活动。[41]在1685年，随着让帝国沿海大半区域的私人海上贸易合法化，康熙在主要海港设置了海关。每艘抵达的船只都得在海关登记，并在货物出售前支付关税。在广州的海关迅速成为最热络的通商单位之一。当时广州海关被欧洲人称为Hoppo，显然是误以其为北京“户部”底下的机关（虽然事实上一如其他海关，粤海关是直接隶属于内务府之下）。

专门经营对外贸易的中国商行在广州快速增加，到康熙晚期已超过40家。1725年，雍正皇帝成立了被外国人称为“公行”（Cohong），一个将中国商行纳入其中的“伞形组织”（umbrella organization），正式地负责监督管理贸易活动。与此同时，所有北京之外的基督教传教士活动被局限在广州，显然雍正皇帝考虑将中外商业往来也限制在广州，但受到福建等其他地方官员劝阻。这些官员认为对外贸易对于 142
其辖区的生计是不可或缺的。整体而言，国际贸易在没有重大事件发生下，持续稳定地增长。

广州体系是雍正的继任者，乾隆皇帝之三项不同决策下的结果。1757年，朝廷宣布广州此后为清帝国唯一对西方开放贸易的港口。其次，朝廷支持一种从1745年左右在广州地方当局开始的商人担保制度，每个前来贸易的西方商船均须一个中国商行担保与监督。最后，在1760年，朝廷颁布了一套详细的规则，规定一年之内外国“番人”能到访中国的时间、抵达后能居住的地方，以及能贸易的对象。外国人的妻子与子女被禁止随同前来中国，而来访的商人行动也受到严格限制。[42]

乾隆朝制定这些限制，部分是以法律认可无论如何已经发生的事情。西方贸易商们已经“用脚投票”，让广州成为主要的中西贸易港口。虽然沿海其他港口如浙江的宁波与福建的厦门从晚明以来也曾是热络的贸易地点，但在雍正之后，已经渐渐被西方人放弃作为停留的港口，因为广东的珠江水系更方便通抵内陆，加上其他种种原因，让广州可以保证更稳定地供应外国人所需要的货物（特别是茶）。在朝廷宣布商人担保制度之前，广州官员就已经开始实施了。这并不是代表地方或省级官员对海上贸易有敌意，正好相反：海关、府级甚至省级官员都与广州的中国商人结合，游说朝廷让广州提升为对西方海外贸易的中心城市。（与此相对的例子是，在杭州的浙江省级官员在地理位置上离宁波较远，故对此地的海外贸易亦有所疑虑。）广州的情况就是合理。

以后见之明来看，此时强制限制外国人行动的时机实非意外。广州体系开始的 1757—1760 年之间，正好与士大夫极力反对朝廷将西
144 北整合为新疆的时间相符。这些不同意见的表达或许引导乾隆思考关于帝国边界与对外关系的新道路。[43] 也许更重要的仍是正好在 18 世纪 50 年代末朝廷发现非法基督教传教士的新巢穴，另外浙江官员对传教士从宁波潜入的报告显然又火上加油，让乾隆担忧其帝国内又有一波新的异端散布。如今迈入 50 岁、统治约 25 年，其周遭几乎是前所未见的荣景，乾隆担心有所不测并非没有道理，有着狂野、不寻常念头的外邦人大量涌入，有可能会破坏他与其祖先光荣成就的基业。

虽然刚开始英国东印度公司与英国王室打算默认广州体系，经过短短几十年，他们开始对这些限制感到不耐烦。特别困扰的是，外国人在清朝国内被控有罪时，须以清代法律审判。此事在 1785 年之后变得更难以忍受，当时一艘英国商船“赫符斯”号（Lady Hughes）在鸣礼炮时误杀了两名中国低阶官员。在等候英方交出酿祸的炮手

图12　1860年的广州宝库街，费利克斯・彼图（Felix Beato）摄（美国皮博迪・埃塞克斯博物馆藏）

时，一名在事发现场的英国商务专员遭到逮捕。该名炮手在被交出之后被处绞刑。此外，英国人也认为最好在中国沿海能有个补给站，让他们可以储存货物与进行贸易。他们猜想如果清朝一开始表明顺从的话，或许可以用这个理由把澳门从葡萄牙人手中夺下来。福建沿岸的厦门岛因为接近最具吸引力的茶叶产区，也受到英人青睐。

抱持这些议题，1787 年英国皇室派出国会议员兼驻孟加拉国军需司令的加茨喀特（Charles Cathcart）中校领导之使节团朝觐乾隆皇帝。英王乔治三世写了封私人信件给乾隆皇帝，其中写道：

> 远邦诸国与贵国循良制以通有无，为民谋福，革弊创新，
> 兴业富民，此制实为陛下先祖所立，历陛下德政、创浩瀚中国
> 145 盛世。至上天恩赐诸地风土富饶，得福泽广被众生。

虽然此信满是经济自由主义的说辞（亚当·斯密的《国富论》在 1776 年出版而大受好评），但更重要的是，英国王室没有暗示其对手清廷未能实际理解其观点。此外，信中写道：“吾等深信，陛下的圣意长久以来认同此政策，鼓励两国子民以信誉及安全相符之公正平等原则来进行商品交易。”[44] 然而加茨喀特在海上死于肺结核，乔治三世的信终未能到达乾隆手上。

5 年之后，乔治三世与东印度公司再度尝试。这次的使节是非常能干的乔治·马戛尔尼（George-Macartney）子爵，同时身兼里撒努尔（Lissanoure）男爵、前驻俄国大使、爱尔兰布政司长、英属加勒比海与马德拉斯（Madras）的殖民地官员。考虑到加茨喀特那次的挫败，英国王室也指派乔治·斯当东（George Staunton）爵士作为副使，“为避免此次友好沟通中断的任何可能……如果因为（马戛尔尼）身故。”大使被指示要促使宁波、天津、舟山（浙江杭州湾口的海岛）等地开通直接贸易，让清廷在广州与舟山附近割让小岛作为贸易中继站，以及取得在首都北京建置一商用仓库的权利（此是英

人相信之前清朝给予俄国人的权利）。

英国内政大臣亨利·登达斯（Henry Dundas）则告诫马戛尔尼不要无礼地要求解决私人商业债务，且附加如下提醒：

> 你必须小心他们可能会向你要求一项约定，即如同欧洲法律已经禁止的一样，将鸦片贸易排除于中国领土之外。如果这个议题被提出来讨论，则必须以最谨慎的态度处理。毫无疑问在我们印度生产的鸦片实际上销往中国的不在少数，但如果必须提出确凿的正式命令，或是拟以商业协议的条文，要求我们 146
> 不能把这些药运往中国，你必须接受，而不要因为护卫我们的自由而冒失去实际利益的风险。在这种情况下，我们孟加拉国鸦片的贩售需要在一个开放的市场找寻机会，或者在东海海域中以分散迂回的管道寻求销售。[45]

乔治三世再次寄给乾隆一封私人信件。这一次在“大不列颠、法兰西、爱尔兰之王……信仰之守卫者”之外，另自称“海上霸主”（Sovereign of the Seas）。他以下列方式解释英国的殖民事业与文明任务：

> 未能仅满足于提升我朝子民在各方面的繁盛昌隆……我们掌握各种机会装备我们的船只，送出一些最有智能、饱学的人民，以探寻遥远、未知的区域。如此做并非为了征服，并非为了扩张如我朝所愿已足够宽广的疆土，不是为了获取财富，甚至不是为了帮助我朝子民的商业活动，而是以增进对我们所居世界的知识为名，遍寻天下各种物产，传递艺术与舒适的生活到那些至今鲜为人知的区域。因而我们送出装载对人类最有益之牲畜与蔬菜的船只，给那些匮乏已久的岛屿或地方。

在称赞中国之伟大与乾隆英名的客套话，及反复暗示英国的军事力量之后，乔治三世一如他在托付加茨喀特送出的信中提到国际贸易对中、英两国的益处。信尾以“愿全能上帝赐你福佑！”作结。[46]

在回复乔治三世的信中，乾隆花了一些篇幅说明中国若默认英国的请求，其他西方贸易伙伴亦会如潮水般涌来提出类似请求。乾隆指出："况西洋诸国甚多，非止尔一国。"接着又说："天朝物产丰隆，
147 毋须外求。特以茶、瓷、丝等，为尔国与欧西各国所重。为惠尔等，朕已令广州开诸货公仓。"[47] 谈到令他困扰，而英国人无法理解的议题，他这么说：

> 长久以来，尔等从奉尔之真教。而我中华远古至今，先王制定法度，流传后世，天朝四隅千百年来同为恪守，无违背古教之理。……今尔来使欲请推行尔英人之教，此朕必不能从。[48]

在1793年8月21日到10月7日间，先是在北京，随后在长城之外的承德（热河）避暑山庄，接着又在北京，乾隆与马戛尔尼仿佛表演着你来我往的"双人舞"。皇帝尝试以其40年前左右钦定编纂之《大清通礼》中记载的"宾礼"来安排他们的会面，而强迫马戛尔尼象征性地接受其统治天下的地位。马戛尔尼则试图定位自己，以取得承认自己是能与乾隆平起平坐的"海上霸主"之特使。马戛尔尼呈上钟与其他西方精巧技术的产品，欲以其科学能力让天子敬畏。由于已拥有数十年前耶稣会士呈上过同样或更高明的器械，乾隆皇帝有明显的理由对此无动于衷。

而最著名的是马戛尔尼烦恼是否应该行"叩头"之礼。此礼须鞠躬，以头触地，是任何人在觐见皇帝时例行的礼节。当马戛尔尼毫无所获而打道回府时，官方对外宣称是因为他坚守原则、违抗让他屈身伏地、有辱国王与国家的无理要求，因此导致任务失败。"叩头"
148 （kowtow）这个词几乎立刻成为一个英文单词，一个呈现中国人可悲的象征：与西方的理性和讲求实际相对，是固执地依靠古老仪式；与西方平等、人性尊严、人民主权等相比，是对专制权威卑微的遵从。如此正好为西方人计谋中的雄心大略图一个方便的比喻。[49]

第6章

危 机

在彭慕兰（Kenneth Pomeranz）于2000年所著、广为引用而 149
备受争议的书中，他认为在18世纪清朝的“繁荣时期”，平均生活水平可能比西欧还高。像是糖如此诱人但非必需的商品，清朝人民的平均消费量大于欧洲。然而,这随着约在18—19世纪更迭之际的“大分流”（great divergence）而改变，至少约两个世纪后，西方把中国远远抛在后头。值得注意的是，彭慕兰把这个分流的主因归于西方所发生的事，而不是清帝国并未发生的事。他主张，西方促成工业革命的特殊之处，不是过去“进步”的累积，也非一个具有创新精神的心态，而是一连串特定的历史“偶然”（contingencies），这其中最重要的，就是欧洲借由利用非洲的奴隶去开发新大陆。[1]

整体而言，彭慕兰的论证赞同新清史在过去1/4个世纪以来，已较正面地看待帝国的成就及能力、反对传统的“失败论述”（narrative of failure），并将这个欧亚大陆东半部的近代早期历史经验，视为该大陆西缘的反照，而非提供相反的例子。然而，不可否认的是，在18—19世纪之交，清帝国自身的衰败已变得明显（清朝的统治者与
人民自己也惊觉地注意到这些发展），这使得19世纪的分流，不只 150

是相对落后于欧洲的问题，也包括了内在的、完全的失能问题。

换句话说，世纪之交的清帝国危机，是三个同时发生的困境所造成的“完美风暴”：西方扩张的外来冲击、由长期社会经济问题累积而成的长期危机，以及与我们熟悉的朝代循环模式相关的严重政府失能。我们会暂时搁置第一点而关注第二和第三点，这两者发生得较早，且在当时人眼中更为严重。[2]

长期变迁

19 世纪清朝所面临日积月累的最基本变迁是人口增长。保守估计 1400 年的中国大约有 1 亿人口。在清朝于 1680 年前后稳定局势，与随之而来的“中国和平时期”（pax sinica）之际，借由新大陆农作物的散布、农业技术的进步、疆域的开拓，以及新耕地的开垦等因素，人口在后来的两个世纪增加 3 倍，达到 4.5 亿人。增加最多的不是在城市或像江南这种原本人口密集的地区，而是在相对新开发的偏远地区，在这些周边地区，大家族的农业劳动力更具生产力。[3]

但是，在清朝的前一个半世纪中大量增加的新耕地逐渐用尽了。在 1753—1812 年之间，人均耕地面积急剧减少了 43%，导致每人耕地少于 8 亩。[4] 在 19 世纪以前的帝国时期历史中，每单位土地人口密度的增加大多会提升而非降低粮食产量，因为相对短缺的总是劳力而非土地。有更多的劳力可促成更密集的耕作、扩大与维护灌溉系统，以及随着人类排泄物的增加而增益的肥料。然而，大约到了 19 世纪，成本效益的比例逆转了，人口相对于耕地成长得更多，造成了一般生活水平的下降。[5] 一个重要的指标可能是 19 世纪单身人口的增加，他们虽肩负重大的文化责任而必须结婚及传宗接代，却有越来越高比
151 例的男性无法成功娶妻并独立成家。[6]

在之前的几个世纪中，商业、手工业、矿业，特别是运输业所新

增的工作机会，吸收了这些剩余的劳动力。但在19世纪早期，帝国的多数地方正值商业紧缩。英国原本在广东输出了大量的制造品，尤其是棉布（南京棉布），然经历19世纪，可购买和出口的量减少到前所未有的程度——这显示此行业萎缩了。[7]这种衰退有好几个原因，但其中之一是国家越来越过时的产业政策。

例如，清政府在铜矿政策方面，要求每个矿场以固定价格由政府收购其生产的特定比例的铜，用于铸造货币，然后允许额外的生产可以在市场上依市价出售。但在18世纪晚期到19世纪初期，由于铜价大幅提高，开采较难达到的矿源导致成本增加，即使地方官请求，政府仍未能提高铸币用铜的收购价格。许多矿场关闭是因为日益减少的利润，而非铜矿矿藏的枯竭。[8]换句话说，不仅清政府未能促进或助长新的产业发展，其过时的政策反而打击了既有的产业。

人口问题的一个自然结果可称之为“人才过剩”，许多现今发展中国家熟悉的一个困境，其中教育系统产生人才的速度，大于经济或政治系统所能提供的称意职缺。这是盛世中的真正危机。因为18世纪期间的长期和平、舒适的生活水平，以及扩展的教育系统，受教育的，甚至是受古典教育的人数增长快过整体人口的增长。一个不完美的指标，是下层功名拥有者的数量，从1400年约4万人，到1700年约60万人，再到一个世纪后超过100万人。该指标并不完美，因为国家授予科举功名有固定的员额，而在18世纪的后半叶，朝廷谨 152
慎地努力减缓科举的增额状况。但在一个长期盛世中，国家的这种做法无法减缓想以“学习”获取功名的学生人数之增长，因此这实际上只是使问题更严重。

古典教育的明确目标，是为国家官僚体系生产一群有才能的官员，而它也的确成功达成此目的。一生勤勉学习所预期的回报，应该是良好收入的官位以及相应的社会地位，然而这由于清朝的“仁政”的意识形态，而被严格地限制。由于害怕因扩张国家公职增加税率而产生的民变，朝廷把税率以及要靠税赋来负担的工作人数维持在很低，也就是说，领有薪饷的官位数量远远落后于整体人口增长以及具法定资格、取得功名的人数。在 1800 年时，帝国中大约只有约 2 万个官位，而人才库则有超过 140 万名秀才、进士们，也就是说大约每 70 个取得功名者只对应 1 个官位。

该问题因为国家实行以金钱或其他资源对国家建设之贡献来换取功名，甚至是官位的制度更加严重。一方面，功名和地位的贩卖满足了某些在清代社会中最有才能的人向上层社会晋升的需求，这些通常都是家族事业在商业经济中赚钱发达的人们。所以此制度颇受欢迎。另一方面，那些耗煞苦心勉力考取功名的人，到头来却发现争夺名额有限的功名利禄之激烈竞争令人难堪受挫。在一个令人注目但不具代表性的例子中，一个名叫洪秀全的失意考生，组织后来被称之为“太平天国”的起义。但更普遍的是，在地方层级上取得低阶功名者以及其他读书人转向非官方士绅的受雇工作，尤其是成为类似讼棍，他们在日益紧绷的社会经济中，挑起在土地、水源、女人以及其他匮乏资源之间的紧张关系。

在国家的层级，从成功取得高等科举名衔到实际就任官职这段时间的延迟，引发了不满的情绪，尤其那些在殿试表现顶尖的年轻学者，他们被安排到翰林院，一个被称为“一时之选”的光荣候补区。翰林
153 传统上是反对派的核心所在，那些人尚未获得实际职权，但本能地自认在道德和学识上胜过当朝为官者。当 19 世纪前半，随着在官途与政治的受挫与日俱增，其优越感只有更为强烈。

缺少有报酬的工作，使这些有才智的年轻人发展出引人注目而具批叛性的政治风格，并有在正式官方管道之外成立小团体的倾向。他们把活动集中于“掩护”团体，像是在北京宣南门外琉璃厂召集的“诗社”，以及供奉（这时几乎神祇化的）清代早期政治批评家顾炎武的“祠堂”。这些愤愤不平而有组织的知识分子们不断地批评，促

使清政府支持武力威吓，而造成灾难性的第一次英中战争。[9]

循环衰落

除了长期人口压力和失业的担忧之外，还有与朝代衰落相关且众所周知的问题，就是皇帝意志力和监督的失败、官僚的道德及进取心的丧失，以及腐败和乱政。嘉庆皇帝（1796—1820 年在位）和继承者道光皇帝（1820—1850 年在位）并非不负责任或缺乏能力，而是两人于关键时刻都不够果断，在面对严重危机时表现得手足无措。[10]

嘉庆所面对的行政恶化之典型，就是和珅（1750—1799）。和珅是没有显赫家世的旗人，20 多岁时为低微的宫殿侍卫。1775 年，被年老的乾隆皇帝所注意。据说和珅长得很像乾隆年轻时喜欢但追求不到的一个宫女。在两年之内，受其蛊惑的皇帝赐封他大约 20 个官职，其中包括军机大臣及户部和吏部侍郎。他聪明、有野心，且贪婪无比，也许中国史上没有一个人物能像他那样一致地被史家抨击。和珅彻底地把皇帝对他的宠幸转化为财产。直至死前，和珅个人资产据说有 8 亿两白银之多，超过他 20 年当政期间国家税收的一半。

和珅通过一套个人对皇帝的掌握及由此保障的精细支持网络，在 154
清政府各层级精心安排有系统地贪污。实际上要所有官员的任命通过，都得先向和珅的党羽们“进献”，甚至一些明显必要的官方工作，也得要私下向这个指挥系统的上层送礼，才能获得批准。毫不意外地，能确实完成的政府重要工作越来越少。1795 年，35 岁的嘉庆自父亲退位而即位以来，就清楚和珅所代表的严重弊病，但直到乾隆退位四年后驾崩，才得以斩除此祸害。实际上，在这几年间，贪腐的情况甚至蔓延至政府高层。于是在 1799 年乾隆驾崩之际，嘉庆随即逮捕和珅及其最亲近的党羽，最后命其自尽。

依照皇帝登基的惯例，新皇帝要广开“言路”一段时间，以倾听各方批评以及应如何治理国家的建议。尤其，在这个例子中，关于如何将和珅时期之种种弊端改正过来。就像毛泽东在他 20 世纪 50 年代中期“百花齐放”的时候，嘉庆所听到的超过他所冀望或想象。很快地所有事情明朗，整个官僚系统深受和珅的图谋而腐败不堪到无法弥补。嘉庆面临了进退两难的局面：是该彻底整顿肃清，还是勉强接受事实，只惩治一些代表性的高官作为代罪羔羊，而将一般官员训斥后轻放。他选择了后者。历史学者们多倾向认为，缺乏胆量去肃贪腐败的官僚体制是嘉庆的原罪，也预定了王朝的中衰。然而为使日常行政起码持续运作，他恐怕是别无选择。

无论全面改革是否真正可能，嘉庆的软弱激起了京师士人群起反对。其中以德高望重的翰林院编修洪亮吉（1746—1809）为首，他也因为对帝国人口增长的惊人分析，后来被历史学家称作“中国的马尔萨斯（Malthus）”。虽其位阶不够资格上奏，他仍私下写了一篇文章强烈批评皇帝缺乏胆量去肃清贪渎之过错。后来他在 1799 年秋天，
155 把此文寄给另一位京官。之后，以改革派士人运作的恐吓式政治手法，洪亮吉将此信在北京广为流传。其信内容部分如下：

> 吏治一日不肃，则民一日不聊生；民一日不聊生，而欲天下之臻于至治不可得。……则督、抚、藩、臬其标准矣。十余年来，督、抚、藩、臬之贪欺害政，比比皆是。
>
> 幸而皇上亲政以来，（一些罪犯已受处罚），此外……官大省、据方面者如故也，出巡则有站规、有门包，常时则有节礼、生日礼，按年则又有帮费。……无不取之于州县，州县则无不取之于民。……
>
> 亮吉以为今日皇上当法宪皇帝之严明，使吏治肃而民乐生；然后法仁皇帝之宽仁，以转移风俗……
>
> 亮吉顿首顿首，死罪死罪。[11]

被激怒的嘉庆逮捕了洪并判处死刑，但在此他面临另一个两难之局。他虽然知道洪在原则上是正确的，所做之事却罪不可赦。最后嘉

庆免去了他的死刑，改为流放到西北。实际上，皇帝默认了洪的批评是事实。洪亮吉成为京城年青一代反对派士人的英雄及模范。[12]

内部叛乱

几十年下来腐败及乱政的实质影响越来越明显和严重，尤其在1796—1804 年中国北部的白莲教起事。该乱事源于湖北东北[13]和陕 156
西东南的汉水上游高地。这个地区大部分是在清朝年间，经由一个非常复杂的经营系统开垦纳为耕地：该系统中，一个“山区地主”通过某种政治关系获得大片丘陵土地的所有权，再将部分的土地分给开发者。开发者再转而招募移民家庭，来进行家庭规模的土地耕作开垦，而这批移民又常常招募更晚来的人去进行实际的耕作。最后，在每块地上出现了多层级的所有权，所有较早进驻的以及较大规模的所有权人，都握有收取租金之权利。

只要土地生产力足以应付人口需求，此系统就得以运作。但经历了 18 世纪末叶，当东北[14]的人口密度持续增加，许多农田的生产力因为表土的枯竭，以及无植被丘陵地的侵蚀而下降。这个经济压力加剧了既有的社会紧张关系，其中包括多层的地主与佃农、较早的原住民与新移民、高地与平地低地农耕群体之间。而点燃这个不稳定混合体的火花则是宗教意识。[15]

部分白莲教之乱的近因，是身处于和珅领导之官僚勒索勾当之下的官员，加诸地方人民身上的剥削式税收。而起初镇压叛乱的失败，也大部分归咎于清统治者的腐败，尤其是和珅的弟弟和琳。军队的当权者并不平息叛乱，反而故意让战事延长，以便从用于招募地方民兵的经费中牟利。在 19 世纪初，所谓之叛乱的最后几年，大部分真正的教团已被解散，而同样受清政府资助的民兵组织仍持续对战着。嘉庆皇帝知道这种情形，因而在两个场合公开宣布了胜利，以试图平息这种敌对状态，但他又花了近 5 年才控制住自己的反叛军队。[16]

白莲教之乱是一个多重的灾难，清朝自此之后再也没有完全恢复。教众们虽被控制住，但教派并未被消灭。在 1813 年，一个称为“八卦教”的分支闯入紫禁城，威胁要刺杀嘉庆皇帝本人（这事件促
157 使士人的宣南诗社成立）。[17] 更令人注目的，是对于政府财政的影响。户部库房中累积的储蓄在 18 世纪 70 年代晚期可能曾高达 8000 万两，在乾隆时代结束时仍约有 6000 万两。但镇压叛乱的花费用尽这些积蓄后还不足够，最后估计共花了 1.2 亿两。[18] 这在清朝统治的最后 100 年中，对其各层级的行政能力造成破坏性和持久性的影响。

经济萧条

到了 19 世纪 20 年代，帝国的货币问题已到了危机时刻。虽然 1000 文铜钱（一吊钱）值一两银子，但晚明的惨痛经验让清朝相信，由政府强制执行 1000∶1 或其他任何兑换比率，是会适得其反的。因此，退而求其次把目标放在维持各时期和地区货币市场的平稳。唯此种努力成效有限。在 17 世纪晚期银相对缺乏的时候，常有超过 1000∶1 的兑换比率，但在 18 世纪早期，铜币变得越来越值钱，700∶1 或 800∶1 的比率成为常态。这在 18 世纪 80 年代晚期又再度变化，之后一般的状况又变成 1000∶1。银的价格在 19 世纪高涨，因此例如在山西省，兑换比率从 1758 年的 730∶1，到 1846 年的 1800∶1。

这个趋势是由于银的缺乏，以及帝国与外国间的贸易差额转变所造成。当时人把这个主要归因于清朝无法用出口国内商品，抵销快速增加的外国鸦片进口，而现代的学者也大多同意此说法。不过在 19 世纪，全世界银的供应量都紧缺，其部分原因是拉丁美洲革命期间的短期减产。在清朝方面，西方对于中国产品如丝、棉布的短期需求降

低可能也是一个原因。从16—18世纪，拥有繁荣银本位商业经济的中国，曾是世界最大的银输入者，即使在19世纪的最初10年，仍然有着约2800万银元的净流入。然而，就在此时，银供应流动突然 158
地反转。在1808—1856年间，从中国外流的白银，大约是3.84亿元，平均每年800万。在最严重的19世纪40—50年代，每年的平均外流量超过1700万元。[19]

货币系统的混乱，又因投资者的囤积而加剧，成为所谓“道光萧条”（Daoguang-era depression）的主因之一。因为一场信用危机造成了许多钱庄票号崩溃，而增加的成本和紧缩的价格导致制造业的生产下降，进一步使雇佣减少、失业增加。付给农村生产者的价钱也减少了，农民感受到我们熟知的，在减少的收入和增长的基本开销之间的“剪刀差”（pricescissor）。由于用来支付的铜钱贬值，使得小地主的赋税负担变重，许多人因此失去了田地。贫富差距扩大，进而引发了一波抗税抗租的运动，以及其他形式的社会动乱。

清政府受税收减少之害，严重到每年用来应付收支不平衡的银子，大约相当于每年田赋量的1/4。基础建设因高修缮费用而失修，重灾区的急难救助进度也受延宕。各级政府官员的实际收入和士气尽皆下滑，而由贪污填补此空白。防御工事经费耗尽，在最需要因应新近的内乱外患之际，使军事效能低落。这个萧条也在太平天国起义爆发之时扮演了一个重要角色。似乎不论在国内及国外普遍的看法都认为，19世纪40年代的经济萧条使清帝国已接近瓦解程度。

改革思想与经世之学复兴

皇帝深深担心所面临的危机。嘉庆和道光年间，不时有由中央而起的改革动作。他们广开言路以征集对特定问题的建议并随之试图解决，但总是做得不够多。较强烈的改革声音，是来自行政体系之外，尤其来自私人的儒学书院。

159 由于警觉地方书院有成为党争温床之危险，清初在朝代交替后关闭了许多地方书院，并让其他书院变得守旧保守。但在18世纪20及30年代，雍正皇帝及其许多积极的省级官员，积极地建立新的书院，并恢复或扩张旧的书院，这些书院大多设在省城，作为指导皇帝精心设计的地方学校系统之半官方中心。这些书院主要并非意图作为独立学习的中心（虽然有些朝这个方向发展），而是为该省最有前途的青年们提供高级的科举课程训练。

在19世纪早期，新一波书院的建立和重建，则转向更为自主、具地方性的方向。一个例子是19世纪20年代由两广总督阮元（1764—1849）于广州建立的“学海堂书院”，该学堂的经费由该地繁盛的海上贸易所支应。作为有经验的省级官员和优秀的经学家，阮元把家乡扬州以及长江下游地区流行的考据学研究，引进到遥远的东南地区。在此过程中，将这个学术化外之地，变成帝国版图中的主要文化中心。[20] 颂扬广东地方历史成为学海堂书院的重点。虽然古典考据有其活跃的自由思考方式，但不必然参与政治，而在此时，其激进的光辉岁月已然逝去。

另一种以较传统的包装，内藏着新种子的新学问，主导着湖南湘江流域的书院，尤其是省城长沙郊外的岳麓书院。在古典考据及汉学中，形塑宋代理学的四书（《论语》《孟子》《大学》《中庸》）不被重视，而偏好更值得敬重的五经（《易经》《尚书》《诗经》《礼记》《春秋》），在清中期的考据和汉学高峰中，湖南的学者满怀着该省自觉为“中心”的想法，始终坚持着宋学的道德修养、社区团结及社会阶级。但岳麓书院的学者尤其日益将他们坚定的保守道德观，与竭力研究军
160 事、政治经济、水利工程和务实管理等方面之先进技术相结合，他们称此为“经世”，其字面上的意思是“治理世界”。

湖南出身的官员严如熤，曾于白莲教乱期间在西北任职，被称为

平定叛乱的重要战略家，他也是出自岳麓书院，后来也回乡启发下一代的学生。其中包括改革派领袖陶澍、贺长龄、魏源，以及更年轻积极的学者，他们最终在19世纪中叶打败太平天国并主导帝国的官场。一如严如熤，唐鉴回到母校任教，在19世纪30—40年代间他以严格的人生哲学教导了曾国藩、胡林翼等人，这种结合苦行之道的哲学，意识并克服个人缺陷，伴随着亟欲匡时救世的强烈使命感。这些从岳麓系统出身、以救世为己任的毕业生们到华中偏远地区任职后，在当地繁衍出大量类似的书院。[21]

有三个人是19世纪初改革派思想家中最杰出且极具远见者。他们三人在朝为官的时间都不长，主要是作为民间学者或在改革派地方官员日益扩大的幕府中作为幕宾。其中最年长的是来自安徽的包世臣（1775—1855）。他是低阶军官之子，曾在白莲教乱期间任职于四川，以及在上海沿岸与海盗作战时，凭借其战略及后勤的专长赢得天才之名声，后来成为公认的农业及防洪专家。包提出了全面性的制度改革：裁撤军机处及地方督抚以促进行政效率、引进组织系统的方式，让朝廷征询广大士人的意见、依农民的农业技术授予下层士绅功名，以及值得注意的强化古代保甲制度，作为在农村社会中经济再分配以及济贫的工具。[22]

龚自珍（1792—1841）出身于杭州，但一生多半待在北京，其在当地因诗及浪漫的私情而在全国声名大噪。作为一个今文经学派的支持者，龚把《春秋》的批注当作持续改革的宣言，以便能跟得上历史变化的现实。相对于同时代的人，他对于王朝衰落的问题更加悲观，
他主张有计划地重用年轻学者以汰换年长的官员，并提倡彻底更新所 161
有的政府行政程序。他非常看重礼，但认为礼应与时俱进。特别是他想要废除鞠躬以及其他臣子对皇帝，或平民向地方士绅表达个人顺从的礼节。

龚自珍比其他人更进一步发展出一套财产理论，例如反对传统实

行的分产继承，因为那使得努力工作而累积致富的人贫穷了。在早期著作中，他指责农业商品化以及农村货币化，一度建议将种植经济作物的人杀头。但逐渐地他强烈支持这两个想法，并认为其有助于国家经济的繁荣。据说龚在晚年勤勉阅读西方译著，虽然我们无法得知他读了哪些书。

魏源出身湖南，是岳麓书院的校友，也是北京宣南诗社的短暂成员。三位改革派思想家中，魏源最受到西方历史学家的注目。其重要性首先确立于1844年的著作《海国图志》，该书是当时中国最全面的欧洲研究，也是对清帝国提出西方势力与日俱增之危机的严厉警告。[23]这部作品固然重要，但仅是魏源毕生学问以及改革计划的一小部分。例如，为响应内亚地区兴起的反抗运动，魏源撰写了过去帝国征服此地区的历史，以告诫当今的皇上勿辜负祖先的努力，并详细说明应如何达成任务。

也许最重要的，是魏源在同为出身岳麓书院、当时担任江苏布政使贺长龄的底下从事幕僚工作的期间，主编的《皇朝经世文编》（1826）。这部多达120卷依主题编排的巨著，几乎涵括了社会组织及政府政策的各个层面，成为其后几十年经世改革者的“圣经”，并在帝国存续期间，产生了许多续编。虽然在大部分的主题中，魏源呈现了支持各种政策意见的作者，但在收录的几千篇文章之中，最具重
162 量性的代表作者是顾炎武，魏源及其支持改革的同伴们非常尊敬顾炎武，包括他对于中央集权官僚的批评、对于“地方精英行动主义”的支持，以及他精明而博学的政策分析。

改革方案及政策

除了固定的行政及军事单位之外，清朝有三个特殊功能的官僚机构，分别监管河工、漕运、盐政，总称作“三大政”。这几个专门机

构都受到和珅在朝主政时腐败乱政的严重危害，尤其后二者，也是这些道光时期的改革者一旦在位时所特别关注的。

帝国的盐政被分为若干个大区，其中最繁忙的是两淮。该地以扬州为总部，分销地区及于湖北、湖南、江西、安徽等长江中游省份。盐从江苏沿岸的产区到各地区消费者的批发运送，由约 200 个拥有世袭特许证的人掌握，这些人的地位大约介于官员和商人之间。拥有这类专卖经销权的人们，每年每人会被分派多达 12000 引（1 引有 8 袋盐，1 袋约相当于 100 磅）的盐，而且大部分情形下，每个人会被授予在特定区域的专卖权。到了 19 世纪初，这个制度陷入严重混乱。专卖经营者无法履行销售的义务，而把大幅增加的成本转嫁到消费者身上，将这种必需品的价格哄抬使许多人难以负担。盐的黑市就此盛行以满足一般人的需求，当私盐在盐消费地区的供给多过官盐时，官方的盐专卖收入就迅速地减少。

1832 年，出身岳麓书院的两淮盐政官员陶澍，决然地废除了实行两个世纪之久的专卖制度，将官盐的销售开放给信誉良好的商人，
只要能买一张盐票就授予一次运送少量的盐（约 10 引）到该区域任 163
何能零售的市场。陶澍的目的在于打击私盐、改善消费者服务，并重振政府税收，而这三个目标他都顺利达成。这种私人化过程将盐的贸易从授予特许专卖的官商，转为各种资本规模的私人投资者和中介商。盐票则在公开市场上广为流通买卖。[24]

漕运的问题更为严重。虽然从晚明到清中期，一般田赋逐渐用银来支付，但朝廷仍觉有必要以谷物发放文武百官的薪饷，其中大多数位于京师及北部的边疆前线。为了这个目的，每年两次向盈余最多米粮的地主征收附加的漕粮，其中大多位于长江流域一带。要将大量的粮食运送到河道再经由大运河北送，需要大量的船夫以及沿途设置的官员。到了 19 世纪初，这个“任务编组”已经形成一套既得利益者的复杂体系，其中包括私人中介，以及沿路线上期待获得好差事的地

方官员，他们索取报酬以换取漕粮通过其管辖区域。这时船夫本身也组织成称为“罗教”的半宗教共同性利益团体，是具黑帮性质之青帮的前身。

在和珅的时期，因疏于定期疏浚黄河，加剧了大运河淤塞的长期问题，大运河在黄河的出海口上游不远处注入黄河。在嘉庆和道光早期，淤积日益阻碍运河的漕运路线，实际上运到北京地区的粮食越来越少，而即使运抵也耗费更多时间和庞大的成本。1824 年的漕运是前所未有的灾难，运抵的粮食仅仅约预期的 1/4。其余未运达的部分还在搁浅的船上，不是被地方人民洗劫就是被弃置而腐坏。道光皇帝开了言路，广征如何拯救漕运的意见，许多响应的意见指出，帝国现在有能力把长江流域的粮食经由沿海往北送，途经上海到天津及其他北方港口，而不再依赖内陆的大运河。

这个替代方案在 1826 年由陶澍和贺长龄监督实际执行，其根据
164 的计划由包世臣以及他们的岳麓书院校友魏源所草拟。类似陶之后对两淮盐政的改革，这个计划牵涉到征召私人商船来完成国家的工作，实际上代表帝国经济中重要领域的私有化。1826 年的实验大致上获得成功的评价。然而，最后朝廷害怕激怒内陆路线上根深蒂固的既得利益者，以及危害到已经难以控制的漕运船工之生计，而此恐惧更胜过了对于粮食供给的关注，因此在这一次改变之后，漕运又回到旧的运输制度。但 1840 年以后，因为每年几乎没有漕粮抵达京师，内陆路线就永远地被废弃了，而所谓的海路成为漕运的一般管道。有千年历史的大运河终被宣判淘汰。[25]

另一个改革者关注的是关于帝国的货币系统。在广东购买国外鸦片所造成的白银外流，引起“道光萧条”。早在 1819 年，翰林院侍讲学士蔡之定曾上奏提到，可能的解决方式是由朝廷引进不由硬币担保的纸币；其因为大胆行径而丢了官。然而，在经济恶化的 19 世纪 30 年代晚期，另一位名不见经传的学者王鎏发表了专论，主张纸币

不只将能解决货币短缺问题并让帝国脱离萧条，而且能让清帝国（他称之为“中国”）建立前所未有的国家货币主权。王主张墨西哥银元广泛流通于国内经济中，是对于中国既有“利权”的重大侵犯，而私人发行银票形式之纸币在当下的流通，代表民间商人已僭越应归属国家管辖的货币发行权。王的计划获得广泛讨论，像包世臣这样的著名改革家公开支持他自己修改后的版本，其他如强烈倾向私有化的魏源，则指责其过度强调政府控制。然而这些方案，至少在道光年间并未实行。[26]

但是改革人士们最为关注的是鸦片问题。王鎏主张引进国家发行的纸币，部分原因是让外国人在卖鸦片时接受在国外用不上的中国纸钞,能“自动地”阻止他们进口这种有害的麻药。在皇帝的支持之下， 165
道光年间接二连三上呈的奏折中，提供了对于所见危机的各种解决方式。有人支持麻药合法化并课税,这是1836年朝廷官员许乃济的立场，他之前是广州学海堂书院的忠实拥护者，似乎代表了资助书院的广东商业精英们的看法，他们系依靠鸦片贸易来营生。另一个强硬的立场则要求严格执行雍正以来明文规定的鸦片禁令，处罚国内的贩卖者及吸食者，并要用尽一切方式来限制国外的进口。其中以 1838 年担任湖广总督的林则徐提倡最力，林原籍福建，前翰林院庶吉士，北京宣南诗社成员，魏源及改革派人士之友。虽然事件以灾难收场，至少刚开始，道光选择了强硬政策。

西方的冲击

在欧洲国家中，英国相对而言较晚抵达中国。英国进驻东亚的推动力是英属东印度公司，其在 1600 年获得女王发给特许证，获得对清帝国贸易专卖权。该公司是当时欧洲主要经济逻辑“重商主义”的产物。重商主义首先主张对外贸易主要以国家的利益为前提下进行，其次认为要衡量其效用是要看是否能取得有利的贸易平衡，也就是流入的钱币多于流出的。东印度公司于17世纪的大部分活动都集中于南亚，在17世纪80年代抵达中国南方沿海之际，刚好与康熙解除海禁、鼓励海上贸易同时。虽然该公司在中国的活动于18世纪60年代被广州体制所限制，但在当时并未造成多少摩擦。

英国与清的贸易快速增长，虽然并未使中国的亚洲内部贸易失色，但成为帝国与西方商业关系中重要的一环。[27] 如同清朝的其他西方贸易伙伴，英国一开始购买奢侈品，包括丝、瓷器、香料、药草，
166 尤其是茶叶，很快地从奢侈品转为基本用品。中国茶像野火一般在英国国内市场流行起来，从一个不为人知的饮料，发展为占19世纪英国家庭年平均收入5%的支出。东印度公司从中国进口的茶叶以倍数成长，从17世纪晚期约每年200磅，到几十年后约40万磅，再到19世纪初期的2800万磅。对于崇尚重商主义的英国来说，问题就在于如何支付这些茶叶。

第一个重要的交换物品是棉。约在18世纪中期，东印度公司实际上展开对印度的军事占领行动，此计划相当花钱，因而需要向英国王室借款几百万英镑，该公司设想以进行大三角贸易带来的利润来偿付这笔债务。公司在印度种的棉花运送到清帝国，满足了帝国激增的纺织手工业。在广东以棉花换得茶再送到伦敦，而卖茶的获利再以薪水、生活物资及英国制造产品等形式送给印度的公司殖民者。这个计划似乎在一开始运作得非常顺利，但到了该世纪末，清朝对于印度棉的需求下降（由于中国棉的取代以及清内部经济的衰退）迫使英国要想出另一个商品卖到中国以换取茶叶。

一个可能性是新世界的白银，那是长期以来清朝经济展现出有庞大需求的物品。第二种三角贸易出现了，英国商人再由伦敦输出中国的茶，并连同英国的制造品送到英国的北美殖民地，在那里获得美洲的白银，然后去广东交换茶。这个积极做法的障碍，是英国殖民地的

革命倾向;别忘了被倾倒在波士顿港的正是中国茶叶。加上19世纪初，白银产地拉丁美洲的独立运动更进一步中断了英国这部分日益增长的中国贸易。英国人急切需要替代品，因而转向了印度鸦片。

鸦片最早在唐代由阿拉伯人传入中国，但中国人传统上除了医疗
用途之外，并没有种植或使用它。[28] 被用作娱乐性毒品使用的鸦片
在清帝国流行，很类似茶在英国盛行的情形。在东印度公司南亚的农 167
场所种植的鸦片，很快取代棉花成为公司主要输往中国的产品。大部分情况，公司避开了以自己的管道运送鸦片的难堪，与英国和美国的私人船运商签约，以“国家贸易”之名进行。经过18世纪晚期及19世纪早期，自广州输入的鸦片数量增加了10倍。英国人知道此贸易并不道德。传教士经常谴责此事，著名的英国商人、苏格兰长老会的亚历山大·马地臣（Alexander Matheson）因此从参与创建的“怡和洋行”（Jardine Matheson）辞职，而不愿继续在中国推广毒品。到了道光初年，多达1/6的英国王室税收来自中国贸易，若无关键商品鸦片的贩卖,此贸易早已崩毁。这对于王国政府来说似乎别无选择，只能继续。

就清朝方面而言，早在雍正时期就已经禁止贩卖和使用鸦片，到19世纪初仍持续此禁令。这对于皇帝和士人来说都是真正深切关注的问题，他们了解到鸦片对于帝国的害处。在19世纪30年代的辩论中，鸦片合法化的支持者虽失利，但到了19世纪中叶，可能有10%的人口上瘾，尤以士人及军队最为严重，而军队效能每况愈下已在世纪之交的白莲教战役中展现出来。国内毒品的走私促成大量秘密会社，如声名狼藉的“三合会”之地下世界。对清政府来说，最令其担心的是日益增加的贸易失衡、白银外流，以及国内银铜兑换比例的破坏。当时的人大都把鸦片视为道光萧条的主要原因。

鸦片贸易也部分造成了清帝国在18—19世纪西方著作中的重大变化。在盛清时西方对于中国的典型认识，可见波士顿作家威廉·道

168

格拉斯（William Douglass）在1749年的著作《英国北美殖民简述》（*Summary of the British Settlements in North America*）中的叙述。他批评美洲原住民的文化失败，总结其地位如同是在人类的家庭中“最年轻”“最卑微”的弟妹。相对而言，从中国道德特质、礼仪、正式的政府、具生产力的农业、宗教及文字来看，“似乎是人类所有民族中的兄长。”[29]然而不到半世纪后，另一个波士顿人，商务代表山茂召（Samuel Shaw）写道：“中国人中，特别是经商阶级的无赖狡诈已众所皆知。”对于清政府，他又说：“在全世界文明国家中，是否能找到一个比清更为暴虐不公的政府是存疑的。所有省份官职的授予，是为了使那些朝廷的大官获得最多的利益，因此人民受到层层的压迫。平民百姓被地方知县压榨，知县又被其上级的巡抚、总督等压榨。”[30]

有许多客观因素造成西方人在乾隆晚期之后看待清帝国不如以往那么好。但西方认知的改变可能也来自报道者身份的改变。如山茂召一般在19世纪初的鸦片贩卖者，几乎不可能具备晚明清初耶稣会士知识分子一样宽宏的视野。但更重要的是，西方本身基本的态度和观点在这期间起了重大的变化。

工业革命期间蒸汽动力制造产业的出现，将对外贸易导向一个新视野。英国人不再只对于将商品从一个市场运到另一市场感兴趣。此时，随着曼彻斯特及其他地方工厂出现的整体性纺织品生产过剩现象，其任务变成积极地寻找这些大量制造商品的新消费者，而将焦点摆在他们想象中庞大的“中国市场”。这个新的贸易目标在亚当·斯密所著之《国富论》中的经济自由主义信念，找到其最为强而有力的意识形态正当性。其反对重商主义主张之国际商业必须由国家控制，以便确保有利的贸易平衡之观点，认为无论贵金属流向如何，贸易规模极大化对各方都有利，而通过私人企业家之手最有利于达成这样的期望。

以这个“自由贸易”新论调为后盾，英国人为自身利益辩护，要
求清朝取消对西方商业活动进入的所有限制，其中最迫切者，就是限
制个人行动的广州体系。例如，一位来自利物浦的国会议员在 1812
年写给其选区的选民：“对印度和中国的贸易现在应该开放给这个国 169
家所有的企业和商业活动。”[31] 几个伦敦的商人在 1830 年寄给他们的
议员一个正式提案，进一步主张：

> 在世界各国之中，中华帝国具有优秀的特质，使人想要与之建立密切的贸易关系……中国人不只有意于，而且焦急渴望于享有与英国更扩大的往来，从中他们也很清楚会为他们自己带来许多利益……（然而）英国的商人、水手现在却被排除在这广大无穷资源的消费及供给之外，不是因为中国的任何法令，而是被我国议会的法案，提出了各种危险困难当借口，让我们所有商人将全部中国的贸易机会都让给了东印度公司，这阻碍了更广泛的商业往来，然而现在已然证明，所有这些借口都是毫无根据的。[32]

1834 年，英国王室非常不满东印度公司债务扩大，因而废止重商主义最后残留的贸易专卖权，英政府很快就屈服于商人们与中国无限制贸易的强烈要求，实际地确认战争的开始。

除了经济理论之外，新的政治观念也支持西方对中国与日俱增的入侵政策。1815 年维也纳会议导致拿破仑帝国的解体，促使民族国家的政治组织观点日益发展，认为每个个别的群体或“民族”由一个强而有力、集权中央的国家统治，不仅能达到最高的效率，也是民众所达到的进步和文明程度的指标。[33] 该会议确认了这些“民族国家”（nation-states）的关系，应该建立在互惠与主权平等的原则之上，无论国家大小、财富与力量。一个以“国际礼仪”（comity of nations）之名而为人所知，或者更符合实际状况地称之为“基督宗教国家间之礼仪”的体制关系。

这个被视为不可侵犯的新国际秩序，未能给清帝国自命的普世主

义留下空间，而在这个观点下，西方完全合理化地迫使中国省思他们
170 退化的外交模式。拿破仑战争的结束，让欧洲列强有余力从事海外扩张,而炼钢及其他以蒸汽为动力的工业技术促成了军事的现代化。[德国的大型军工厂克虏伯（Krupp），并非巧合地在1830年创建。] 换句话说，西方现在发现自己有了动机（海外市场的需求）、意识形态上的正当性（国际礼仪和主张自由贸易的自由主义）以及手段（新军事技术），来强迫大清帝国“开放”。

到19世纪30年代晚期，双方似乎都对广州体系越来越不满，因而确定步上了冲突之路。英国想要更多的贸易机会，而清朝想要终结鸦片非法交易。英国企图以外交途径解决已然失败。在1816年维也纳会议后由阿美士德勋爵（Lord Amherst）主导，以及在1834年东印度公司失去垄断权之后由律劳卑勋爵（Lord Napier）所率领的使节团都相继失败。因为两人就像他们之前的马戛尔尼一样，拒绝服从清朝的外交礼仪。阿美士德到了北京但未能见到嘉庆皇帝，而律劳卑则未能跨过广州。对道光皇帝来说，他已经对鸦片贸易问题广开言路，并决定不计代价查禁其交易。结果就发生了双方分别称作鸦片战争或第一次英中战争的冲突。[34]

反对鸦片的强硬派林则徐以钦差大臣的头衔在1839年初抵达广州。在晚春，他要求外国商人缴交他们持有的全部鸦片，在其交出之前将之拘禁在商馆里。在英国商务监督查理·义律（Charles Elliot）的建议下，商人们最终放弃了他们的鸦片，林则徐在6月25日大张旗鼓地将这些鸦片倒入海中销毁。义律接着要求赔偿，林则徐则以鸦片原本就是违禁物品为由拒绝了这项要求。拒绝赔偿给了英国开战的理由。

虽然登陆的英国海军曾几度被地方民兵打败，其中最有名的是来自珠江三角洲的三元里村。但英军凭借船坚炮利轻易地胜过大清。英国在1840年派遣舰队沿岸北上，7月占领定海，隔月即直逼北京。

图13　1841年1月17日，英国复仇女神号（最右后方）战舰击毁中国戎克船，爱德华·邓肯（E. Duncan）绘于1943年［英国国家航海博物馆（伦敦格林尼治）藏］

道光皇帝派大学士琦善至天津与英国人会面，极其礼遇侵略者，使其撤退。9 月，琦善奉旨到广州去接替被贬的林则徐。但琦善的安抚政策未能平息义律的怒气，义律在 1841 年初下令占领香港岛并攻占护 172
卫广州港的炮台。此显而易见的挫败让琦善被革职锁拿、解京问罪。道光皇帝再度对英国采取了主战的态度，英国人乃从长江口沿江而上并占领南京，于 1842 年 8 月以签订和平条约的方式画上句点。[35]

尽管《南京条约》并非是开启“近代”中国史的转折点，但仍意义重大。[36] 首先清朝同意四年内支付英国 2100 万银元，作为战争赔款及其毁坏鸦片的补偿。在当时欧洲战争的惯例中，战败国负担战胜国的军费理所当然，但这笔赔款让已然拮据的清朝国库雪上加霜。此外，也为后来 19 世纪后半清朝败给列强的几个战争提供了先例。

其次，条约将义律一年前占领的香港岛割让给英国，这明显侵犯大清的领土主权，而这时正好英国在表面上要努力让中国接受西方的主权国家礼仪概念。这个概念在条约的第 11 条中强调，要求清接受英国的“总管大员”作为类似于大使的角色,并同意“两国属员往来，必当平行照会”的原则。公行及被痛恶的广州体系被废除，5 个沿岸城市包括广州、厦门、福州、宁波及上海开放英国人民自由贸易及居住。这开启了所谓通商口岸的时代，最终允许英国及其他外国人租借大片郊区土地作为租界。

《南京条约》的其他三个条款及接连的后续条约（次年与英国签订的《虎门条约》、与美国在 1844 年签订的《望厦条约》）无疑是“不平等”条约，即让予西方人的利并未相对地让予清朝。《南京条约》的第 10 条明订“按例纳税后……税关不得加重税例。”也就是说，
173 清朝赔上民族国家理应有的主权，也就是自行订立货物进口税；而这个税率未来只有在英国同意之下才能调整。对于一个在几十年内发现自己将投入“追赶性工业化”（catch-up industrialization）的帝国来说，无法设置保护性关税来扶植新兴工业将造成严重后果。

清朝也给予了英国和美国“治外法权”，意指这些国家的国民即使在中国涉嫌犯罪，也只会由这些国家的法律及法院审判。这个条款也让外国人能在中国经商时，只受该国通常较宽大的民法与商法规范，使他们与中国贸易伙伴往来时有明显的优势。最后，英国获得了“最惠国”待遇，这意指“设将来大皇帝有新恩施及各国，亦应准英人一体均沾，用示平允”。换句话说，清朝丧失可特别优惠特定贸易伙伴、其理应有的主权。大多清朝后来与外国列强签订的条约都包括这个条款，实际放弃了帝国的外交自主。由于《南京条约》及其后续条约的影响，导致清朝在双手被反绑于背后的情况下，进入了西方扩张及激烈国际竞争的新时代。

作为一附带产生之余波，鸦片战争让汉人在两个世纪以来深藏的反清情绪浮上台面。例如，1842 年 7 月当英国进逼南京时，在镇江驻防的满洲将领，因过分猜疑害怕“汉人反抗者”而对该城下达戒

严令。在这位将领逮捕、拷打或处决许多地方镇民后，族群关系更趋恶化，惊慌的居民指责该将领有种族屠杀的意图。只有旗人军队反抗英军的入侵，其中有400名阵亡，而汉人们则无动于衷地袖手旁观。如果说满人在16—18世纪期间已实际地将他们自己建构成一个“种族”，此时已然相当顺利地招致种族仇恨。[37]

但这还不是所有的状况。难缠的中国男性农民在三元里等地的英
雄式胜利，以及正直的汉人官员林则徐对于外国鸦片商人的强硬态 174
度，在中国人的集体记忆中，与满人琦善以及清朝在南京的主要谈判者耆英的背叛卖国形成对比。一种我们可称之为“功能性反满”[38]（instrumental anti-Manchuism）的新观点开始出现，这种态度较基于爱国热诚而非种族仇恨。以此新观点来看，若要中国能有效抵御西方的侵略，外来的大清统治者必须先行下台。[39]

第7章

叛乱

175 清代中国的社会运作含有理想的儒家观点，在现实世界中通过重农的政权、家庭制度、仪式执行以及各种人际礼仪将这些标准规范付诸实行。理想的世界及现实的世界都重视秩序、稳定、尊卑以及社会和谐，但也都跟随着另一个暴力骚乱频仍的现实。即便是在18世纪的“盛世”，儒家规范在本质上仍作为处理肆意骚乱之底层社会的机制，该领域充满着盗匪、秘密兄弟组织、千禧宗教以及叛乱者。[1]

个人、家庭以及社区例行地进出这个底层社会，虽然清代社会外表看来严格，其实非常具流动性。这些偏差团体（deviant groups）通常有与众不同的、异端的意识形态，以及有完全如儒家正统社会一样良好协调性的组织结构。而且在小政府的时代，官员常常被迫要依靠这些团体来达成目标，就如同他们常要依靠较传统的团体如家族、行会。实际上，清朝擅长这种吸纳拉拢的手段。各式离经叛道之行径从18世纪末到20世纪初变得更猖獗，强盗、叛乱者及宗派教徒成为清政府衰落中的主要受惠者。

盗匪

虽然各类型间有许多重叠之处，我们仍可通过粗略的分类来思考 176
清朝这些“旁门左道”。其中第一种类型是盗匪，或者更适当地说是土匪。男人（以及有时候女人）会成为盗匪有几种理由：作为在每人分配资源日益减少的世界之生存策略；作为社会地位爬升的快捷方式；作为匡正社会不义的方法。盗匪在帝国历史中，一直存在于官方政府及传统社会的边缘。如果我们想象地方政府的网络是位于宜人居住且人口密集地区的松散军营网络，盗匪则占领了这些军营之间的山区、森林、沼泽空隙。当一个管辖区吏务较为严峻时，他们就刻意越过边界到另一区。在戴维·鲁滨逊（David Robinson）所称的“暴力经济”（economy of violence）中，秩序的力量，包括官方军队和地方统治者的私人民兵，与这些不法团体互利共生，彼此利用对方来强化自己存续的合理性，而且在有利的环境下，展现相当有意愿转变成另一方。[2]

地方土匪活动是长期的问题，但其势力消长则与周遭社会的短期经济之健全性成反比。或许大部分的土匪期望在生存危机解除时，就不再继续打劫。正因为如此，他们通常会对预期回归地区以外的其他地方下手。俗话说得好：“兔子不吃窝边草。”事实上，一个地区的土匪有可能是另一个地方的团练或是看青会。土匪通常以小的队伍运作。大部分的例子中，他们无能力去串联地方以外的区域，也没有系统的计划让他们拥有持久的组织。但小的土匪团体能在一个有能力的领导之下发展出可观的规模。

在清代，一套高度发展而持久的文化典范，在盗匪之中回绕着，而其中绝非全是负面的。大多数土匪及一些叛乱团体（如19世纪的捻军）的自我形象，是以“好汉”或“硬汉”的文化理想为中心。[3] 相较于成功的士人，这个角色典范同等或更适用于男孩们的社会化，及建

177 立他们中国式的阳刚气质。虽然这在下层社会中引人瞩目的可能性最大，但好汉典范对于精英的儿子们也一样具有吸引力。好汉珍惜个人的荣誉以及男性的同伴情谊，并鄙视性放纵和追求物质财富一类的软弱行径。他重视施予和承受暴力的能力，常将此能耐视为一种娱乐。

此典范在古代有其前身，例如汉代历史学家司马迁所赞扬的“游侠”。但在清朝，其最权威的文学表征是16世纪的长篇小说《水浒传》，该书是由晚明反传统学者李贽编辑和撰写部分内容的标准版本。此典范奠定了遍布于清帝国各地数以千计武术馆和社团的体制核心。随着缺乏家庭与家族稳定作用之失业单身男性人数的增长，这种好汉典范的支持者也随之增加。精英和官员竭力反对，或将这些人判定为“光棍”“恶棍”等非法之徒，却丝毫不减其对年轻人的浪漫吸引力。

如果好汉典范在清代男性中是普遍存在的（以及无疑地在一些女性中也有），那么另一个更为贴切、吸引人从事盗匪的比喻就是“绿林”。[4] 令人注目的是，这与英国的侠盗罗宾汉（Robin Hood）及一伙“不法之徒”（Merry Men）所藏身的雪伍德森林（Sherwood Forest）相呼应，中华帝国晚期的绿林正是这些“社会型盗匪”的神秘藏身之处，社会型盗匪是指受地方贪官污吏所逼而成为亡命之徒，并且使用非传统的、通常是暴力的方式投身拨乱世、反诸正之列。此种行为的崇拜对象是南宋名将岳飞，其因拒从朝廷以屈膝政策逢迎北方蛮族而殉难。

如同岳飞，帝国晚期的社会型盗匪常被认为最能体现儒家的教诲，尽管是以较为粗野鲁莽但可以说是较真实的形式。社会型盗匪的目标，经常是用相当正统的名词来表述：忠、孝、贞节（如20世纪的“红枪会”这类会门武装分子经常攻击地方的通奸者）以及爱民。理论上来说，社会型盗匪本质上并不鄙视官员，而是鄙视腐败、懈怠未能善尽职守的官吏。（想想罗宾汉对诺丁汉郡长的态度）并不少见地，成功的社会型盗匪最后会为真正的统治者所认可（就像罗宾汉中的好国王理查德)，最后自己也成为官员，就像《水浒传》中梁山泊一百零八条好汉之中的几位一样。实际上，许多不法之徒无疑是假借社会型盗 178
匪之角色，掩饰其赤裸裸的掠夺欺压行径。而对于一般的盗匪而言，其意识形态基础不稳固，且大部分这样的团体会因为首领的死亡、引退或被擒后便作鸟兽散。

“秘密会社”

许多帮派，尤其是那些有强烈社会型盗匪意识形态的团体，与那些持续较久，历史学家常称之为“秘密会社”的组织有重叠之处。但社会型盗匪尽管赞同暴力形式的儒家思想，这些所谓的秘密会社则有意或无意地依循异端的价值观。一般而言，他们自称不祭拜民间信仰的神、鬼和祖先，其组织链接方式，并非是传统帝国晚期社会的父系宗亲及同乡关系两者之凝聚力。在中文里，“秘密会社”这个名词是一个现代的用法，在清朝的论述中几乎没有出现，而当今许多的西方学者也怀疑这个概念是否合用。[5]“秘密”绝非一直是这些团体的重要特征，而其之间的差异远比共同的性质更为明显。最重要的是，我们现在通常倾向于将兄弟会组织和宗教教派视为基本上不同形式的组织和信仰。但仍然有足够的共同点统一所有这类的团体，因此彼此间互相借用以及彼此界限之混淆，也随着时代发展而越来越常见。

从社会上来看，大多数“秘密”团体明白地抗拒正统社会中的阶级组织，并被迫遵从国家官员、家族、长辈及地主等。在一些例子中，这些团体提供了另一种形式的纪律、管理或阶层，这些是基于受灌输教义及入会信仰的程度、师徒的联结或基于拟亲属和结拜兄弟。在其他的例子中，他们用更平等的关系取代阶级，例如在信奉某个神祇的平等信众团体中的成员。很像与这些组织共存的本土化伊斯兰教和基督教，大多属于紧密的会众组织，而此特点让帝国当局非常不信任，也是这些团体感觉有必要保持秘密的绝大部分原因。这类团体有许多但非全部，拒绝正统社会对性别阶级的规范，在某些团体中女性扮演积极领导的角色。

179 从精神层面来看，很多“秘密”团体遵循末世或救世主的信仰。从社会及宇宙层面来看，那是一个新秩序、更美好的未来预言。这尤其展现在弥勒佛教、摩尼教或白莲教思想的团体中，这些信仰认为世界历经日渐腐化的各个时代，间或通过千禧年介入进行汰换更新，且通常由素食或禁欲的严格戒律所界定的真正信仰者在其中领导。这种信仰在功能上与西方的犹太教、基督教和伊斯兰教信仰系统中兴起的千禧教派类似。但这种末日预言的推动力不仅来自佛教或其他传入宗教的信徒，亦包括自古即普遍存在于中国本土的民间信仰。清代长期而普遍相信恶灵，使原本看似正统的团体中，迅速地衍生以救世主自居的除妖、净化世界之典范。而在一个有号召力的领袖带领下，将会促使他们走向政治叛乱，例如1750—1752年安徽、湖北边境的马朝柱。[6]

从政治层面来看，许多“秘密”团体有着同样强烈的汉人原型民族主义（proto-nationalism）以及对满人统治的反感。这种情绪汲取了14世纪汉人领导推翻蒙古人统治元朝之叛乱时，民众组织所扮演角色的集体记忆。然而，由于几乎正反相左的两个原因，在王朝行将灭亡前夕，这个因素的重要性非常难评估。一方面，这些团体在清末及其后所衍生之自我认同的历史中，强调该因素在早期组织中的影响，远超过大多学者所认为。而另一方面，在清朝年间，官方承认反满思想是禁忌，此意味着我们认识这些团体最好的资料——负责镇压之官员的往来书简——可能是刻意地轻描淡写组织的民族主义情绪。

显而易见的是，组织秘密会社的实效性通常比其意识形态的原因更为重要。也许最基本原因，是由地方分会或分部管理之互助。成员要为彼此牺牲、保护彼此，以及在需要时互相帮助。领导人为其成员提供诸如医药治疗、工作机会或武术教学等具体的服务。地方分会由

集体的自利所凝聚，他们通常会以共同的意识形态或末世主张与较广 180
的网络相结合，例如反满或千禧思想。受到特定时间的影响，自身利益和意识形态之间的对立或多或少变得相当的强烈。

秘密会社对意识形态的弹性，意味着它们不仅很容易被清朝政府招安，也受其他的力量如地方有产阶级（如红枪会的例子）的收编，以及受具有高度意识形态之20世纪政治运动的策动。例如，孙中山为了他的共和革命抱负，就试图动员三合会。他的国民党继承人蒋介石，则很有效率地收编青帮——其虽主张民族主义，但在20世纪30年代也被日本人成功地招安，作为占领华中的工具。[7] 早期的共产党曾试图在尚未稳固之际争取红枪会及哥老会的支持。

“秘密”会社之中最显著的分歧，出现在兄弟团体及宗教门派间。但因为两者常有不少重叠之处，故与其视两者为相互取代的关系，不如视其为光谱的两端。在这光谱中，各自案例之秘密性及异端性的程度都不同。地方农民或工人的团体自称为兄弟组织至少可追溯到晚明。例如于1630年在河南、湖北的大别山边界，出现被称为“里仁会”的组织，为草莽与从事劫掠的反清叛乱者提供相互的保护。最后在愤愤不平的奴隶带头下，该会就揭竿而起并杀了几个地方地主。[8] 这种非常地方性运动的回响在清代也数度发生，如1755年由一些福建佃农组成的“铁尺会”，在一地方集镇上抵制田租、恐吓地主。在都市方面，苏州轧光工的兄弟组织在18世纪20年代杀了他们的老板，并图谋烧了该城市的主要纺织品仓库。

所有这些似乎零星且非常地方化的团体，是由非常特定的原因聚集而成。但在17世纪晚期，一种持续经营的兄弟组织形态出现，并在18世纪中期时形成较确定的形态。这对于清朝来说似乎是新事物，是
当时特定社会经济力量的产物。其背景是在中国东南、台湾、四川等 181
地大量且计划性的移民和土地开垦。许多到这些地区的移民是由大家族组织所资助，得以动员所需要的资金和劳动力，以获得、防护及发

展最好的新农地，但不少处于劣势的单身男性也移居到这些地区。为了全力保护他们自己免于大家族的掠夺，这些单身男性们基于结拜兄弟的誓言而组成团体以达成实际的目的，如分享农具、守护田地、发展互相的信贷，以及为死者举行丧葬。在雍正及乾隆早期，大多数这些兄弟组织都没有名字，但他们逐渐开始给自己取一些好听的名字，如“父母会”。较具企业精神的这类团体，最后在地方上与其他团体串联，将力量结合起来，除了用于自卫之外，还从事非法活动。

最具扩张性的这类兄弟团体称作天地会或三合会。三合会于1761年由郑开在福建漳浦县成立，作为家族争斗的中心以及移民台湾的主要出发点。此组织并将其在台湾边境所孕育的走私活动、械斗，以及频繁起事的习性再输入大陆。其成立不到30年，就在林爽文的领导之下，于台湾策动了大型的叛乱，并造成清朝约万人死亡，事后乾隆称此为其“十全武功”之一。[9]

一个类似于三合会并广泛发展的黑手党式组织，似乎于18世纪40年代在四川发展，最初被称为“啯噜会”，该组织着长袍的成员是移入该省的单身男性[10]。这群人是在张献忠的屠杀后，清朝策划向该省移民的一部分。此组织似乎不属于农民性质，较东南沿海同性质团体更为都市化。草创初期即涉足非法活动，尤其是私盐。当啯噜会成立几十年后与三合会相遇时，采用了结拜兄弟的概念，并重新命名为
182 “哥老会”。嗣后开始从当地的白莲教吸收各式宗教信仰。在19世纪中期太平天国运动期间广泛军事化的过程中，哥老会渗透入反太平天国的军队中。谣传许多知名的反太平军将领，如曾国藩、左宗棠都是该会的秘密成员。[11]

互助组织与宗教团体融合的例子中，更引人注目者是所谓的“青帮”。起初只是长江和大运河漕运之船夫的职业团体，为年老无法工作者提供退休协助，及因病或工伤者短期救助。在17世纪晚期某时，融入由罗清在16世纪早期创始，被称为“罗教”的佛教宗派。该派

在杭州维持了一个寺庙网络。青帮的船夫开始罗教仪式，并使用这些寺庙作为成员的落脚客栈。然而，乾隆皇帝渐渐对于该教派的颠覆性教义有所担忧，终于在1768年摧毁这些寺庙并没收财产。此时青帮变成更秘密的组织，最后在20世纪变质为一个地下犯罪组织。[12]

“白莲教乱”（1796—1805）

在光谱的另一端，有别于类似早期三合会的单身男性组织，尚有各种不同的组织以白莲教为号召。这些是或多或少怀有千禧年或末世思想，混合了民间佛教、摩尼教以及“无生老母”的一神信仰。兄弟团体即使之后吸收了白莲教信仰的元素，其成员仍以男性为主；至于各种宗教团体则是对女性开放，而且常常把整个村庄社群纳入其组织中。如同兄弟会，许多白莲教团体也往武术发展，但并非用剑及其他复杂的武器。组织的地方领袖们是像神父一样的拳术师父，这些教徒学习以徒手格斗及刀枪不入的武技而自豪，该能力来自虔诚信仰，包括素食主义以及禁欲的个人养生修炼。

白莲教本质上是分散的、地方性的，很少有集中的宗教阶层或系 183
统性的神学。一群传教骨干在各省乡间穿梭并对地方群众传教。他们借由发送善书宝卷来布道，有些是广为流传的，有些是由领导者本人所撰写的书籍。有时，白莲教与完全正统的佛教或道教信仰共有寺庙教区。虽然广大群众常对这些团体抱持怀疑或轻视，他们仍然倾向于公开传教。只有在面对官方镇压行动时，才会转入地下。这种压制会因当朝官吏的心血来潮、因朝廷时而对于社会动荡不安的恐惧而断断续续。虽然其千禧信仰有一个明确的反政府倾向，但对于起事一事会因个别教义之差异以及末日降临的急迫程度而有所不同。[13]

此种出自北方的教派传统，引来18—19世纪之交毁灭性的白莲教乱。如同1774年王伦起事的例子，官方的施压成为逼迫教徒走向叛乱一途的最大因素。因为皇帝对于教徒活动的威胁有新的认识，故自乾隆朝展开频繁的官方调查行动与日俱增，似乎是 20 年后引发乱事的直接成因。另一个原因是，数十年来的生态恶化，造成汉水高地农村民不聊生。然而第三个决定性因素，是当朝的和珅一帮人榨取民膏民脂，此情况在 20 年前王伦起事之时还未成为问题。

即使如此，汉水高地地方传统中的特殊民情，使得这些教徒比其他地方的共同信仰者更倾向于主动叛乱。18 世纪北方及西北省份的白莲教组织有两种不同的模式。平原由“混元派”统治，拥有稳定的教团人员，利用宝卷并倾向低调运作以保护已组织的教众免于政府的窥视。相反地，在高地较为普及的宗教活动，可溯至山西的“龙华会”，其创始人张进斗曾在雍正年间，因计划谋杀地方地主而被逮捕处决。到了 18 世纪晚期，该教派掌握在一些具有号召力的传教者之手，
184 这些人倾向于自己撰写宝卷，彼此积极竞争以获得信众，并讲授以叛乱为目标的煽动性教义。虽然有人试图撮合这两地传统，但在嘉庆元年叛乱爆发时证实这几乎是难以成功之事。[14]

该叛乱真正的“爆发”时间相当模糊。在 1793 年被清朝派往尼泊尔去防止廓尔喀（Gurkha）颠覆西藏的军队，被重新派遣到汉水高地，两年后又加入了曾经镇压湖南西部苗乱的军队。聚集这些军队的目标是加强对教徒的压制，以及根除地方盗匪走私和勒索行为。强大的官方征讨对于这个深度军事化地区的和平，有着立即且不良的后果，而在 1796 年，前后几场相互关联的起事最先发生于湖北西部的荆州。两个腐败的清军将领，包括和珅之弟和琳在内，是该事件最早的死者。镇压叛乱的任务最终落到四川总督所指挥的地方官员手上。

奠定镇压叛乱成果的基础是严峻的焦土策略，这是由一群包括福建人龚景瀚以及湖南岳麓书院毕业生严如煜等谋士所献策的方法。其想法是把所有高地的谷物和家畜都撤至指定的战略村落，把这些村子武装成堡垒，将分散的团练组织成串联村庄的联盟，然后逐渐包围、

断粮并消灭乱贼。我们很容易能看出这种战略可能逼迫地方人民投效乱贼敌营。但根据与严同为岳麓出身的魏源所言，在激战数年之后，最终证实是这个创新的策略而非旗人和绿营军的战术打败白莲教。也许真是如此，但教徒叛乱并未如清朝将领所宣称的那么大，大部分叛乱领袖都很快地被杀或被捕。到 1799 年初，当退位的乾隆去世而嘉庆接手掌权之时，真正幸存仍持续战斗的教徒只剩不到 2000 名。[15]

然而，虽然战事屡屡告捷，新皇帝仍无法平息这场叛乱。因为多数是由地方军官控制的佣兵加入官兵行列去作战，而地方军队在参与战事时能获赏金。整个正规军借着种种诡计以拖延战事，如此行事他们便能赚多赔少、从中牟利。感到挫败的嘉庆帝花了超过 5 年的时间 185
才结束这场骗局。白莲教乱不仅代表着清朝军力掌控式微的一个转折点，也使得朝廷无力遣兵到东南沿海打击海盗、抵抗英国侵略的日益威胁以及镇压内部的叛乱。此外，这场多余的战争可能自此之后就拖垮了中央政府的财力。乾隆时代累积的国库盈余就在平定这场莫须有的战争中耗费完了。[16]

太平天国（1850—1864）

约在白莲教乱平定半个世纪之后，另一个大灾难更严重地挑战了清帝国的存续，这次是来自南方。也许清朝历史中，甚至包括鸦片战争或推翻其政府的 1911 年革命在内，没有其他事件能比太平天国受到历史学家更多的关注，或更为政治化的处理。从 20 世纪 50—70 年代，“太平天国史学”是冷战时期之激烈意识形态冲突的前线。

就中华人民共和国来说，这个叛乱是大量历史书写的焦点，其中不仅仅将太平天国“革命运动”描述为汉人对抗清朝的民族解放战争，更基本作为反抗地主阶级及封建政府的“农民起义”典型。太平天国确实曾短暂宣扬土地集体制度的计划，让中国马克思主义学者更为倾心。这些学者将教派特有的基督信仰解释为在马克思、列宁和毛泽东有条理的革命理论之前，所有运动必然发生的“迷信”。[17] 在西方和中国国民党的一方，甚至是冷战时期最优秀的太平天国学者，均认为有必要批判共产主义者视“太平天国”为己有之运动。他们驳斥“集体化计划”是毫无诚意的举措（甚至有时批判太平天国的观点为极权
186 主义），并认为该运动并非是真革命，而仅是另一个差点儿成功的反王朝叛乱。[18]

该运动酝酿于广州一带并非巧合，因其在许多方面乃是 10 年前鸦片战争于当地交战后的产物。[19] 在 19 世纪 30 年代晚期英国人的侵略之后，三合会成为地方社会和当局正统管道瓦解之下的最大受益者，加入兄弟组织的招募在接下来的 10 年十分成功。不过在广州一口通商时期，三合会曾深入参与鸦片走私，而随着贸易在 1842 年后转往北方港口，这些高度组织化的不法之徒，像其他东南地区的人一样，面临严重的失业。此外，在战争期间被动员与英国作战的地方团练组织也变得空闲而受经济衰退之害。这些持有武装的团练就变成了盗匪。

最后，19 世纪 40 年代的广州地区似乎见证了基于一种背叛理论和新形式的反满主义兴起。地方人民将广东三元里的热血青年农民兵成功抵御英军登陆之事迹，与清官员未能将野蛮人拒于海湾之外的失败相对照。这让人很容易猜想出卖国的公行商人和满人君主共谋出卖善良的汉人。此论述并未忘记，赚取鸦片贸易利益的内务府官员，以及战败投降在南京的谈判者都是满人。勇猛的地方士绅团练领导人和英勇不屈的林则徐是汉人，而且是南方汉人。后者的英勇表现却为前者的懦弱所严重伤害。为了能抵御西方的外来妖魔、守护祖国，必须要推翻满洲人。这个汉族民族主义的初萌，对于早期太平军征募乃是颇有成效的工具。

太平天国运动的发起者是洪秀全（1813—1864）[20]，一个在村中

教书的客家人，其家庭在近几代移居至广州附近的高地。洪一开始依循正统的出路，通过了地方层级的科举考试，后来在 19 世纪 30 年代晚期三次在广州参加省级考试。洪与许多有志仕途的考生一样体认了出人头地的艰辛，三次都不幸落第。然而，洪对于落败的反应却很 187
特别。在他第一次到广州考试时，拿到了一本基督教传教士的中译小册子，当时只留了下来但并未认真阅读。随着落第后的压力剧增之际，洪想起了这本册子并将注意力转向它，他从一连串梦境中，自行诠释书中的内容。在这神奇的异象中，耶稣对洪秀全说话，并说服洪是基督的弟弟。在 1843 年，他与另一位也阅读并受影响的朋友一起受洗。[21]

接下来的 10 年之间，他和一群亲友不固定地往来于广东的高地以及邻省广西，传教并组成了他们称之为“拜上帝会”的教众组织。多数信众是居住于高地汉人后裔的客家人，他们认为平地的汉族人排挤他们，因为他们在汉族长期自北方平原南移的过程中较晚抵达。[22]其他信众来自边缘化职业的群体，例如烧炭工及船夫，此外又有来自因为英国海军清理贸易水道而被驱离海岸的海盗，以及三合会的走私和勒索犯。虽然太平天国的意识形态基本上和三合会不同，但是两个团体有同样的信念，认为南方人是“真正的”汉人，因北方人已经在几百年来受到内亚征服王朝的混血所污染。如同大多数的中国人，洪秀全也相信必须要消灭吃人妖魔，如同许多三合会领袖，他也携带着一把斩妖剑。[23]

在十多年间，洪秀全持续撰写圣书并向信徒传达他的预言，其信众人数随着该教派热烈的传教活动而增加。虽然他们有时会与保守的地方士绅发生冲突，但大多数时候会融入周遭社会。在 19 世纪 40 年代的发展过程里，洪秀全逐渐认定在捣毁偶像崇拜的行动中，儒家并非盟友而是其教义主要的敌人，另外满清政府的官吏也是要消灭的妖魔。1849 年借哀悼父丧之际，他规避薙发垂辫法令，蓄起长发。

次年 6 月，在地方闹饥荒之时，洪秀全揭竿起义。

188 太平军并非第一个使用西方传入的末世论作为其叛乱组织的基础。晚明的宗教运动以及之前白莲教叛乱，即是建立于外来佛教与摩尼教的元素之上。不过，太平天国信仰系统也包括许多本土原生的部分。所谓“太平”时代降临的愿景系出自《易经》中的篇章，且该运动亦归属中国千禧年叛乱的悠久传统。在洪秀全的神学中，基督信仰本身并非西方传入，而是中国人民自己真正的本土信仰，只是被一波一波崇拜偶像的北方蛮族入侵者所破坏、抹除，满洲人仅是最近的一次。这种想法把该运动完全直接置入南方秘密会社的汉族沙文主义传统中。当洪秀全的军队北上时,敌人习惯称他们为“长毛”或“粤匪”，而非他们自称的“太平军”或“拜上帝会”。

起初约有万人的太平军战士从广西高地的根据地向省城桂林猛攻，试图占领未果而撤离。洪秀全于 1851 年 9 月在广西永安自称“天王”。太平军向北穿过湖南跨越到湘江东边，虽未能成功包围省城长沙，但攻下了其他几个重要城市，而且经由沿路的招募使他们的人力日渐增加。在 1853 年最初两个月的漫长围城后，他们夺下商业重镇武汉，之后一路往东转向长江，先后占领了九江、安庆、镇江及扬州等重要的港口城市。同年 3 月在南京定都，称之为“天京”，洪秀全在该地统治近 10 年。进一步挺进北京的北伐行动在 1855 年受阻，而屡次对上海的攻击则主要被称作“常胜军”的中西混合军所挫败。该军队由美国人弗雷德里克·汤曾德·华尔（Frederick Townsend Ward）一手带领。华尔死后，则由后来死在喀土穆（Khartoum）的英国人查理·“中国人”·戈登（即 Charles George Gordon，1833—1885）指挥。同时在 19 世纪 50 年代后期及 60 年代初期，太平军多次进出许多长江中下游的中心城市，所经之处造成众多居民和士兵的死亡。

189 在 1853 年攻陷武汉时，占领的叛军对所有清军官兵、官吏和支持者进行严厉搜索，最后更扩及所有“罪犯”及社会不良分子。他们将武汉城中幸存的人们驱离家门，这些人被安置在以25人为单位的集体房舍，男人和女人也被隔离在城中不同地区。太平军尽其所能没收私人财产，集中存放在中央财库，用以侍奉上帝及其在太平天国的代理人。城市的贸易被关闭，人民被强迫加入太平军或加入军夫。在接下来的东征期间，这些许多要素被记录在称为《天朝田亩制度》的中央计划文件中。其虽规定征收私人田产以及农业的集体劳动，却是无计划、无效率地执行。[24]

新称作天京的大城市中心南京，是洪秀全最大的社会实验场地。在四周的混乱及屠杀战争之中，南京大致上维持安定、清静，并且根据西方访客所述，异常干净。[25]这是拜上帝会绝佳的机会，也是最严峻的挑战，因为在战乱中幸存之城市当地居民鄙视这些占领者。除了古怪的信仰，太平军被认为社会地位低贱、粗野且无教养，与其广西和客家出身相应。习惯粗野的食物口味，穿着俗艳的衣服，喜欢用明亮的原色涂饰，以及用大象或老虎的图案装饰房屋，都是太平军不成熟、野蛮的表现，凸显其无法胜任统治之处。

为竭力让南京居民改变信仰，太平军几乎烧毁城中所有大佛寺、道观，捣毁其中的雕像，驱逐僧侣道士或将之杀害。相较之下，儒家所遭遇的稍微好些，征服者允许阅读部分古典经书，尽管是太平天国版本；且当地人注意到新设置的天国官僚制度使用了《周礼》中的官名。人们被命令参加集体的户外讲道，该场地有颜色鲜艳的旗帜在各个方向飘扬，此外也要遵行星期六的安息日以及新的历法，每天早晚要停下来祈祷。

让太平天国耗费更多心力的是改造南京经济与社会。许多楼房被
没收而改为“馆”。这个居住和生产的基本单位取代了原本作为南京 190
社会基础的家庭、商店、工会和寺庙。馆依照职业（面点师、织工、砖匠）或特殊功能（消防、医疗提供）来区分。每个单位有其“圣库”及礼拜基督的地方，由一个称作伍长的低阶官员来监督。所有的财产

理论上是公有的，由太平天国当局依照需要分配，另外一个最后未成功的尝试是在城市经济中废除货币使用。在太平天国统治的 10 年中，城市的供给问题变得更加严重。

最为严重且持续的人民反抗运动，是由太平天国试图改造性别和家庭制度所引起。基于其性别平等的思想，太平军将缠足及妓女（之前是南京经济的支柱）视为非法，鼓励女人自由公开地出行，并提拔女性官员。但他们也强制严格的贞节及性别隔离。女馆，如同相对应的男性组织，是以职业来区分，其中有如纺织及裁缝这类传统认可的女性工作，也有如运输和建筑等注重体力的工作。据说夫妻、父母、儿女都一起苦守在将他们所爱之人分隔两地的边界前哭泣不止。到了 1855 年，面对三年来实验的显著失败，天国当局只好放弃并废除天京的性别隔离制度。

在太平天国危机达到顶点之际，清廷发现自己要面对令其异常分心的事件，欧洲列强的第二次入侵。为了专心面对太平天国带来的毁灭性的挑战，清廷一开始不太在意。但不久之后外国势力的侵略迅速发展，对已拥有超过 200 年历史的大清帝国造成空前的威胁。

第二次鸦片战争

在中国的英国商人和官员对于《南京条约》允许之商业行为的限制，以及地方官员阻挠其进入内地一事越来越不满。他们逐渐确信
191 能解决其问题的方式是正式使节往来，以及英国大使常驻帝国首都北京。此举终究迟早迫使中国在“国际大家庭”中占有一席之地。[26]

英国想趁清朝正卷入内战之时，以 1856 年 10 月的“亚罗号事件”为借口，用军事逼迫其接受要求。亚罗号（the Arrow）是一艘停泊在广州外海、以欧式商船改装并搭配中国船帆的“西式中国三桅帆船”，为一位香港的中国商人所有。在鸦片战争 10 多年后，广州

在清朝和英国的关系间仍然存在着化解不开的痛楚。地方官员和城市居民坚定而成功地阻止了外国人入城，虽然他们已如惯例进入《南京条约》所开放的其他口岸。此外，当时处理中、英两国政府在广州的权益，分别由包括钦差大臣叶名琛（是长江中游富有药商的后代）和英国广州领事哈里·巴夏礼（Harry Parkes）两位强硬派所代表。

战争的爆发牵涉到一连串扑朔迷离的谎言、欺骗和含糊不清。一支广东的保安部队登上亚罗号，以输入鸦片的罪名逮捕中国船员。在此过程中，巴夏礼声称士兵在登船时扯下了英国国旗，因而侮辱了英国女王，虽然事后调查显示当时该旗帜并未悬挂。英国船长宣称他当时在船上，但后来又承认说并没有。亚罗号的英国注册船籍已经过期，因而不具有英国保护的资格，然而巴夏礼对中国人以及英国海军元帅西摩尔（Seymour）隐瞒此事，导致后者蛮横地对广州城炮轰开战。

由于此事造成大量中国平民伤亡而在英国造成骚动，导致国会暂时解散并使执政政府下台。但英国仍寻求战争，因为时任英国首相的巴麦尊（Palmerston）已经计划这场战争数月之久。真正宣战的原因是鸦片，它已成为英国的中国贸易、印度殖民地及英国本国经济所不可或缺的重要财源。虽然英国在鸦片战争中获胜，却未能成功让清朝解除鸦片输入的禁令。而正好在亚罗号事件三个月前，叶名琛曾对于英国要求鸦片合法化一事表明“无可妥协而彻底的拒绝”。战争看来是唯一的选项。[27]

最后，英国政府派出了额尔金勋爵詹姆斯·布鲁斯（James Bruce, Lord Elgin）主导对清战争。法国派出一支特遣部队宣称英法为同盟 192
国，而俄国和美国则派出代表，作为他们与英国同盟也拥有同样利益之“和平宣示”。第二次英中战争像是复制第一次的情形：当英军试图扩大战事并包围对手的时候，清军则是尽可能将冲突局限于广州附近。在鸦片战争之时，英军沿海岸线经由长江直入南京，因鉴于南京现为太平天国都城而势不可行。因此额尔金往更北挺进，在 1858 年

图14　1860年，遍布中国守军尸体的大沽炮台；费利克斯·彼图摄（美国皮博迪·埃塞克斯博物馆藏）

4 月攻破大沽炮台并占领天津，这是中国北方最重要的商业城市，距北京仅 100 多公里。

193 清朝在此与各国代表会谈，并在 6 月 26 日签订《天津条约》，其中给予英国及其盟邦公使派驻北京的权利。此外也开放 10 个新的口岸（好几个在长江沿岸，最上游到汉口，另有在东北辽东半岛的牛庄，以及两个在台湾），同时给予西方传教士和商人到内陆游历的自由，以及约定战争赔偿给英国 400 万两白银、法国 200 万两白银。鸦片进口则不用说，就此合法化了。[28]

英国已经获得所有想要的，但这些其实不容易让清廷及其地方官员实行。在巴夏礼和其他人的回忆录中精彩地记载着，紧接着在华北超过两年的战事中，其所参与之“吉卜林式”惊人的丰功伟业。[29]在1860年秋天，暴怒的额尔金占领北京，迫使咸丰皇帝及朝臣逃到长城之外，位于承德的避暑山庄。额尔金曾考虑烧毁紫禁城，但后来只破坏了城北的圆明园。他推论这样就足以惩罚清廷而罪不及中国的好人。在10月24日，他强迫残存的帝国政府，以咸丰的27岁同父异母的弟弟、恭亲王奕䜣为代表签订《北京条约》。该条约认可清朝廷承诺履行《天津条约》、加倍给英国的赔款、割让九龙半岛，并把天津加入开放口岸之列。正如额尔金之父在希腊帕台农神庙的所作所为，年轻的额尔金在他的任务中搜刮并带回大量的战利品，并在伦敦公开展示，其中包括一个皇帝的龙椅，被安置在维多利亚与艾伯特博物馆。[30]

历经太平天国幸存的大清帝国

最后平定太平天国的主力并非清朝直接管辖的军队，而是当地士绅所领导的地方军队。太平军亵渎寺庙、祠堂、墓地，以及雇佣贫农去攻击、杀害地主或有钱邻居之行径，强烈地疏远了士人，尤其那些有较高的功名和地位的。没有其他地方会比湖南湘江流域的例子更有代表性，由于太平军在1852年北伐之时曾蹂躏该地区，并不时威胁该地。

湘江流域主要由富有的地主所占有，其稻作多由佃农耕种，并运 194
往下游供给城市居民，或是非粮食作物尤其棉花的种植者。该地的文化高度排外，在19世纪晚期成为仇外运动的一个中心。湘江流域的人相信他们才是真正的中国人，这种心态表现在如同“农历八月龙舟赛”这类确认认同的仪式上,各类外地人会感到容易遭受肢体攻击。[31]

该地区的精英文化也非常保守，这表现在其倾向坚持宋代理学和四书所建立的严格道德价值、社会阶层以及礼仪的正确性，但该地文化也非常务实，摒除文字学、训诂学及形而上学等清代经学，而专

图 15　北京圆明园，摄于额尔金勋爵 1860 年将其烧毁之前，费利克斯·彼图摄（美国皮博迪·埃塞克斯博物馆藏）

195 注于“实学”以及实用的经世技术，也就是长沙岳麓书院所展现的传统。[32] 从岳麓书院出身的唐鉴所形成的圈子中，兴起了一群活跃的上层士绅，他们最终平定太平天国之乱，其中更包括拥有进士功名的胡林翼、曾国藩及左宗棠。这群非常富有、有学问、出身名门且满腔热血的士族，利用白莲教战事中出现的新战争技术，部分是源自湖南同乡严如熤的想法，并加以改进。[33] 该技术首先被胡林翼用在对抗太平军的战争，后来被曾国藩进一步改善，其中强调两种新式军事组织。秉持着 17 世纪的文化英雄顾炎武的精神，他们是基于自然形式而非行政划分的社会群体，且他们依赖本土的而非官僚式的领导结构。

关于经世的新思考，最有效率的战力，是那种捍卫自己财产和家乡社区的当地人。因此华中的地方士绅在村庄中组织“半农半兵”的农村子弟团体来保卫家乡。这些团体由地方精英来训练并常由他们负责给薪、发配装备和制服。他们通过集中于定期市场或市镇的商业交易系统，或通过亲族网络，串联各村之间的团练，组成较大规模的兵力。正统官僚体系之外的分层协调与指挥架构逐渐自地方士绅中形成。地方精英的力量与日俱增，随着军事指挥和某种地区经济剩余之利益，由拥有财政力量的地主及具有社会文化地位的文人所掌控。原本由清中央政府代理人的知县所专有垄断的权力和影响力，至少暂时已落入地方精英之手。

在 1852 年 12 月，咸丰皇帝任命曾国藩为华中的团练大臣，而曾趁此机会在个人指挥下建立了较大的军事力量。作为长沙书院圈的成果，曾国藩于 1838 年通过了会试，在擅长培育政治辩论人才的翰林院经历数年后，于该世纪中叶到北京担任吏部侍郎，在那里他成为一群年轻积极知识分子的导师，尤其是那些来自湖南同乡者。1852 196
年他被派至江西主持乡试，顺道回乡关切军事形势。他也曾受同胞胡林翼、罗泽南的影响，因为胡在贵州担任地方官吏时逐渐组成一支个人军队，罗也在湘乡当地筹划一个类似的计划。

约一年的时间，曾、罗以及其他人组成被称为“湘军”的省级单位军事力量。胡林翼在 1855 年被任命为湖北的巡抚，将该省现有的地方团练团体结合成相应的“鄂军”。其他长江流域的地方领袖也仿效此做法，最有名是合肥的李鸿章。李在 1847 年获得进士，并至翰林院师从曾国藩数年，之后回乡于 19 世纪 50 年代后期逐渐组成了“淮军”。

这些省级军事编组为以防御为主的地方团练提供了兼具攻击和机动的互补机能，地方团练主要由保护家乡土地的民兵组成。省军的士兵被称作“乡勇”(实际上是佣兵)。招募的来源不仅包括农民，还有盗匪、各种秘密会社，以及其他边缘分子，他们在被招募之前就已经武装了。这种军队的结构，与直接受到清政府中央管控、十分官僚化且本质上已然死气沉沉的军队非常不同。省军的领导阶层来自当地的上层士绅，许多是获得尊崇的进士功名的学者，他们在传统上被认为对军事组织不熟悉。作为省级精英的成员，他们在各自的省城以及北京，尤其是在翰林院共同学习并准备考试。他们的领导结构很多是基于学问上的师徒或同学关系，也常有亲族的双重关系。在每个军队单位中，士兵们效忠他们的指挥官，因其指挥官本人经常负责其军队的招募、武装和薪水给付。这是一个封建式的组织结构。

这些军队的资金来源也很个人化，并且附加于官僚体系之上。曾
197 国藩为了组织其湘军，向湖南巡抚请求并获得同意从该省的大量商业货物运送征收通行税之网络中转移资金。久而久之，他和其他省的地方军领导人发展出向当地地主及商人征集资金的复杂方式。通过非政府地方精英成员开设的局处所形成之网络，来管理这些“税捐”的征集。

虽然他们的经济基础稳固地建立在自己的区域中，但这些军队活动的范围很广。例如，李鸿章在19世纪70年代担任直隶（河北）总督时，便带着大部分的淮军。早在19世纪50年代晚期，这些新的地方军队开始改变太平天国战争的形势。在1856年，太平天国因为其领导人之间的内讧而势力大为削弱。其最有能力的将领东王杨秀清在自称为圣灵的化身并谋篡洪秀全的权力后，被洪下令杀害。天国最杰出的将领翼王石达开，则是弃离天京，转往长江上游独立进行战斗。

在嗣后的两年，胡林翼的鄂军再度攻占武昌，而曾国藩的湘军夺回大部分的江西。尽管在之后几年长江下游各地区曾在军事上好转，也经历激烈血腥的战事，其首都仍陷入持续紧张的围城之中。在1864年6月，洪秀全自杀（病亡？），次月湘军在曾国藩之弟曾国荃的带领下，攻破南京城并屠杀其中的居民。太平天国就此灭亡了。

对于华中大部分地方来说，太平天国之乱留下了难以愈合的伤痕。县城的地方官厅、科举考场、钟鼓楼、儒家的寺庙、祠堂和公会、

城墙和城门等有形之基础建设，以及所有可使一个地方成为社区和大清帝国行政组织之物事皆无能幸免，一切必须重新从零开始。农村的灌溉、防洪等建设亦是如此。荒废的田地要再开垦。幸存百姓需要食物，其身体健康需要照护，而他们的忠诚也需要再建立。死者需要安葬，包括实际和象征层面上的处置。许多地方发现有堆积成山的腐坏尸体或成堆的遗骨待指认及适当的安置。各地为了捍卫个人贞节、效 198
忠王朝而死的许多烈士，需要给予荣誉并让后人缅怀，包括在墓碑上、出版的烈士传记，以及公开的讲会和传诵的故事中。

虽然大量的地方民众为了太平天国战事被征募，但毋庸置疑每个地方的忠诚度还是需要再行确认。为抚平这末世般的大动乱经验，要在加以包装的历史叙述中让人学到教训，其形式通常是在秩序恢复后的 10 或 20 年后，由幸存的地方精英编写新版本的地方志。这些所有的“重建”要花费许多财力，而集体征集资金的过程中形成了新的社群凝聚力，将能持续几十年。

历经 15 年之久的太平天国之乱，及其引发的捻乱和回变，对于清朝的政治、社会、经济有重大的影响。[34] 尽管传统倾向于将清朝历史自鸦片战争划分前后两个时代，但对于清朝人民来说，此战事无疑是一个分水岭事件。太平天国战争特别血腥残酷，直接造成约 3000 万人的死亡。国家的一些区域如长江中游，以及帝国经济中心的长江下游人口更是大量减少，人口大量死亡和迁出，随后只有逐缓再迁入。长江三角洲农业劳力的减少，使劳力的价值在几个世纪以来首次相对高于土地；这反映在那些急着要吸引佃农的地主们所给予的“永佃”权、“田皮”和其他优惠的租赁协议。到了 20 世纪，虽然该地区有较高比率的地租，但佃农仍维持较有利的地位，并使得想要策动他们推翻地主的共产党面临很大的挑战。[35]

经济也同样遭到严重破坏。国家生产力最高的地方农业生产降低了，而沿着帝国最重要的运输路线，即武汉到江南间的长江贸易，因为战乱以及太平军占领南京而被削减。唯有轮船能突破封锁，比起在技术上的优越和成本效益，这更能给予英、美两国的船运业者优势，
199 使他们能在清朝的国内商业中取得立足点。[36] 太平天国战争所带来的国内贸易结构改变，大大地削减了徽州商人的重要性，山西商人也受到影响但程度没那么严重，而广东及宁波的移民社群则取代他们的位置。也许最令人注目的，是长江三角洲上平凡无奇的海港上海，在10年前的《南京条约》中开埠，但从未出现快速的商业发展，这时突然接收了来自苏州、宁波、绍兴、扬州和南京各地的帝国富贾们来此避难。自此苏州和南京再也未能恢复其商业地位，而上海迅速跃升为中国顶级都市。[37]

为了负担镇压叛乱的费用，朝廷轻率地决定发行无担保的纸钞，却未能使人民接受，反倒加剧了战时不断上升的物价。这个实验因失败而中止，但是其他由新的省级军队领导人而非中央引进的财政革新措施，例如被称作“厘金”的新式通行税，可能相较于其他任何因素更具决定性地将政府税收的负担由农业转至有弹性的商业上。无人能比胡林翼更为创新，在1855—1861年担任湖北巡抚期间到他去世为止，其掌控了帝国国内长途商业的重要据点武汉。他积极地在该地区设立“厘局”，并将20多年前同乡陶澍在扬州推行的盐政改革，扩展到华中大部分地区。他创造及贩卖“盐引”给官方中介人，以使该区的批发贸易复苏并向之征税。他在管辖地区把漕粮征收转为现金，有效地促使政府最后仅存的谷物供给手段转而依赖商业市场。

所有这些变化，除了经济层面之外，同样也具社会意义。早期清朝的政策是以“区隔”士人和商人各自领域的目标与力量为基础，其做法是使士人远离经商，并且限制后者参加科举考试。基于胡林翼的“经世”信念，对士绅的公众意识与道德正直之信任，以及为了财政及发展的理由来刺激地方商业，他积极招募地方上拥有功名的人担任商品经纪人、盐批发商以及其他商业角色。整体而言，这些改革大有

助于清朝产生最后半世纪的主导阶层，也就是新式、身份混合的、经营取向的绅商。 200

在社会天平的另一端，太平天国及其他世纪中的起义，随之而来留下了很大的遣散问题。大量的年轻男性成群结队离开乡村生活，投入胡林翼、曾国藩、李鸿章的地方军队中，经常远离他们的家乡作战。战争结束之后社会要怎么安置这些人？曾国藩在 1864 年攻陷、掠夺南京的同时，几乎立即下令解散了湘军的 12 万兵员（在这时候左宗棠还维持其军队）。虽然被告知要归乡并获得返乡旅费的补助，这些雇兵却极少再被纳入地方农业经济中。有些人不是摆脱政府的控制而待在沿途的港口城市，就是在短暂回乡后回到他们曾经造访、更吸引人的城市地区。

太平天国之后的华中城市人口，在性质上与 19 世纪中叶以前大为不同。城市中充满着大量失业或未充分就业的粗人，在街上和市场展现他们的武艺并威胁其他人。这些人并非皆无组织：其中不少在战时或复员之后，便扩充了许多武术取向及犯罪倾向的组织，如哥老会之势力。他们代表对清政府和地方精英的一种新威胁。

第8章

中兴

201 在19世纪60年代晚期，大清帝国几近覆灭。清朝史上至今在位最软弱的皇帝，30岁的咸丰畏缩地逃到长城以外。外国的野蛮人占领帝国首都并烧毁了圆明园。拥有疯狂、蒙昧世界观的内部叛乱者占领着南方的都城南京，并在那里成功地建立了一个敌对的政府。对于一个观察者来说，几乎没什么理由去猜测清朝是否能再多活一年。然而，这个帝国的确存活下来了，事实上更进入一个繁荣的新时期。这是怎么做到的?

随着《北京条约》签订，以及西方联军宣布其与华北的敌对状态结束，咸丰对于还都北京仍一再拖延。皇帝本身因为沉重的压力与极度的沮丧,在尚未还都之时,便于1861年8月病逝承德。在其临终前，指定了5岁的儿子爱新觉罗·载淳为继承人。关于谁应该作为摄政者的复杂权力斗争，在一场宫廷政变以及三位失势的王爷被处决之后达到最高潮。胜利的阵营是当权者所组成的临时联盟，实质掌握了帝国的政策制定。

该联盟的首领叶赫那拉氏曾是咸丰的嫔妃（在英语中，其以Empress Dowager Cixi 即“慈禧太后”的头衔为人所知），她很幸

运地是咸丰唯一子嗣、继任皇帝的生母。该联盟还包括年轻的恭亲王，
他曾在兄长及其他皇族逃离时，独自留在北京收拾烂摊子。恭亲王在 202
这种处境之下展现了出人意料的能力，并且在与可怕的西方人交涉时赢得尊敬。该联盟也包括帝国中最有力的汉人官员曾国藩，他是当时清朝控制华中华南的实际代表。载淳的年号定为“同治”，简洁明了，亦可理解为“联合统治”。

四种同治中兴的观点

早在 1869 年，清代士人就开始声称同治时代（1862—1874）为“中兴”，此说法很快为朝廷自豪地采用。[1] 在帝国政治思想中，一次“中兴”可能在朝代周期中长达一个世纪或更久，此时一群有能力的大臣以及有德性的君主，正匡扶沉没中的国家船舰。根据传统的观点，这曾经在王莽篡汉之后，以及唐朝安禄山叛乱之后发生。西方历史学家认定“同治中兴”是清代历史中影响深远的时代，但此时代被赋予相当不同，或者有些例子几乎是相反的意义。这里我们将检视四种诠释观点，其各自侧重于不同的面向，捕捉了这个复杂而关键时代的多元要素。

曾经流传最为广泛且遗留至今的中兴论述，很可能是费正清首先在 1954 年所发表的。[2] 对他来说，许多因素使得同治时代成为西方影响中国以及清朝“现代化”的第一个重要时代。在外交方面，由于 1858 年的《天津条约》以及之后的《北京条约》，西方满足于自己将中国带入国际礼仪的任务。外国的公使，即英国在第二次鸦片战争中所要求的常驻使节，很快就到北京任职，其中由额尔金勋爵的秘书卜鲁斯（Frederick Bruce）率领以代表英国，而蒲安臣（Anson Burlingame）则代表美国。清廷开始派遣外交使臣出国，其中最有名的是郭嵩焘，他是曾国藩在长沙岳麓书院的同窗、1847 年的进士，

也是1853年湘军光复太平军占领之南昌的英勇将领，并于19世纪70年代后期担任出使英国与法国的钦差大臣。

在1861年3月11日，摄政大臣们在军机处下建立了一个特设
203 委员会，称作“总理衙门”（全称为“总理各国事务衙门”）。此机构最终成为杂乱无章的官僚机构，也是清朝第一个实际上的外交机构，恭亲王断断续续地领导该机构计有27年。[3]最重要的是，逐渐偏好清朝而非“基督教”太平天国的西方列强，现在因拥有条约所实质保障的特权，继而体认到中兴成功对他们具有重大利益。以卜鲁斯和蒲安臣为首的外国使团逐渐发展出所谓的“合作政策”，此种绅士协议从属于“西方教化任务”之整体发展下的各国利益，亦是在冒险的军事扩张后几经外交斡旋后的休兵，直到同治年间结束时仍持续着。

在解除了许多行政上的限制之后，清朝与西方的商业往来大幅增加了。虽然这几乎不是一个西方引起的商业革命，因为从晚明以来中国已是世界上商业化程度最高的农业经济体之一，而且帝国的对外贸易长期以来就非常重要，但这的确造成了相当大的社会经济结构之再造。[4]西方商人雇佣许多中国采购人员和商业代理人，许多独立的中国贸易公司专门采买商品出口并批发进口商品。随之出现的“买办”通常是很富有的文化中介人，很多19世纪后期和20世纪初期中国最重要的人物皆出自其中。买办一方面被称赞为“东西之间的桥梁”，一方面也成为各式政治派别的本土主义人士很容易攻击之目标。[5]

通商口岸沿着华北海岸并顺着长江进入中国中部开放，其中的“租界”出现外国人的身影且多少有点儿混合文化。最著名的就是上海，它实际上在这个时代崛起并取得全球商业大都会的地位。1861年恭亲王建立了“皇家海关总税务司”，那是一个几乎完全由西方人主持的混合组织，它正式取代了康熙时建立、任用本土人员的海关，作为中国中西贸易的管理和税收机关。

在文化方面，根据费正清的叙述，道光年间首先因魏源等人的

著作而受到重视的西方相关事物研究，在同治时期越来越兴盛。在1862年，设立了一间“同文馆”，用以训练年轻清朝国民学习西方语言，及翻译重要的欧洲科学、社会及政治思想著作。新教传教士 204
也对这个计划有所贡献。1874年，美国人[6]傅兰雅（John Fryer，1839—1928）在上海发起一个募款运动，用来建立一间学校及阅览室，称作“格致书院”，其主要为翻译及传播科学技术知识。这个书院培养了一群年轻的中国人，在日后成为重要的工程师、知识分子和改革宣传家。1872年开始，朝廷选派几类中国男性青年到美国康涅狄格州哈特福市参加“留美学童计划”，让其适应包括棒球在内各方面的美国生活。

士人和一般人都对这个致力学习和采用“洋务”的运动表现出强烈反抗。出身较好的家庭不允许子弟们接受西方语言训练，无论朝廷有多么支持这些计划。当宣布爱国的军事英雄和儒家学者郭嵩焘愿意担任欧洲公使一事时，他受到湖南同乡士绅所带领的群众的强烈攻击。但在政府里里外外，有越来越多的精英开始接纳那个时代的迫切需求。他们逐渐相信为了帝国的生存，需要通过选择性借助于西方的计划，尤其是工业化的技术，才能彻底的“自强”。

几乎紧接在费正清将同治中兴阐述为西化高潮之后，对于该时代意义的相反看法也出现了。芮玛丽（Mary Clabaugh Wright）把同样的事件描写成悲剧，其中的失败英雄主要来自湘军的核心官员：胡林翼、左宗棠、郭嵩焘，以及最重要的曾国藩。这些爱国之士，虽身为汉人，但坚定效忠清政府（代表文明的规范，而与汉人组成的太平军不同），且相对较为无私。芮玛丽强调他们深重的新儒家信念、对于其社会阶级道德重整的真切关注，以及他们在乱事之后追求以非常传统的模式，重建廉洁、有活力而仁慈的政府。少数他们认为有必要借镜于西方的作为，仅仅是他们在保守改革运动中的勉强妥协。[7]

还有第三种中兴的诠释，视同治时期为政治权力地方化并转向

205 省或地方政府的开始，这种情形在20世纪军阀割据的灾祸中达到顶点。[8] 此观点聚焦于相对务实的李鸿章，而非儒家理想主义者曾国藩，他在19世纪的最后30年成为清帝国举足轻重的政治人物。李鸿章是汉人而非满人的事实很重要，另外其党派倾向和个人的贪婪也是（李在1901年过世时，在帝国中已富甲天下）。地方分权的过程发展自地方军队，尤其是来自湖南和安徽的军队，他们直接效忠于其指挥官而非皇帝或整个帝国。虽然曾国藩在1864年打败太平天国之后，立刻正式解散了他的湘军，但部分湘军仍为左宗棠和其他将领效力。李鸿章则完全未解散他的淮军。当李鸿章的权力基础从长江下游转移至华北，淮军也随之移动，并于1895年的中日战争中首当其冲。[9]

这些军队由额外的税收支持，尤其是商品的通行税。在平定太平天国和捻乱之后，达成了一个协议，中央政府可据以取回部分由省征收的税，但只有很小一部分曾实际上缴给皇帝。在晚清帝国扩张的商业经济中，贸易的税收是财政收入很具弹性的来源，而中央政府所倚赖的农业税则相对固定。1750年占政府总收入约75%的田赋，到了清末降到约35%。因此财政来源随着时间彻底地从中央转移到地方政府。

当这些非正规私人军队的将领，受朝廷任命成为正式官员时，随之而来形成进一步的权力转移。曾国藩在1860年被任命为帝国最重要的地方官员——两江总督，而6年后其弟曾国荃担任湖北巡抚。左宗棠在1862年成为浙江巡抚，1866年改任陕甘总督。李鸿章在1861年担任江苏巡抚，4年后接替曾国藩升任为两江总督，1869年担任湖广总督，次年成为直隶总督。其兄李瀚章在1870—1882年间治理湖北，1889—1895年间主政广东。

206 接任如此重要的职位，当然使这些人掌控了之前未能控制的收入来源——田赋的征收。虽然回避制度在这些任命中仍被遵守，但国力渐衰的清廷逐渐失去许多对于最具影响力之地方官员的查核与制

图16 19世纪70年代的直隶总督李鸿章（美国皮博迪·埃塞克斯博物馆藏）

衡。例如，他们的任期有时远超出过去大约三年的常规：李鸿章待在直隶近1/4世纪；新一代的有力管理者张之洞，担任湖广总督近20年。这样的地方大员掌握了对于布政使、按察使，以及知府、知县的任命权，他们通常从个人幕僚中提名。此外，这些非正式的幕僚所组成的“幕府”快速成长为实际上的个人官僚机构。张之洞雇佣了超过600人的幕僚，包括约239名外国人。[10] 由这些地方官员所主导之“自强”工业企业的设置，其管理者大多也是来自官员的私人幕僚，更多的自主权力亦下放到他们手中。 207

根据第四种也就是最后一种对于同治时代的解读，中兴期间持续的军事化，导致地方社会中的非政府精英崛起，削弱了知县及其他中央任命的帝国官僚代理人。相对于地方分权论点的支持者强调政府权力由皇帝转移到地方官员之手，这个后起的观点看到了一个平行的趋势，实际上把权力从所有政府官员手中转移到地方私人显贵之手。[11] 这些地方精英兴起的影响力，以及他们所掌握的非政府组织，是一种逐渐发展的、偏好地方自治之大众心态的一部分，这种想法在 20 世纪早期终将获得官方的认可。

事情就像这样发展。在太平天国战争中，为了地方社会自保而广泛形成由精英领导的地方团练，其本身早在为应付白莲教乱和鸦片战争时而建立，加强了地方上拥有功名之士绅的权力。除了社会地位和土地财富，他们现在掌握了军事指挥、（军事）法律执行，以及以士兵薪饷形式的赏金分配权力。在清朝的构成系统中，这些所有的功能，形式上都为皇帝所垄断掌控。最重要的是，这些私人精英从官吏手中，夺取对地方收税的管辖权。其中关键的是名为“局”的机构，一种准官方的公共机构，原本是以临时特别设置的原则，作为监督土木工程
207 建筑及其他计划的财务管理，但现在用于征收商业及其他税赋，例如通行税或交易费。在江南的特定地区，这些士绅地主的局甚至自己插手田赋征收之事，将田租和田赋混淆了。这个过程，再加上地方精英的新军事力量，可诠释为晚清中国一种“再封建化”的形式。

与非政府精英之权力大增相随的是持续不间断的经世政治论述。[12] 这里的关键人物是冯桂芬（1809—1874），他出身苏州的富贵地主家庭，在 1840 年通过殿试，后于鸦片战争期间在北京担任翰林院编修，他在那儿与其他具改革思想的年轻学者们合流，成为“顾祠会”的一员。当太平军蹂躏其家乡时，冯回去组织领导一支地方团练。在同治年间，他在苏州和上海的书院主讲，并成为两江总督李鸿章的私人幕僚。在该职位上，他主张借镜西方以展开自强的工业化，同时

阐述他个人对地方政府改革的观点。冯的经世政治思想融合了本土的新儒家理念和吸取西方的观念。他是使晚清经世之学能因应时局变化的关键人物，他认识到传承自顾炎武思想的地方自治传统，与西方传入的代议民主制有其相似之处。

在地方政治方面，冯桂芬吸纳了顾炎武的观念，原则上要以大士绅地主（顾和冯都属于这个阶级）长期担任其家乡的知县；换句话说，就是废除回避制度。但在其上另加了一项特点，也就是在县治层级以下发展出更好的政治基础结构。借鉴于“保甲”连坐制度概念的复兴，冯主张县以下的首长应该用不计名投票选出，而这些首长必须是支薪的专职人员，以避免成为富人或强大地方利益的应声虫。他们要对他们的选民负责而非受上级控制。

因此，冯主张以两层结构的地方行政，来解决极权主义、官僚主义和官员怠惰的问题。然而他主张的知县是一个由地方士绅担任的永久或世袭职位（在此意义上是封建的），并搭配其辖下隶属的首长小 209
集团，该集团也是地方人士，不过是担任由选举产生之职位的一般人民。就像两个世纪以前顾炎武的计划一样，冯桂芬在有生之年中从未实现他的主张，但这些想法就在认同的士人间流传，并启发了较晚世代的政治改革人士。

帝国的复兴

19世纪中叶的咸丰时代不只经历太平天国和捻乱这两个由汉人发起的动乱，还遭遇了西部边疆的大规模分离主义运动。分离主义者名义上是大清子民，虽源自不同的文化背景但有着同样的伊斯兰信仰，因此被汉人和清政府混称为“回”。在西南，外来人口和原住民间逐渐加剧的族群紧张，就在满族按察使呼吁实行“种族清洗”之后，于1856年5月云南省城昆明引发了一场屠杀，至少有4000名穆斯林遇害。如滚雪球般的响应产生出一个独立的穆斯林政权，其总部在文化多元、位于往西藏和缅甸主要贸易路线上的城市大理。这场史称“云南回变”的动乱，直到1873年才被平定，据报当时种族屠杀的行动让云南的人口减少了500万。[13]

由于清朝几十年来的统治不当，在18世纪时被康熙和乾隆皇帝征服的西北新疆，出现了一个由颇具号召力的穆斯林圣战士阿古柏所领导的反叛政权，此政权与英国和俄国建立外交关系，并一直延续至1877年阿古柏骤逝（可能是中风）为止。该政权由湘军将领左宗棠平定，依据19世纪70年代后期的估计，共花费了相当于国库一年总支出的1/6。[14]

左宗棠于19世纪70年代后期在新疆完成的，不只是平息一场叛乱，而是对中亚穆斯林的再次征服，该广大地区已经脱离清朝的统治近一个世纪，而其政治基础结构亦已被阿古柏政权摧毁。[15]为了处理该战事的庞大支出，海关收入以及内地省份的田赋税收被挪去支应
210 内亚的边境，当时尚有庞大的太平天国战后重建计划需资助，同时还要维护海防。“再次征服”正是经世改革家魏源在1842年所强烈主张的，但汉族士人对此无用的花费有所不满。这时最主要的批评者，莫过于左宗棠在讨伐太平军时的盟友李鸿章，他当时安坐在直隶总督的位置上，垂涎以那些经费来发展他的北洋海军。

与18世纪的战事不同，1875年平定新疆并不是一场拼凑广袤帝国的圣战，打胜仗的士兵也不是大清的多种族旗人。出征的将军是一位湖南士绅和团练领导人，并由左宗棠湘军中自觉的汉族爱国者所完成的。在1878年1月攻占和阗的军事行动达成后，当地维吾尔和蒙古领袖被正规官僚的知县取代（半数以上是左的湖南同乡），土地被开垦用于定居耕作，成千的汉人移民（大部分也是湖南人）迁入，并兴建中国儒家学堂系统。[16]这广大的区域虽然在一个世纪前就已是清帝国的疆域，却是首次展开汉化，并于1884年（再度遭到李鸿章和

其他人反对）正式成为中国的一省。

此为晚清在边疆地区设省的一部分，其中台湾在晚新疆三年之后获得省的地位[17]，并开始准备把满人的家乡予以分割，使其演变为20世纪初期的“东三省”。其最直接的目的，是使中国在受西方和日本掠夺威胁的时代，确保对其边疆领土的权力。但这也显示出清朝政体在本质上广泛的转变。明朝清楚地将“中国”或“中华”之名理解为汉人的政治组织，而此概念也完完整整地延续至后朝。在大清建立之前，爱新觉罗统治者们与此观点一致。但在征服明朝的几十年间，清朝称其幅员辽阔的帝国时，不仅以“大清”自居，而且几乎以“中国”代称。这个新的清代中国并非旧时明朝以汉族为主的国家，而是一个刻意而为的多民族政体。对汉族士人来说，他们花了相当一段时间才开始接 211
受如此重新定义的概念，但在19世纪初，在汉族活跃分子如魏源的著作中，将“中国”视为拥有新辟、高度扩张疆土的多民族国家，已成为标准的命名方式。这些概念是我们今天所认识之中国的起源。[18]

清代早期的统治者视自己为一身兼任多职的皇帝，分别且同时统治着多元的、分隔的民族群体，而不是一个“中国”帝国的异族管理者。但到了同治年间，清帝国虽然不情愿，却已成为欧洲模式之主权国家礼仪中的参与者，并与西方各国签订一连串的条约，而条约中始终称其统治者为“中国”皇帝，此政权亦被称为“中国”政府。虽然我们无法确认，但似乎恭亲王以及同治和之后光绪的摄政大臣也是如此认为，收复新疆是中国统治者的作为，而不是统治天下的清帝国统治者。根据此观点，将新疆“中国化”乃是合适的做法。

满洲也同样如此。在征服期间旗人移入中国内地造成人口大量减少，1660年以后，汉人越过“柳条边”到东北都属违法。然而虽有禁令，仍有移民，而且在饥荒时，朝廷会放宽禁令；1876年凄惨的华北饥荒开始之际，就有近百万难民抵达东北。然而，面对俄国在19世纪下半叶向东扩张，清朝则以完全废除禁令来因应。首先在

1860年放宽了双方争夺之黑龙江流域附近的极北地区，之后在1887年放宽整个区域，并积极鼓励汉人移民。如此开始的大规模汉人移动，在半世纪以内使东北的人口增加一倍以上。[19]

但是，满族并未因同化而无形地融入优势的汉族人口之中，其发展恰好相反。族群或民族认同，在清朝的前期及中期在某种程度上可以代换及妥协，只是在19世纪期间似乎已根深蒂固。对于一般的旗人来说，也就是那些最为都市化且越来越贫穷的清朝子民，居住在大城市如贫民区一般的驻扎地聚落之中，忍受主要族群的鄙视，遂经常
212 明白地意识到彼此之差异。族群紧张情势，也因为对帝国崩解的焦虑以及“汉奸”的恐惧而加剧。[20]

太平军直截了当地意图要消灭满洲的“他者”，此使旗人自我认同为特殊族群之概念更为具体。1865年同治朝下诏解除旗人的居住和职业限制，但未能让族群冲突结束。[21] 相当程度适应汉人的习俗，包括使用汉人语言，正如满人武艺衰弱一样，当然都是满人自入关以来在中国的经验。但在20世纪早期清的满人认同和汉人反满思想的政治利用，都是建立在清帝国时期日渐强烈的民族情绪之上。

早期工业化

在19世纪中叶，中国是一个高度商业化的农业社会，有着高水平的手工业生产，至少有一些组织成为资本主义式的作坊，其中数名工匠一起受“业主兼经营者”的管控，并在其手下工作。[22] 若以“在蒸汽动力、非动物性劳动力的工厂中进行生产装配线分工作业”的定义来看，中国几乎或完全没有进入工业化。此定义的工业化和构成其基础的技术从未在本土发展，而是在同治年间开始由西方引进的。晚清帝国（约1860—1911年）时期的总体社会经济发展，为此时的情势变化提供了一些发展的情境。

晚清的农村社会似乎已经历了一个长期转变的加速期，即自晚明开始，由实物支付的田租转为以现金支付。在某种程度上为呼应前述变化，国家转而将最后仅存的农产税，即漕粮，从实物转变为现金。其结果是农村经济更彻底地货币化，伴随着都市化上层精英中不在地地主的兴起（此过程在长江流域因太平天国的暴动而加速）。城居的农村土地投资者付钱给库房，再用以招揽和管理佃农并收税租，而早期地主和佃农间的家长式关系，被此阶段的资本主义模式的契约与金 213
钱关系所取代。

在城市，脱离农业的大量自由流动劳动人口在几世纪以来逐渐增加，加上世纪中动荡而流离失所的士兵、民众而扩大了。另一个在后太平天国时期加速的长期趋势是人口的“资产阶级化”（embourgeoisement）。其中一个原因是士人和商人社会阶级融合成一个混合的绅商阶层。另一个原因是来自日渐复杂的旅外同乡商会，在主要的商业中心相互配合以追求相互利益。[23] 与此相关者为城市地区的公会和其他组织偶尔获得半官方权力，并受帝国官方的默许或鼓励。如由商会资助和管理的“善堂”所掌理，并在规模及范围上快速发展的城市慈善活动，就是最明显的例子。

几个引人注目的事件展现了此种变迁的方向。在长江上游的河港城市重庆，由一群旅居商人组成，称作“八省”的会馆，在19世纪60年代早期集体动员防卫该城市，以避免被从瓦解中的天京往西逃窜的太平军将领石达开攻陷；另外，在法国就群众攻击当地教士而展开的报复中，支付赎金解救该城市。20年后，在下游的汉口，一场夭折的反王朝秘密会社叛乱发生之际，由许多不同行业及同乡公会所赞助的商人民兵联络网，肩负维持和平和保护财产的责任。在1905年的上海，地方士人和旅居商会联合成立了帝国中第一个市政议会[24]。他们援引西方词汇并以租界中的市议会[25]作为直接范本，显然也循内陆商业城市的前例而建立。[26] 整体而言，这些趋势指向成长的货币经济中可用的流通资金、资本主义经济关系的普及、大量的流动劳力，以及创新管理的企业家。换句话说，虽然特别的组织模式和工业化技术是由外引进的，社会和经济似乎已经相当成熟而能接受如此的进口品。

214 从 1865—1895 年，中国都市的风貌因大量机械化工厂的开设而改变了，这些工厂都为中国人所有（因为外国工厂在中国仍是违法的），但都依赖外国的设计并使用引进的技术。这传统上被称作“自强运动”的发展，可能用“追赶式工业化”来描述更为恰当。新建立的所有企业都设置在新开放的口岸，依赖外国的设计师、工程师、管理人员和机械设备。这些企业的开创并非由中央政府带头，而是来自省或地方政府以及巡抚总督的推动；特别是少数特定省级官吏，尤以李鸿章和张之洞为首，接受选择性地“师夷长技”，而一起被视为“洋务派”。

李鸿章在 19 世纪 60 年代后期的两江总督任内，建立了江南机械制造局。1870—1895 年转任直隶总督期间，为天津早期工业化的全盛时期。而张之洞在 1883 年后担任两广总督，监督广州纺织厂的设立，1889 年转调武汉后，另开设汉阳钢铁厂及武昌的各式纺织厂。张设立钢铁厂的计划原本为用于其广州的辖区，该地可善用已建立的贸易和附近佛山的制铁手工业之优势；只因他转调武汉之机遇，让武汉而非广州成为 20 世纪早期中国的钢铁生产中心。

这些早期工业化成就是官僚资本主义的成果，而非是私人企业资本主义，其结果衍生的问题有时被拿来比作毛泽东时代的国有企业的问题。在这种管理形态中，计划和监督由政府官员执行，而日常的管理则交由私商处理。在大多数的例子中，投资和风险由公私部门共同承担，但由官员（或更精确地说是这些官员的幕僚）来制定政策。由官员批准、筹划、监督这些计划，地方精英则提供大多数资金及管理实际建设工程，此概念对早期工业化来说并非特别新颖。清朝官员多年来已循此惯例去发展水利工程及其他大型的建设计划。而邀请私商加入的概念同样也有其历史：清中叶期间，如开采铜矿或提供军事扩张行动的后勤等计划中，政府通常概要陈述工作预期目标，并设定运作方式和获利的规定，再“邀请”商人来投标，以获得投资及管理实际事业的权利。 215

自强工业化运动首要关心的是国防，之所以强调于此，系因西方军队占领帝国首都北京带来的冲击，以及由西式武装军队成功击退太平军保护上海所直接促成。因此，国防和军火工业的发展首先受到关注，如江南机械制造局和福州船政局。紧接着是直接支持军备制造的重工业（煤铁、重机械）。相对于其他晚进工业化国家的经验，以及中国在后毛泽东改革开放时代的经验，纺织厂及其他生产消费商品的轻工业则较晚出现。此作为甚至是出自保护国内消费市场免于外国渗透的国防意识。

首先由冯桂芬提出，后来由张之洞所推动的自强策略，其主张在面对前所未有的西方威胁以及新的国际竞争世界，以军事抵抗必定会失败，此观点在两次鸦片战争中已清楚地验证。[27] 外交手段才是此时必要的，但只是暂时的权宜之计。真正的解答是一个对于帝国的新观点。相对于西方观念中追求个人利益为经济发展和国家力量的引擎，也同样别于传统儒家观念中藏富于民的经世目标，在这个崭新时代中的关键，是坦率地追求国家“富强”。只有如此才能让中国在未来不易遭受外国的侵略。

冯桂芬相信他处理的地方自治行政议题，以及工业化和军事自强的需求等问题是彼此相关的。在他看来，清帝国身陷蔓延的官僚痼疾之中。执政权力掌握在一群尸位素餐之徒手中。在帝国中确有具备实 216
才的能士，但当下的体制让他们无法崭露头角。为了促成政治领导的必要革新，他建议大规模地训练技术专家人才，此概念并首先实践于福州船政局附设的“船政学堂”运作中。同时，他主张在地方政府进行半封建式的改革。

冯桂芬倡议地方半官方人员选举，以有效地走向代议政治，此并非出自任何自然权利、社会契约或人民主权的概念，而是认识到其有利于增进国家“富强”。[28] 不过这些思想仍属激进。鼓吹如此张扬地追求国家力量，似乎有悖于维护和谐与平衡为最首要的政治目标，此目标是在所有接受经典训练之士人自小学习的《大学》等经典中得到认可的。而将技术官僚推上政治权力位置的想法，则在晚清经世论述中已有其先声，这与有德君子才能治国的基本理念有所抵触。

自强运动失败了吗？

许多自强事业曾经历初步生产与获利的时期，但主要目标是使国家强盛。1895 年中日战争惨败后，朝野形成了普遍的共识，认为这 30 年来中国早期工业化是彻底的失败，尤其是相对于日本而言。这个观点几乎为所有的历史学家所接受。明治日本的“成功”与中国的“失败”多年来都是晚清史学研究的重要课题。大量的中国和西方学者，专注于解释“为何”中国的早期工业化失败，而非探讨是否失败。

一种解释强调，虽然有明显的危机感，但其政治决意仍力道不足。张之洞直接提出（冯桂芬更早已间接提出）“中学为体，西学为用”的工业化改革核心理念。对于费正清及其追随者来说，这个体 / 用二
217 分法，不仅显示出一方面不愿意牺牲儒家的道德规范、合宜的礼仪及社会组织，另一方面又希望达成西方在物质和技术上的优势，其透露出缺乏完全的投入以及足够的急迫感。对这些历史学家来说，工业社会有完全不同的一套文化意义和价值观，这些是工业化成功的必要条件。日本的决策者愿意接受这样的价值转变，然而清代的士大夫则不愿意。

对于所谓清朝的失败，现代化理论家提出更有力的一套“传统文

化”解释。小马里昂·利维（Marion Levy, Jr.）主张中国儒家文化偏好在选择生意伙伴、供货商和部属时，是根据具有“排他性”的亲属和同乡联结，而非工业企业所要求的“普遍”标准。明治时期的工业化推行者们，虽然也在儒家的关系和义务中做表面文章，但实际上在商业往来上远更为“理性”。[29]这种关于中国人“裙带关系”和“腐败”的观念，成为费维恺（Albert Feuerwerker）的权威著作《中国早期工业化》（*China's Early Industrialization*, 1958）的基础，该书批评了这种“官僚资本主义”式的计划。费维恺强调清朝行政系统中对于冒风险的厌恶反感，以及受此想法影响的人们在掌管追赶式工业化时，出现特有的机能失调现象。[30]

其他历史学者所认定自强运动人士遇上的具体障碍包括：各省官员支持的计划之间的区域竞争、无法从西方取得最好和最新的机械器具与工程师、必须要承诺犹豫的投资者直接的利润分配，然而在全世界技术快速进步的时代，所有的工业，尤其那些试图追上西方的工业，需要凭借持续的“再”投资才得以升级。[31]

当然随着20世纪后期快速崛起的亚洲“四小龙”，将“儒家思想中的经商之道”（virtues of Confucian business practice）称作他们成功的关键，以及接着后毛泽东时代中国的快速兴起，单纯以文化因素解释清朝自强运动的失败似乎越来越站不住脚。经济人口组成的失败论述更具说服力。一个特别吸引人的版本是伊懋可（Mark Elvin）首先在1972年提出的“高水平均衡陷阱”（high-level equilibrium trap）。相当简化地说，此论点认为在帝国晚期，中国的前工业化经济以顶尖的效率运作，因此任何可能的过剩已从现有的技术中减少，并在人口增长中耗尽。其结果导致欲迈向更高技术（工业化）的水平 218
发展有其阻碍，因为其产生的混乱代价太大。这一步只能从其体系之外引进，换言之是来自西方，且即便如此，只要运作之效率不及早期技术，仍会被抗拒。[32]

伊懋可在较为晚近时，加入了一个相关的“技术闭锁”（technological lock-in）概念。他以水利建设为例子，论证指出维护旧技术的花费是如此之高，以至于几乎不可能投资新技术；为了创新投资而释放资源，而“不”维护旧技术的社会成本也高到难以承受。这种现象在19世纪时帝国的大部分地方已然出现，其中许多地方更早在18世纪即有此状况。[33]

另一个清朝未能像明治日本如此工业化的可能原因，是西方“帝国主义”在中国不成比例的影响。许多中国大陆和台湾的民族主义中国史学把这个因素看得很重，而大多西方史学未言明地，或在现代化理论家的例子里，明确地忽略该因素。然而，其他西方史学家主张，19世纪西方只是因为相较于日本更觊觎中国市场，因此运用其军事和法制上的力量，更有效地迫使清朝在世界经济中的“依附”或“边缘化”。西方民族国家占了清朝失去关税自主的便宜，将它们的工业产品倾销到帝国来，并借此不公平的竞争，获取中国的工业产品市场。它们投资中国的工业，并将利润带回母国的经济中，因此吸走了原本可能提供给本土工业化发展的资本。为了维持其优势，西方国家刻意支持陈腐、蹒跚的清政府，以防止中国在政治上重组成为有效率的民族国家。[34]

不论强调哪些原因，历史学家们主张中国“迟缓的”工业发展时，必须考虑中国在20世纪末晋升为经济强权，以及在1895年之后的25年之中所发生的小规模工业革命。最近关于自强运动的历史著作，
219 已谨慎地从完全失败的叙述转向，挑战旧的观点，并改为强调这时代几个令人注目的成功领域。本杰明·艾尔曼（Benjamin Elman）主张1895年海军的失败并非因为清朝战舰的建造技术落伍，至少在19世纪80年代期间“江南机械制造局和福州船政局在技术上比它们在日本的主要竞争对手横须贺造船所更为先进。”[35]商业史学家也开始主张轮船招商局在约20年间作为商办企业经营并获利，直到19世纪

80 年代晚期由清廷将其官方化。张之洞的国营湖北织布局，在 1909 年破产后租给了民间经营者，而其继承者持续以各种形式经营获利至今。在此新史学认为，虽然是间接的，后毛泽东改革开放时代令人注目的成功发展，其根本上来自晚清工业化的经验。[36]

对外关系的恶化

从 1870 年到 1895 年之间的 1/4 世纪，标志着“合作政策”的逐渐崩溃，该政策把个别国家的利益置于西方文明使命之下，而有人可能会说，这也标志着整个“同治中兴”的失败。[37] 合作政策主要被两个事件所破坏：英国对于“阿礼国协议”（Alcock Convention）的拒绝，以及 1870 年的天津“屠杀”。但这两个单一事件都可以看作是长期以来压抑已久的怨气以及群众压力的产物，而非官方政策的结果。实际上，清朝政府和西方各列强满足于继续依循 1860 年《北京条约》运作的合作协议——但他们的态度越来越跟不上他们的众多支持者。

与阿礼国（Rutherford Alcock）会谈失败的背景是英国商人，也是所谓的“中国通”，对于第二次鸦片战争中所得结果之不满的快速累积。这种情绪实际上是针对 1842 年第一次鸦片战争后所获得权益的日渐不满之翻版。这种不满与商人本身渴望的变化有关，也同样与清帝国实际的状况有关。在《南京条约》签订之后，英国的商业目标从仅是希望像茶叶和鸦片等原料产品的交易，迅速地转向使“中国 220
市场”对英国制造品尤其纺织品开放的新观点。此种号召出自自由贸易式的自由主义，其结果就是 1858 年额尔金的侵略。之后，英国的目标更进一步，如同企业家们开始不只视清帝国为潜在的市场，更视其为工业原料的来源和潜在的生产地。如果中国人未能有效开放他们自己的矿产，西方人应该会帮他们；如果他们不建造国家明显需要的铁路，西方人也会做。最后，西方人开始想要在中国设工厂，运用廉价的中国劳工制造产品卖给中国人，如此可以减少从西方运送产品所增加的成本。

1858 年的《天津条约》其中包含了一项条款，要求 10 年之后再修约。因为对于西方国家似乎会遵守其所签订之条约的印象深刻，清朝当局期待这个即将到来的修约机会，并努力地准备这个谈判。在与英国驻华公使阿礼国的会谈中，总理衙门草拟完成了一个修订版本，其中包括适度和互惠的改革，例如外国商人免征国内通行税，以换取对进口商品课征稍高的关税。该协定于 1869 年 10 月 23 日在北京签署。然而，要英国国会正式批准此协议，证明是有困难的。在签署之前的几年间，英国的中国通们曾更为大声地疾呼开放整个清帝国的对外贸易，以及其他新的特权。当这些要求未能在草拟的协议中出现时，他们就游说所支持的议员们否决此协议，而国会在 1870 年 7 月也的确这么做了。清朝的决策者们因感受到背叛而震惊，而主张和解的洋务派如当朝的恭亲王、地方上的李鸿章等人的地位都被大大地削弱了。

第二个预言合作政策瓦解的事件，来自西方传教士活动所造成的紧张关系。之前的条约允许西方传教士进入帝国的内地，并批准地方官员保护西方传教人员以及中国信徒。但基督徒与中国民间宗教信徒间的法律纠纷和暴力事件大量增加，其中许多与信仰差异本身没什么关系。例如，改信基督教的人常常挑战地方社群的传统规范，拒绝
221 贡献向全村或镇收取的庙宇和年节基金，并声称这些是“膜拜偶像”（idolatrous）的行为。或者，另一个例子，当信仰基督教的家族（改信常常发生在整个家族而非个人）卷入与邻居的财务纠纷时，其在向县官陈述案件之际，经常主张遭受宗教迫害，并请求法条保护。这些教徒获得了原本是有功名士绅才有之与官员接触的特权，这可能成为地方社会中严重的不稳定力量。[38]

地方正统精英对此挑战的响应方式之一，就是散布西方传教士

的野蛮及秘密异端行为的谣言，正如 1870 年在天津所做的一般。天津自从 1858 年被英法联军占领之后，就成为仇外情绪高涨的地区。法国当局之后强占一幢帝国的别墅作为领事馆，1869 年法国天主教修会的“圣母得胜堂”（Notre Dame des Victoires）把一座地方佛寺[39]夷为平地，以便能在该地建立“育婴堂”。该机构的负责人对于送婴儿给他们照顾所提供的奖金，似乎引来一波儿童绑架潮，且开始谣传这些儿童在此机构中因仪式目的或以其身体部位来制药而被杀害，该问题于 1870 年 6 月发展到一发不可收拾的地步，当时清朝地方官员就强制展开育婴堂的搜索。不过结果并未发现可疑的事物，法国天津领事气愤地到一位调查者的办公室理论，并在激烈的争吵中，开枪射杀了一位随从。该领事及其同伴当场被杀，愤怒的地方民众捣毁了育婴堂和其他外国教堂，杀害约 17 名外国人，包括 10 位法国修女[40]。当港口集结着外国炮舰时，另一场战争似已无可避免。

清廷派出调查的人正是时任直隶总督且是帝国中最受尊敬的官员曾国藩。他谨慎的报告使法国人冷静，其中再次强调育婴堂未有不法行为，并建议将该“屠杀”中责任最重的 15 个人处以死刑。对此，法国政府因为对其领事的鲁莽行为感到窘迫，且正忙于普法战争的情况下，同样愿意和解。但曾国藩的建议遭朝廷否决，且被无礼地调至南京担任两江总督。奉旨接任直隶总督的李鸿章展开了他自己的调查，222
并建议减少处决人数、支付赔偿金，以及派遣一个清朝代表团至巴黎致歉。两个政府达成妥协，但一直以来的友好关系已然消散，而事件也激起朝廷中以及清朝整个社会的强硬仇外情绪。曾国藩因感到羞辱与沮丧，实际上结束了仕途，并于事件落幕后的次年年初去世[41]。

从 19 世纪 70 年代开始，一系列的事件预言了中外紧张局势不断恶化的新时代，并涉及大部分所谓的“列强”。首先是 1875 年的“马嘉理案”。英国想要在长江上游和其所在的印度之间开拓贸易联系，派出了 28 岁的使馆翻译马嘉理（Ausustus Margary）沿江而上，并从那里向西南直抵缅甸边境。如同中国地方官员所害怕和预料的，马嘉理扎营在边境时被地方民兵所杀。一位愤怒的英国驻华公使要求抚恤马嘉理家属，赔偿高达 20 万两银子，并要求派出代表团到英国致歉。该使团由郭嵩焘带领，最后演变为清朝常驻伦敦的公使馆人员。外国要求赔款以及其他特权来偿付其所认定冒犯的模式，已在清朝外交关系中根深蒂固。

与俄国的冲突持续更久。新疆北部的伊犁河谷是一个农矿丰富的地区，也是进入新疆的战略要点。俄国已逐步殖民其位于亚洲的边疆，并在此过程中与穆斯林中亚地区发展强大的商业和其他关系。在 1871 年阿古柏分离运动达到高峰时，俄国军队占领了伊犁，表面上暂时而友善地帮清朝保护该地，但实际上是要防止该地区落入英国人之手（俄国假定阿古柏是英国的代理人），目的在该区域永久殖民。左宗棠平息了阿古柏之乱后，清朝派出总理衙门的满人成员、曾参与天津教案调查并领使团至法国谢罪的崇厚，与俄国人谈判从伊犁撤军。

崇厚于 1879 年签订的条约 [42]，却把伊犁河谷地的大部分地方永
223 久割让给俄国，并同意支付 500 万卢布来补偿俄国代替清帝国的军事介入。当崇厚让步的消息传回北京，引发民怨众怒。这时仅是一介年轻翰林院学士的张之洞，上疏要求立即将崇厚斩首，并声明放弃他签订的条约。就此张之洞很快地成名，并确信将位居显要。总理衙门利用英国以及其他列强的幕后支持，且通过曾国藩之子曾纪泽的交涉，终于在 1881 年完成修约。新约中虽减少了让与俄国的领土，但增加了赔款作为交换。

与英国和俄国的冲突相较更严重的，是与法国在越南愈益恶化的冲突。在中华帝国史的中期，安南曾经是直接受中国统治的保护国，但在明清之时发展成为自主的藩属国。法国自晚明就在当地进行传教活动，而在 18 世纪开始增加在商业和军事上的活动，并开始强迫越南宫廷接受其要求。1802 年建立的阮氏王朝，虽然不情愿却被法国

扩张的利益紧紧控制。1862 年和 1874 年的条约把越南南部称作“交趾支那”（Cochin China）的地区直接割让给法国，并允许法国在称作“东京”[43] 的北部地区有进一步的军事集结。然而，即使已签订这些条约，阮氏朝廷仍扩增对清的朝贡使团并寻求其保护，以免于法国进一步地殖民。清朝以组织一非官方、不受承认，人称“黑旗军”的佣兵作为回应，该军队在 1882 年开始在东京进行游击活动。一年之后清朝开始暗中输送正规军队前往支援。

同时，安抚法国的外交努力也由清朝实际上的外交大臣李鸿章进行。但到了 1884 年中，随着战事日渐扩大，垂帘听政的慈禧采取了几个出人意料的做法。向法国宣战，并把主战的张之洞派任为两广总督，该地区为出兵越南的集结待命地；此外，罢黜主和之恭亲王的军机大臣和总理衙门王大臣之职，改任好战却不胜任的光绪皇帝之父醇亲王。

清朝陆军在越南东京及特别是台湾，与人数较少及补给不佳的法 224
军交战时，获得零星的胜利，在台湾的战场，法军试图扩大战争并进行海上封锁。但海战是关键性的，状况对清朝相当不利。在 1884 年 8 月 23 日仅一小时左右的对战中，法军在福建沿岸摧毁了 11 艘清朝最新最优良的军舰，并重创帝国最早的海军设施福州造船厂。因害怕法国海军攻击上海，而造成突如其来的破产潮以及信用和房地产市场崩溃，其影响深入内陆达到汉口，并摧毁了帝国刚兴起的工业企业家阶层。[44]

清朝最终投降，由李鸿章于 1885 年 6 月签订的条约中正式承认法国在越南的统治权，以换取法军自台湾撤退。虽法国未要求赔款，但战争直接及间接的花费仍然庞大。自强运动的失败表露无遗，而被寄予厚望的工业发展彻底地延迟。在恭亲王掌权下，20 年的谨慎外交和耐心培育的清朝军事力量就此完结，而接下来清朝宣称的“藩属国”将接续不断地被剥夺。

日本的挑战

最终，并非是西方列强，而是日本的兴起成为清朝最后半个世纪最危险的外敌。日本的挑战始于同治年间，而在 1937—1945 年的太平洋战争中达到高峰，当时日本所经历的中兴，部分是因新的西方扩张者出现而引发。在日本的例子中，海军准将马修·佩里（Matthew Perry）率领之“黑船”于 1853 年抵达，美国威胁德川幕府若不放弃严格限制与外界往来的“锁国”政策，最终只好兵戎相见。日本面对西方冲击的反应比中国快速而决断，可能是因为清朝在两次鸦片战争中所受的屈辱，以及英法联军占领北京一事，在日本已广为人知。现实地评估这个对国家主权前所未有的威胁，是导致世界上最重大的
225 革命性事件之一的主因：推翻了数世纪之久的德川幕府，以及（宣称）恢复由皇权直接统治，史称 1868 年“明治维新”。

虽然推翻德川的激进年轻武士们目的在于“复古”，实际上此次维新几乎直接对已有 600 年之久的地方分权式封建体制造成无情的破坏，取而代之的是西式的中央集权官僚政府和公职人员。当时“攘夷”也是该维新的重要口号，明治日本很快地全面性引进西方科技、工业制造和高科技的征兵军队，甚至是社会和审美模式，成为近代工业和军事强权，并且不利于清朝的道路前进。明治日本也在西式外交及国际法上进行了速成式的学习。对日本来说，要精通这些规范有点儿操之过急，但仍立即将此种新知投入运作，不仅为自己与新到来的西方强权谈判出较好的协议，也重新定义其和帝制中国的传统关系。

1000 多年以来，自从日本在 7—8 世纪逐渐融入儒家文化圈，中国王朝统治者就视他们的岛国邻居为朝贡国。现实情况变化很大，要看特定时期中华帝国的中央化程度和力量大小，以及日本当权者本身认定其与中国之关系的效用大小。足利义满（1368—1408 年在位）[45] 对于强大统一的明帝国印象深刻且担忧，因此派出朝贡团到明

太祖那里，承认其臣属的地位，很大部分系以稳固自己在国内摇摇欲坠的将军法统地位。德川幕府的建立者德川家康（1603—1616 年在位）也以类似方式利用与中国的关系来强化他自己在国内的统治，但他不愿臣属于如晚明这样明显孱弱的权威宗主。第三代德川将军，德川家光（1623—1651 年在位），与中国做了相对明显的切割；与明朝书信往来时，家光自称为“大君”（*taikun* 为英文 tycoon 一词的来源），刻意避开传统在朝贡体制中用的“王”一词。在接下来的清朝时代，日本的臣属地位呈现松散，未再改善。

在 1870 年 9 月，即明治维新两年后，明治政府派遣一位公使到清朝，要求互相承认和签订友好条约。同年 11 月，在数月前接任直隶总督的李鸿章，收到同时兼任北洋通商大臣的任命，且负责与日本的 226
外交关系。根据李的建议，清朝和日本在 1871 年 9 月签订了中国第一个基于平等互惠而缔结的西式条约，其中清朝首次承认日本的主权国家地位，并允许正式互派使节。中、日两缔约国保证互不侵犯“邦土”，并在有外敌侵犯时互助支援。双方互相给予治外法权。双方的最惠国待遇曾纳入考虑，但因李鸿章的坚持，终究被排除在正式条约外。

但在条约墨迹未干之际，日本就开始对包括两个长期被清朝视为藩属的琉球和朝鲜，以及清帝国辖下的台湾岛提出要求。琉球是位于日本南方的群岛，包括冲绳岛在内，几个世纪以来一直定期到明和清帝国朝贡。然而在德川幕府时代，由日本西南部强大的大名萨摩藩进行商业开发。[46]1874 年明治军队强行占领该地，并禁止其再向清朝朝贡。清朝当时忙于处理收复新疆以及与俄国的边境争端，因此未以军事响应。日本自己面临国内的困境（尤其是萨摩的“西南战争”）同样使明治政府未能迅速有进一步的要求。不过，在 1879 年，日本把琉球宫廷移到东京，并宣布该岛国成为日本的一部分，改名为“冲绳县”。经过激烈的争论，清朝当局选择不阻挡这个对其认定之藩属的夺取；李鸿章自己注意到当时整个朝贡体系仅徒留“空名”。[47]

台湾自17世纪起逐步由中国人进行殖民，在19世纪70年代时被视为福建省之下的府来管理。在这10年间，日本甚至更为独断地进一步主张，该岛为其殖民的对象，利用牵涉日本或者说是琉球船员和台湾原住民的几个事件，指陈清朝在当地的统治无效。然而，在19世纪70年代后期和80年代，日本暂时松手，心照不宣地以换得
227 清朝默许其吞并琉球一事。1887年，清朝将该岛正式升级为省以强化台湾为其领土的主张。

然而，真正造成清朝和明治日本关系恶化的伤口是朝鲜。在19世纪的最后几十年，朝鲜半岛在双方的战略考虑中显得前所未有的重要，日本视之为俄国可能侵略的跳板，而清朝视之为阻止日本向东北扩张的重要缓冲区。朝鲜也在西方列强的复杂策略中占有关键位置，尤其是在英、俄之间新兴的竞争中。此外，长治久安的李氏朝鲜（1392—1910）则在衰弱期中，朝鲜国内的政治动荡。1863年才11岁的高宗继任王位，其父大院君在他统治初的10年摄政，大力推动内政改革，并配合极端孤立主义的外交政策。随着高宗在1873年亲政，激烈的幕后权力斗争在皇后背后的闵氏外戚及父亲之间展开。不利落地掩盖着这些宫廷阴谋的，是倾向与清朝维持朝贡关系、称为“事大党”的政治人物团体，和偏向与日本关系较紧密的“开化党”之间加剧的派系斗争。

早在1873年，明治政府对于侵略朝鲜是否为明智之举发生了一场激辩，但决定搁置野心，先处理其他国内外的议题。然而两年后，日本派遣一艘军舰到汉江口（汉城的门户），一如预期遭到攻击，事端就此引发。日本的抗议导致最终在1876年签订《江华条约》，该条约给予日本在朝鲜的各种商业特权，包括开放三个通商口岸。虽然朝鲜的谈判者有其宗主清朝仔细的建议，但该条约宣布朝鲜是独立的主权国家，实际上否定其对清朝的朝贡国地位。随后在1879年李鸿章被任命为“朝鲜事务代表”，便寻求借由中介安排朝鲜与西方各国

签订条约来牵制日本的霸权，其中包括 1882 年的美国、英国以及德国，用的正是帝国的经典策略“以夷制夷”。

朝鲜对日本的军事反抗在 1882 年 7 月的“壬午兵变”达到高峰，该事件中许多日本人遭到杀害，而保守的大院君短暂重掌大权。不过， 228
李鸿章并未利用此事件，而是选择逮捕大院君并押解至天津以安抚日本。然而，在 1884 年 12 月亲日的开化党发动另一场政变，暗杀许多朝鲜内阁成员，并发布大量改革法令时，李鸿章则积极地派兵镇压。明治政府派遣伊藤博文到天津，与李鸿章谈判日、清双方逐步撤军的问题；李和伊藤之间持续的个人外交斡旋，对于推迟在随后 10 年内爆发战事，确有其必要。

清朝于 19 世纪晚期在朝鲜的外交被视为最后的挣扎，在过时的“中国天下秩序”中，维护一个难以控制的藩属国之宗主权；相对而言，扩张的日本则是采取“现代化”的攻击。此看法也倾向于将朝鲜精英中支持清朝者，描述为儒家保守派，他们亲日的敌手则为进步分子。然而，在相当的程度上，这个观点是日本扩张主义刻意的宣传，而非简单的事实描述。我们可以明确地设想，清朝在李氏朝鲜就像是落实其独有的全然现代化与西式帝国主义。[48] 中国在 19 世纪后期在朝鲜的行动，实际上在帝国与该国关系的长久历史中，是史无前例的，并与扩张主义的西方列强在东亚地区之作为有更多相似之处。更类似于始自 19 世纪 80 年代，作为清帝国复兴一部分的新疆、台湾和东北建省之积极行动。

在李鸿章在朝鲜的个人代表袁世凯（1859—1916）之监督下，中国在朝鲜强力推动一种多国帝国主义，作为对抗日本垄断性帝国主义的手段。李鸿章在 1882 年策划朝鲜与美国、德国以及中国本身之间的条约，不仅是为了促进中国的国家安全，也是为了使中国在该半岛上获取商业利益。这些国家一起设立了一些口岸以及一个外国人组成的海关机构，即仿效西方列强于中国所为。不论是清朝或是前朝的帝国政府，都从未曾如此直接地用政府的力量来推动中国的海外商业利益。清朝也在朝鲜使用其他 19 世纪晚期西方扩张者侵入的手段：
229 外交使节、政府顾问，以及虽然有一些正当理由，却仍可视为一种在该国的殖民军队，该军队最初之派遣是在回应 1882 年的壬午兵变，却在之后十几年仍然持续。

在朝鲜的战争最后因为一场内部叛乱而加速发生。类似于中国的太平天国运动，“东学”是 19 世纪中期由一位不满的儒家学者所创立的新宗教。基督教是该教派抨击的对象，该教自称结合了儒、道、释中最精华的成分。其创建者被朝廷处决后，东学被迫转往地下，但仍然迅速发展，并组织定期的聚会要求合法化，以及抗议繁重而腐败的税赋制度。在 1894 年春天，该教派的信徒公开叛乱。受闵氏外戚支持，及其中国顾问袁世凯的附议下，高宗请求清朝军事介入镇压此运动，军队也于 6 月初抵达。日本国会原本就决定只要清朝派出军队，日本也会出兵回应，同月底两军就在朝鲜土地上对峙。日本军队残暴地镇压了东学之乱，并在 7 月占领了朝鲜朝廷，逮捕了高宗，重立大院君为名义上的国家元首，并宣布明治式政府改革的组织性计划。谨慎的李鸿章首先向俄国而后向英国寻求协助居中调停，但几乎未获得支持。同年 8 月 1 日，日本向清朝宣战，而光绪朝廷也同样宣战予以回应。

中日战争对清帝国来说是无法想象的严重灾难。李鸿章的淮军和他在 19 世纪 70 年代开始就试图建立的北洋海军所需之资金，受到左宗棠内亚战役与慈禧奢侈花费的排挤，几乎未获得华中、华南地区清军的支持。虽然拥有较好的步枪及较大的战舰，但在几个关键领域的技术上不如对手日本。最重要的是，清朝的陆军表现很差，证明其在战略上无能、无组织，且很快就逃离战场。1894 年 9 月李鸿章的军队在平壤溃不成军，该月稍晚他的海军在鸭绿江口几遭歼灭。在把清军完全赶出朝鲜之后，日军将战事推进到东北的辽东半岛，在 11

月占领主要的城市大连和旅顺，并在 1895 年 2 月占领了山东的威海卫港。清朝死伤成千上万,而血腥的战斗由双方残酷的暴行留下印记，并在西方刊物上大幅地报道。在 1895 年的前几个月间，清朝当局，特别是德高望重且现在突然被平反的恭亲王，日益寻求与日本谈和，后于 4 月 17 日签订的《马关条约》中实现。 230

整体而言，中日甲午战争是中国帝制史上的重要分水岭，更甚于通常被赋予此意义的鸦片战争（1839—1842）。如同佩因（S. C. M. Paine）所论："自此役后，清朝外交政策的焦点都在平复其结果，而日本外交政策的焦点则是确认其结果。"[49] 而更广泛地说，与过去几十年间积极地在边疆展示国威相比，这场战争首次向全世界展示了清帝国令人难以置信的脆弱。中国表露的脆弱所产生的权力真空，形成一股帝国主义的洪流袭击整个东亚，比此前更具破坏力。这场战争对于清朝人民来说也同样震惊，对其中大部分的人而言，败在日本手下是难以置信的。输了如此关键的战争，败给那个微不足道、过去鄙视的邻居，向许多人阐明了不计任何文化代价进行日式西化有绝对的必要性。其中一个结果是送留学生出国到日本及西方学习的计划更为强化。

主张改革的年轻中国知识分子如梁启超（1873—1929），对于当务之急重新认知的一个重要部分，是对宪政主义价值的认识。明治日本在 1889 年已通过宪法，因而动员了国民的国族认同，并使其与国家命运休戚相关,这与其 5 年后惊人地战胜清军不无关系。"立宪运动"因而展开，此后很快将在中国帝制的结束上扮演重要角色。最后，但并非最不重要的，是《马关条约》本身附带的特定情况，我们将在下章讨论它。

第 9 章

帝国主义

231 研究清帝国的历史学家在使用“帝国主义”一词时，至少有两种相当不同的含义。政治左派者，不论是中国人、日本人或西方人，倾向列宁“资本主义的最高阶段”（the highest stage of capitalism）之定义。在此基本的经济定义中，资本主义作为当时发展出最有效率的生产、剥削、盈余累积模式，为诸如英国等资本主义生产最为先进的殖民母国，带来一个重要的课题：找寻投资剩余资本的外在出口，否则就要面对国内受抑制、将崩溃的经济。像中国这样成为此剩余资本投资目标的社会，其产生的利润会回归母国经济。结果使目标社会的资金外流，并无力供给后续追赶式工业化所需的资金。在 20 世纪 20 年代和 30 年代的国民革命和社会主义革命中，以此种方式理解帝国主义在中国的程度，成为一个激烈争论的重点，并成为革命策略的关键性决定因素。但列宁主义式的帝国主义也有一个很广的时间框架：适于分析中国与西方资本主义接触之后的历史，而且对于一些学者而言，甚至至今仍适用。[1]

一个与众不同的“帝国主义”定义被非马克思主义的外交史家所采用。该定义较偏向政治、军事而非经济层面，并聚焦于西方列强（以

及最后的日本）在全球竞夺领土的殖民活动。使用此帝国主义概念 232
的学者们，有鉴于列强持续在彼此之间寻求权力平衡，乃将其视为外交沟通的系统。此定义的“帝国主义”也更为历史主义：通常起始于19世纪晚期，而终于第一次世界大战民族主义的战火之中。[2]

在一部关于东亚帝国主义时代（如此定义的）的经典研究中，入江昭观察到，对于文化上的萎靡与突如其来的不安有着既新且广的感受，可说是西方的特质。震惊地目睹日本轻易打赢清帝国，使得西方政府内外的舆论制造者认为有机可乘。甫现身的“东亚病夫”（类似于蹒跚的奥斯曼土耳其帝国，在当时被称作欧洲病夫）就成为西方国家掠夺的目标。历史学家布鲁克斯·亚当斯（Brooks Adams）在1900年主张美国不应置身于此竞争之外，并写道：“东亚是世界上所有具备活力之国家极力攫取的战利品……以地理位置、财富以及能力，我国都极为适合参与东亚的发展，并将其纳入我国经济体系的一部分。”[3]

但也有一种新的恐惧和焦虑感，体现于西方出版物中快速开始广泛使用之“黄祸”的比喻象征。日本崛起的实力具有挑战性，但颇为讽刺的是，中日战争所获得的教训，似乎使中国更具备潜在的威胁。如果以相对稀少的资源为基础的明治日本，能够借由强制推动西化而迅速强大起来，那么相对富裕且人口更多的中国若像日本一样把内部整顿好了，那会是多么恐怖？在这种情况下，西方国家在机会尚存之时，对于清帝国的侵略性行动是必然的，这不仅是为了它们自己的利益，也是预先阻止中国崛起的防御策略。

如入江昭所提到的，另一个当时西方扩张主义的新要素，是其特别排他的性质。社会达尔文主义世界观不仅导致白种人“种族”与黄种人对抗，也使得欧洲国家合力成为优势西方文明之集体代理的自信观点显得过时了。在对此理想半信半疑之际，国家政策的目标变成竞
相获取国家的利益，并努力与其他西方国家共存。具有讽刺意味且有 233
违常理的是，在19世纪最后5年和20世纪前10年中，西方掠夺清

朝时前所未有的凶猛攻击，并非来自西方的自信，而是恰恰相反。

在放纵这种行为的关键时刻，西方内部也产生对此种新侵略的批评。其中一位最持怀疑态度而标新立异的英国学者约翰·阿特金森·霍布森（J. A. Hobson）在 1902 年以原始列宁主义（proto-Leninist）的用语写道：

> 整个过程的控制和指导的媒介……是经济压力和工业动机，其为了一个国家中小型、有能力而组织良好的团体的直接、短期的、物质的利益而运作。这些团体获得政治人物和政治派系的合作，他们运用了“政党”的力量……吸引有产阶级的保守天性，借由把政治能量潮流的注意力由国内转往对外政治，这些有产阶级既有的利益和阶级优势能最妥善地保有。在攸关其本身真正利益的一系列政策中，对国家机构的默许，甚至积极狂热的支持……主要得自利用这个种族的原始本能。[4]

帝国主义在世纪末中国的发展

采用入江昭提出的历史主义定义，我们可以把帝国主义在东亚的时段很明确地以 1895 年 4 月，就是甲午战争正式结束、《马关条约》签订为起点。一如所料，此条约对清朝相当棘手，若不是因为有位激进的日本民族主义人士试图暗杀清朝代表李鸿章，而让日本的主谈者伊藤博文处境尴尬，情势将更为严峻。该条约宣布朝鲜为独立国家而不再是清朝的藩属，实际上成为日本的保护国，而在约 15 年后正式被日本并吞。该条约也把日本垂涎已久的台湾岛割让给日本。该岛上的清朝官员和地方精英很快地联手成立了“台湾民主国”，但数月内就被日军平定。台湾直到第二次世界大战结束前，皆属日本领土。该
234 条约也使日本从清朝获得 2 亿两白银赔款。但意义更为重大的是两个更进一步的条款，打乱了列强微妙的平衡，回顾起来，自从 25 年前

的“合作政策”失败后，正是这种平衡保持了清朝的完整。

第一，《马关条约》明确地给予日本在清朝领土内开设工厂的权利。在此之前，外国工厂进驻中国是违法的，因此几乎没有设立。此条约对日本的让步，打开了中国对外国工业投资和经济帝国主义的防洪闸门。已经享有最惠国待遇的西方国家，随即与日本同样获得在中国开设工厂的权利，且大部分立刻就设立。上海以外口岸的外国人口快速增加，例如在汉口，从 19 世纪 90 年代早期约百人，25 年后增加到近 3000 人（1495 位欧洲人以及 1502 位日本人）。[5] 本土的企业家机敏地跟随外国的模式，在口岸以及其他地方设立自己的工厂，使接下来的 1/4 个世纪中，出现可称之为工业革命的现象。在《马关条约》前，中国完全不能称作工业化国家，但在第一次世界大战结束时，答案几乎是肯定的。

第二，条约将辽东半岛割让给日本，包括战争最后阶段的主要战场大连和旅顺两个港口。朝鲜当然未曾是清朝的领土，而日本能据理力争清朝对于台湾的领土所有权并非毫无争议。但东北是清朝统治阶层的家乡。因此辽东的割让完全打乱了权力平衡外交的未言明规则，即不得碰触清帝国，以及尊重清朝的基本领土主权。1895 年条约中的这个条款，从根本上破坏了列强在东亚扩张机会均等的原则，实际上产生了一套全新的国际体系。

清帝国肢解始于所谓的“三国干涉还辽”，发生于《马关条约》公布后不久的 4 月 23 日。俄国相当恐惧日本从割让辽东中获益，尤其忧虑日本决定出兵入侵西伯利亚。法国、德国与俄国站在同一阵线后，俄国威胁若不取消割让将采取军事行动。经过数周的谈判，日本选择从大连和旅顺撤军并归还辽东半岛，以换取额外 5000 万两白 235
银[6] 的赔款。俄国宣称此举是为了清朝利益，而当时很多中国人至少短暂地如此认为。

作为中国抵抗日本时斡旋有功的谢礼，德国直接要求中国割让山东青岛南岸的胶州湾，德国从1860年第一次到达该地时，就垂涎以该地为海军基地。清朝一度有办法拒绝这个要求，但在1897年11月，两位德国传教士在山东西部被仇外群众砍杀身亡，威廉二世（Kaiser Wilhelm II）利用这个事件为借口，出兵占领胶州湾。不久后，协商将该海湾租借给德国99年。德国殖民者迅速在附近建立了现代城市青岛，并于1903年设立青岛啤酒厂（可说是西方帝国主义在中国最毋庸置疑的正面产物！）。“争夺租借（界）地”于焉展开。

在1898年初，俄国要求类似的租约并获得了先前才帮清朝挽救回来的旅顺和大连，以面对其假想盟友德国可能的进一步行动。从这个基地，俄国开始对整个辽东半岛进行实际的殖民。为了对抗俄国，英国取得威海卫的租借权，该港口位于山东半岛的东端，曾是北洋海军的基地，亦是其在中日战争中被击败的地点。其租借期限与俄国占领旅顺相同，而两港口隔着黄海直接相对。英国顺道强迫取得新界的租界，该地为珠江三角洲的一个半岛区域，邻接与香港岛隔维多利亚湾相望的九龙。99年期租约到期，促使英国在1997年将九龙和香港岛归还给中国。[7] 法国不甘落后，租借了广州湾，一个位于雷州半岛、面向着海南岛的小港湾。

美国因为专注面对新殖民地菲律宾的革命运动，以至于未在中国大陆向世人宣告自己的权益。而是由国务卿海约翰（John Hay）在1899年及1900年两度发布了“门户开放照会”（Open Door notes），假惺惺地承诺保护清朝领土主权。然而，更精确地说，此“照会”也
236 表明在外国列强的“势力范围”内，其他列强国民不会在经济上被差别对待，且其他列强的“既得利益”受到保护。这个美国的宣言既无其他任何列强签署，亦未见公开提出异议。[8]

因此，在19—20世纪更迭之际，除了直接割让或租借给外国的小块海岸土地之外，一系列复杂的秘密外交和君子协议已制定了，清帝国的大片领土由列强划分经济霸权区域。东北不言而喻是属于俄

国，山东及部分邻接的华北是德国，长江流域是英国，福建（隔海峡是日据台湾）是日本，（靠近印度支那的）东南中国是法国。[9] 在这些区域内相应之列强，被默认拥有开矿、建造铁路以及其他经济发展活动的最优先权利，且清朝保证不“让渡”或割让所辖区域之部分给其他任何外国列强。虽有门户开放照会之声明，清朝领土主权显而易见是个神话。

中国对帝国主义的回应（1895—1900）

帝国主义构成的明显威胁，影响、催化原本已存在于清朝人民中的几个倾向。像“帝国主义”这个词本身，以及更为形象生动的“瓜分”，皆反映出对于帝国有形的分崩离析，或更糟的，作为政治实体之中国灭亡的恐惧日益增加，并变成一般的用语。在世纪末出现了群众政治的兴起，一种广泛的信念认为个人可能借由某种形式投入政治发展，实质影响其生活质量。曾经对大多数清朝人民来说，最好的做法是（套用孔子的话来说）“对官员如同敬重鬼神一般，避而远之”，但这已不再被普遍相信。[10]

此时代也见证真正的中国民族主义之首次出现。[11] 此精神早在第一次鸦片战争末期即开始流行，以颂扬英勇的三元里民兵，并促使政治上反满主义的出现，这是一种认为满族统治有害的情绪，不仅因为满族文化低下，且让中国人无法有效抵御西方。即使这并非是真正的 237
民族主义,却也非单纯的文化主义或排外主义。将自我牺牲以保卫“祖国”标示为中国的“爱国主义”，亦不算太过曲解。将爱国主义转化为真正的民族主义，是西方意义上之“民族”概念的出现，是种与忠于家庭、家族和地方相竞争的个人认同和忠诚的对象。这种理解和情绪在 19 世纪的最后几年开始出现，且将在之后的 10 年间普及化。

清朝的人民此时更想成为“中国人”，在《马关条约》之后的 5

年间被以新的形式唤起参加激烈的政治行动，这类行动可以分为三种类型。第一种是由上而下的近代化改革；第二种是由下而上的排外主义式群众反抗；第三种则是革命。

让我们从革命开始。此时期首次出现试图废除帝制的暴力运动。此体制始于公元前 221 年秦帝国创建之时，是 2000 年来普遍的统治模式。所谓的“共和国”被提出来取代帝制，但当时参与者对其内涵所知有限。1895 年 3 月，由接受西式训练的医生孙中山（孙文）所领导的兴中会，在广州发动了一场不切实际而轻易遭平定的共和革命。1900 年，由湖南唐才常领导并与激进学生及会党联合组成的自立军，策划一个较具潜在威胁的密谋，在汉口起事前因事迹败露，革命终告流产。当然此将成为未来的潮流，但在这几年间共和革命的情绪仅仅影响极小部分的人。这时期更具意义的政治行动则以激进改革及排外反抗形式呈现。

19 世纪最后几年的激进改革运动，围绕在一个名叫康有为（1858—1927）的激烈狂热广东学者身边汇集而起。康有为生于广东商业城镇佛山的一个小康地主／士人家庭，祖父是位著名的学者，也是保守的程朱学派（宋学）的学术领袖。康从小接受良好的经学教育，并一路通过正统的科举考试，于 1895 年得中进士。但他也对清朝的
238 政治危机极端敏感，在年轻时曾造访英国统治下的香港，对于所见的西方秩序和效率印象深刻。其思想及许多著作因此融合了理学以及激进的外来观念。康有为很明显地是一个傲慢的自我推销者，但无疑也是兼具才华和创意的人。[12] 早在 19 世纪 80 年代中期，便开始发表“太平大同之世”的观点。同时针对经典语言考据、实际的政治改革，以及解放中国女性以强国之目的著述。其在晚年也试图把儒家打造成为个人救赎的真正宗教，使其获得“中国马丁・路德”的形象。

康有为思想之中心，载于其早年著作《新学伪经考》（1891），提到“舍古文而从今文，辨伪经（《左传》）而得真经（《春秋公羊传》）”。

这些选择使得康有为把孔子视为古籍经典的真正作者，而非编辑和传布者，同时也是一位能因应时局变通且务实的政治思想家。在《孔子改制考》(1897)中，康有为强调，墨守儒家经世之道统，实则曲解圣人之意。因此找到了一个既古典的又完全本土的合法性来支持其最激进的西化改革。

稍晚，康有为也发展出关于地方行政的理念，其中显示出，虽然表面上是激进的西化改革者，康和清朝长期以来关于经世的论述是如此轻易地契合。康有为采纳顾炎武“封建”传统中的概念，认为基于相信本土地方精英会追求开明的自身利益，地方县由他们统治会比外来官僚介入统治更好。他也接受了冯桂芬在 19 世纪 60 年代发展出对此观念之修正，由选举产生、比世袭的地方官低一阶的乡官，来抑制地方官可能的自肥行为。然而，对于地方自主的经世理想，康有为得自日本所习得的西方政治理论，增加了特别的“地方自治”概念。因此，康的县治理模式包括顾炎武的世袭地方官和冯桂芬的推选乡官,选出的代表议会用来动员并让新式的地方“国民”或“公民”发声。 239

在其吸收经世观念的巧妙改良背后，有更巨大的政治目标转变：从社会控制和社会和谐转为社会动员。如康有为所设想的，地方团体的自治是释放全体人民能量最有效率的方式，可使中国强盛而得以在弱肉强食的国际环境中竞争。地方政府此时将不仅致力于维护治安和征收租税，而是邀集国民来参与发展经济、提升教育以及保卫国家。康有为认为，这正是全然复兴之中国的关键。[13]

康有为采用政治行动的形式也颇具创新性。1895 年 4 月康在北京参加会试之时,《马关条约》的屈辱条款消息传来。康有为将来自 18 省超过 1200 位举人组织起来予以回应，前所未有地（也是违法的）集体联署上书皇帝抗议，即所谓的“万言书”。[14] 不久之后，康创立了类似于晚明书院但加入西式内涵的“强学会”，此团体并成为许多其他这类晚清学会的模范。[15] 康有为的学会在北京和上海都有分会，而该会的主要书记员是他的学生、才华横溢的年轻广东政论家梁启超（1873—1929）。梁启超本人成为清末民初先驱性的政治报人，他创办了许多短命报纸，旨在先行改变帝国晚期的属民，为“新国民”，一如其中的《新民丛报》之名。[16]

但激进的改革运动真正爆发的地方不是北京、上海或广州，而是穷乡僻壤的湖南省。[17] 长沙的岳麓书院和类似的私人机构，培养出包括曾国藩以及其他湘军的反太平军英雄、在军事上激进而文化上保守的数代士绅，于世纪末仍在酝酿且产生彼此矛盾冲突的激进主义。这个环境在 19 世纪 90 年代早期产生了偏激的排外主义暴徒，以及同样具有热情但赞同西方之影响改变的改革者，在同为出身湖南东北
240 部浏阳县的两位挚友上可见一斑。其中一位是 1900 年在汉口起事失利的自立军首领唐才常，另一位是才华横溢的年轻儒学士人谭嗣同（1865—1898），他逐渐融合他的古典学养与佛教、基督教和西方科学思想，演变成其称之为“仁学”的新哲学。在 19 世纪 80 年代晚期和 90 年代早期，谭嗣同曾在华中各地担任军事参谋，特意参拜过去各路英雄之墓。1896 年他与唐才常同回长沙，加入聚集年轻改革人士的“校经书院”。

偶然齐聚一群具有改革思想的地方官吏，让湖南省变为众多西方启发革新的实验室。在洋务派的张之洞身为湖广总督之时，陈宝箴（1831—1900）于 1895 年担任湖南巡抚，带头进行改革计划，包括新矿业、新警察系统以及长沙的道路铺设和路灯设置（时任湖北巡抚的谭嗣同之父，显然较不赞同改革）。但湖南省政真正激进之处是再往下一层，即是在陈宝箴手下作为幕僚的一群年轻人。其中以出身广东的黄遵宪（1848—1905）为首，他是比康有为年长的合作伙伴，曾出使欧洲和日本，并刊载其对明治维新变法之见[18]。黄初抵湖南时，担任湖南省盐务使，1897 年 7 月升任按察使。任内初期的作为，其一是在长沙建立“时务学堂”，并邀年仅 24 岁的广东同乡梁启超担

任总教习。

运用该学堂作为其“机构基础”(institutional base)，梁、谭、唐三人在长沙展开狂热的改革宣传行动。他们创办并编辑该省的第一份报纸《湘学新报》，目的是为将改革理念于该省精英中宣传。他们全面修订地方科举考试课程，要求学习诸如麦肯齐 (Robert MacKenzie) 的《泰西新史揽要》(*The Nineteenth Century: A History*) 之类的西方翻译著作。在受到11月“德占胶州湾”之羞辱及清廷软弱回应的刺激下，谭嗣同仿效康有为的强学会创立了积极游说团体“南学会”，最终声称其成员包含湖南至整个华南计超过1200名士人。 241

年轻改革人士评议的内容转趋激烈。谭嗣同认为，若要救亡图存，须即刻彻底革新中国社会核心的父系家庭制度。南学会的规章明定所有成员，无论年纪以及功名地位，须平等相待。《湘学新报》呼吁“人权”以及议会政治。谭嗣同主张，人民主权的概念事实上乃源自中国而非西方，且是儒家道统中不可或缺的一部分，这来自《春秋》以及只有他的湖南同乡才能正确了解的《公羊传》。

此外，在字里行间反满的情绪日益显见。梁启超在长沙安排再版王秀楚的《扬州十日记》，这本具煽动性的亲身见证，细数清朝征服过程之暴行。17世纪公然的种族主义者、湖南哲学家王夫之的著作，曾由其湖南同乡曾国藩在19世纪60年代谨慎地重新刊行，1897年在谭嗣同和唐才常的家乡浏阳又出现增订版本。郭嵩焘 (1891年逝，谭和唐皆尊其为启发者) 曾强调王夫之的改革理念，而对其排外思想则轻描淡写，但这些年轻人对两者同等重视。经由结合王夫之的种族观与社会达尔文主义 (在种族国家群体中经天择而全力求存)，谭嗣同以有力的“科学”反满意识形态崭露头角。逐渐地，这些改革人士们要求湖南走向“完全地方自治”，并从清朝的统治中分离出来。梁启超把该省与德川时代进步的萨摩藩和长州藩相对应，认为两藩之自治行动促成了全国性的明治维新，但谭嗣同似乎想象更接近独立的湖南国家能自帝国的灰烬中兴起。

湖南地方精英中的保守人士看着这样的发展逐渐感到恐惧，尤其从黄遵宪、梁启超这些可疑的广东人手中带来的西方观念，让他们想起，不到50年前太平军对湖南的破坏蹂躏。甚至早期声援改革人士、
242 位居长沙德高望重的岳麓书院山长，也要求当局介入。初夏之际，总督张之洞要求新兴的湖南报刊噤声，将时务学堂重新命名并改组为技术学校。巡抚陈宝箴遭革职并由其底下较保守的布政使接任。年轻的改革派遂逐一离开湖南，朝向新的随机目标——北京。

1898年1月开始，经光绪皇帝(此时已是心智逐渐独立的年轻人)下诏认可，康有为让朝廷充斥其改革计划的奏折。6月16日，皇帝首次个别召见康有为，当日即任用他为总理衙门章京，掌有展开政府各方面改革之权。接下来数月，康与梁启超、谭嗣同，以及其他年轻热血有志之士，在北京共同起草一系列影响深远的改革法案，并以皇帝之名颁布法令。其中包括在北京建立“京师大学堂”，在帝国各地兴建西式学堂，以及把科举考试的内容从经典改为时务。

中央和地方行政精减，裁废数个闲差冗官与三个巡抚（湖北、广东和云南）。将六部以西式的内阁部门取代，进行司法制度改革，建立独立的司法部门。广开言路鼓励人民提出改革建议，并直接转交到朝廷。中央政府接管由地方政府开始进行的铁路和工业计划，并大幅扩增其规模。未来有意担任高官的人，须先到外国游历考察他国之发展。

在1898年夏天，许多朝廷官员，甚至温和的改革者如李鸿章及其门生袁世凯，对康有为这派人马的所作所为存有戒心，并群聚在慈禧太后身边。9月21日，太后突然从她隐居的颐和园回到北京，宣布再次摄政，并把光绪皇帝，即她28岁的儿子[19]，实质幽禁在北京
243 紫禁城西御苑的瀛台。随后数日，改革派领导人物相继遭到肃清。康有为逃往香港，梁启超到了日本，但谭嗣同及其他5人则被公开处决。

1898年9月26日慈禧几乎废止所有变法新政，“百日维新”就

此终结。然而，整个帝国中怀有改革理念之士，甚至包括很多曾对康有为本人有疑虑的人，都因保守政变而士气大伤。似乎从上而下的改革已不可能，从光绪皇帝主持整合之改革计划明显的失败，让一种“满族统治本身才是症结所在”的情绪广布蔓延。1900 年谭嗣同之友唐才常组织了未能善终的武汉仓促起事，即使是孙中山的共和国革命宣传，比以前看起来也更得人心。

排外主义

革命和激进改革，大多是精英在 19 世纪最后几年对于外国帝国主义的响应。第三种响应方式，起源更为民粹，是一种暴力的仇外活动，其高潮是 1900 年的“义和团”运动，西方人则更简称其为“拳民”。产生这些仇外分子的地方是山东西北部，在大运河城市临清的腹地，也是早期北方白莲教传统叛乱的发源地，包括 19 世纪 70 年代[20]的王伦以及 1813 年的八卦教。它从生态来看，是个以小农生产为主、土地不集中的脆弱区域。1825—1850 年间，政府放弃大运河漕运，使该地区的贫困加剧。虽然棉花栽种后曾一度有助减缓该地没落，只是在与外国棉制品的竞争之下，这项资源又在 19 世纪 80—90 年代逐渐减少。1898 年的黄河大洪灾和 1900 年的旱灾，其短期严峻之经济困境，让贫穷和不满情绪的问题加剧。

但比起在农村地区郁积已久的经济危机，更招惹怒火的是外国传教士的传教活动，尤其是德国的天主教会圣言会。该会自 19 世纪 80 年代早期即活跃于山东，1897 年德国在“争夺租借地”期间夺取胶州湾之后，变得更为积极。在接下来几年，山东据传发生近千件与外国人冲突的小型地方“事件”，随后逐渐形成一个松散的“神拳”运动， 244
最终自山东蔓延至华北其他地区。这些团体将铁路和电线等外国产物当作攻击目标，同时以暴力攻击外国人及中国基督徒。义和团运动平定前，约 231 名外国人和数千名中国教徒遭到杀害。

义和团起事相当地方化且复杂，而其后的政治利用是有力且彼此冲突。[21] 学者们对于义和团运动和白莲教传统之间的关系，及其是否曾如仇外一般地反清复明，都有不同的看法。[22] 而无可争议的是，义和团运动代表着一个清廷拉拢现有的群众运动、组织和首领以为己用的显著例子，这是其在近三个世纪以来非常成功的做法。在 1898 年 9 月的政变之后，慈禧太后不仅废除大部分改革法令，还让朝廷转向更激烈仇外的立场，端亲王、庄亲王、军机大臣荣禄以及大学士刚毅等好战保守人士也高居权位。由于谣传慈禧欲废光绪皇帝另立较温顺的端亲王之子时，北京西方公使团给以威胁性的回应，进而让其仇外情绪火上加油。在 1900 年的前几个月，义和团运动日益扩大，慈禧屡次谕令地方官员容忍而非镇压这些拳民。直隶总督裕禄遵从懿旨，但山东巡抚袁世凯则断然拒绝。拳民活动的中心因此由山东转往直隶。

北京逐渐进入无政府状态。在紫禁城东南近前门使馆区[23] 的外国外交官向天津的海军船舰求援。连接该城与帝国其他各地的电报线被切断。6 月 10 日拳民和其清军支持者，烧毁西山英国使馆的夏季寓所，次日日本使馆的书记官被杀，6 月 20 日德国大使遇害。该年夏天使
245 馆区皆遭围困，部分清军帮忙防守，有些则参与攻击。总理衙门更两度送入紧急粮食供给。

朝廷本身也陷入混乱。包括兵部和户部尚书等 5 位高官建议镇压拳民，遭逮捕处决。6 月 21 日，有更多的外国军队在天津附近登陆前来解围，慈禧朝廷对各国宣战，并下令所有省级官员支持拳民、驱除外国人。然而领导的总督巡抚们，包括在广州的李鸿章和其在山东的门生袁世凯、南京的刘坤一与武汉的张之洞则集体宣布懿旨难从。实际上，中国许多地方已然脱离清廷的统治。

盛夏时期，一支拼凑而成的联合远征军占领了天津并向北京进军。联军包括了英国、俄国、法国、美国、奥地利、意大利等 18000 人，

图17　1900年天津的被俘义和团战士，詹姆斯・里卡顿（James Ricalton）摄［克里斯托弗・卢卡斯（Chirstopher Lucas）藏］

其中有多达8000名日军。远征军轻易地占领京师。如1860年那样，朝廷逃离了，但这次是到西安，该地接近秦朝建立之中国第一个帝国的古老遗址。在“西狩”期间，慈禧拜托李鸿章北上，与荣禄合作主持和谈，荣禄早前就预见了朝廷做法的愚昧，并私下努力去保护受围困的外国使节。在1901年9月11日，几经交涉商议，“中国”与11国“列强”签订《辛丑条约》。[24] 其中要求庄亲王和几个次要的官员须被判处死刑或自杀，并且为之前因反对义和团而被处死的官员平反；建立纪念碑以纪念遇难外国外交官，并派遣清朝使节团至他们的国家致歉。

《辛丑条约》不仅对清帝国而言是个灾难，对于20世纪继任的各个政府也是如此。其中尤具破坏性的，是要给各签署国共4.5亿两白银的赔款。因为清朝的国库没有那么多钱，这个数目被要求在40年间偿还，并加上每年4%的利息。所有偿付的金额总计6.68亿两。为担保如此庞大的债务，差不多帝国中除了土地税收之外的税赋来
246 源，盐政、国内关政、皇家海关总税务司等都因破产清算而受外国控制。该赔款造成的持续性经济负担，对一个从事追赶式工业和基础建设发展的国家而言，这是自此直到第二次世界大战爆发的数十年间，使之积弱不振的根源。[25]

除此之外，该条约规定，外国军队将在中国华北驻防以保护他们的国民。事实上，大多数列强很快撤兵了，仅留下象征性的兵力，只有日本并未如此；这些军队将持续合法地驻扎在华北，1937年日本开始全面侵略中国之时仍是如此。《辛丑条约》签订后，大清帝国的国家主权就成为几乎没人相信的神话了。

个人政治

247 许多描写19世纪中国的史学著作，将清朝的政治参与者分成西化的进步分子以及种族沙文主义的反动分子。虽然意识形态常渗入某一时代的政治行为之中，然而，我们应该记住，正如其他时代和地方，晚清帝国时期个人的私心和野心，与大多数未受意识形态冲突影响的地方政治一样，在影响历史变化的方向上占有重要地位。

从19世纪60年代开始，名为“清议”的政治形态逐渐成为一股重要力量。[26]其名称呼应帝国早期新道家“清谈”之惯例，其中志趣相投的精英们，超脱物质眷恋及牵挂，坐在一起思考宇宙的本质，而晚清的清议实践者宣称自己能远离世俗政治，并表达出为了超然

“公”益、不受牵累的政策。认同这个运动的士人以书信、诗以及其他不同的形式互相传达意见，不时“泄漏”许多有自己偏好之政策建言的奏折给大众。最后出自鸦片战争的阴谋论，这些坚守一般儒家基本教义之积极人士反对任何制度的改变，包括工业化在内，并支持在与西方和日本的关系中采取强硬的军事态度。事实上，大多数清议派人士是实际制定政策过程中的局外人，且未能清楚了解其国外对手的真正实力。他们诉诸、操弄理想主义的立场，试图成为拥有真实决策权的局内人。

就如同该世纪较早的类似运动，此运动的中心是翰林院，亦即最有才华的“进士”学者们等待官位任命的容身之所。翰林成为所谓“清流派”的大本营，一个在运作上类似于晚明的东林党和复社的政治派系。即使作为局外人，清流党仍擅长在政治上威吓其锁定的目标。他们首次成功的行动，包括迫使曾国藩结束政治生涯，只因曾在1870
年天津“屠杀”后续谈判中的妥协处置，另外还有因为郭嵩焘在19 248
世纪60年代接受了英国公使一职，而遭他们公开羞辱。[27]他们的政治立场看起来可能是如此反动，然而清流派的政治形态，在他们宣称传达一种新的公意这点非常进步。改革派的梁启超似乎体认到这点，在1898年的变法失败后，即采用了此政治派系的名号为其众多短命政治报刊之一的《清议报》命名。[28]

清流派的固定目标是名为“洋务派”的政治派系。这些人多属于省级高官的顶尖局内人，包括曾国藩、郭嵩焘、左宗棠、李鸿章、盛宣怀及袁世凯等平定太平军的领导人及其门生。这些领导人习惯每天处理西方事务以及国内社会经济问题，对于帝国所面临危机之程度，有较可靠的概念。他们倾向支持中国在对外关系上用外交手段，仿效西方发展国内的军事和工业。然而，不能把他们简单视为是有远见的进步分子，而没有个人或党派的私利。就像其他殖民地区较晚近的民族主义精英，他们推动本身精通的重要外国科技，作为自己得以掌握有力位置的基本条件。且他们几乎都乐意在工业的赞助中获取利益。李鸿章死时就是一个大富翁。此外，这些所谓进步分子之间也彼此竞争。个人的仇恨和地域党派的利益，使他们破坏与支持其竞争者之改革计划的次数相差不多。

处于所有这些党派中间的是清廷。19 世纪的清廷，由帝国家族的亲王们、汉人官员顾问、军机处以及其他利益团体组成，并巧妙地分为帝党及后党两派系。大部分时间，慈禧作为一位顶尖的政治斗争高手，借由平衡及狡猾地挑拨各派系以设法让自己位居权力顶峰，这不仅发生在清流派和洋务派之间，也在两派中的小团体之间，这确实是一个分而治之的经典帝国策略。

晚清政治情势的流动，及其私人野心的因素，都有助于解释这些关键参与者反常的意识形态转变。张之洞的奇特经历可能是最好的例
249 子。他出生于北京腹地的一个低阶官宦家庭，接受完整的古籍经典教育，在 26 岁时获得进士。之后的 15 年，张在朝廷陆续担任数个低阶官职，此间他增进自己的学问，并常常揭发各省科举考试舞弊之事端。身为清流派的一员，张之洞在 1880 年进入翰林院。他在此时期最具代表性的自我宣传，就是在 1879 年上呈关于湖北中部水利工程计划的有争议奏折。争论双方所代表的强大地方利益，多年来已各自找来更高层的官方支持者，为特定结果进行游说。张之洞以谏官的身份介入，自视清高地谴责双方的派系利益，并大力鼓吹自己提出的解决方案是唯一不偏袒且客观的。[29]

一年之后，张之洞再次不请自来地参与一个政争，他要求直接处死兵部侍郎崇厚，因为从张的观点看来，崇厚与俄国签订了伤及清朝尊严的条约。张之洞此好战之举，终获得皇上青睐，在 1884 年获任两广总督一职。张上任后的作为之一，首先就是出兵越南，最终酿成 1884—1885 年惨烈的中法战争。此时，张之洞借由改变方针挽救了自己的事业，摇身一变为自强工业化的推动者。反动且种族沙文的清

议派，转而成了进步的西化派。但他的改革方式仍是非常个人独占的：当张之洞在1889年到武汉履新职的时候，他把自己草拟的广东钢铁厂计划视为己有，一起随身带走。

在武汉，张之洞表现出自己是一个教育改革的先锋，建立许多新式书院和西式学校，造就了一整代年轻有见识的技术专家。在甲午战争惨败之后，他一开始支持谭嗣同、唐才常及梁启超在湖南的改革，后来则从他们明显的激进思想中退出（这意外地削弱了张本身在改革运动中的先驱地位），并转而对这个离经叛道的省份做出较严格的意识形态控制。1898年，在康有为后来夭折的百日维新处于高峰时，张出版了自己的宣言《劝学篇》，其中刻意同时迎合朝廷帝党及后党的 250
喜好，并加强自己作为改革派领袖的地位。在1900年，他逮捕并处决了转向革命的改革派人士唐才常，但自己同时公开地与支持义和团的慈禧朝廷划清界限，设法获得西方的认同。在20世纪初，张之洞积极地压制在湖南为了“收回利权”的民族主义式激进主义（在某种意义上是他年轻时清议激进主义的直接继承者），因为其有损合法的政府权威，也就是他自己。[30] 以往的局外人已是顶尖的政府局内人了。

张之洞每次迅速变化政治立场时的真切爱国之心是不可否认的，但在各种状况下，他对于清朝（或中国）之最佳利益的看法，是直接与他本身政治事业的推动一致的。意识形态的确很重要，但并非一切。像张之洞这样的人必须在自己的脉络下来看。用简单之“中国响应西方”的尺度来对照评价他们，只能有限地帮助我们了解他们的动机、成就与不足之处。

地方政治

另一个对于了解清帝国最后半世纪之政治特别具启发性的方式是关注地方，并观察中央官僚任命的县级代理人（知县）和本土地方权贵之间的权力争夺，该问题我们已经考察顾炎武、冯桂芬及康有为就理论上进行的讨论。至少在帝国关键的长江下游地区，积极的地方精英在清朝最后半世纪中，历经数个阶段之过程，逐渐于现实争夺中脱颖而出。[31]

第一阶段是太平天国之乱后的重建。如同帝国其他地区一样，浙江省因太平天国战役而荒废，却比大部分地方来得严重。水利设施、城墙、官府衙门以及其他基础建设遭破坏；田地荒废，人口离散；地方社会的价值和道德结构已然崩解。当地方精英于 19 世纪 60 年代在各县重新聚集时，注意到自己掌控了原用以募集资助地方民兵进行
251 防御的经费，而由士绅掌管的局，同时要承受孱弱的地方行政机构，这些机构鼓励士绅主动面对重建的工作。精英们决定以合议的方式，参与他们认定为社区或“公共”利益的事，这是与政府和私人领域不同的领域，包括资助和办理救济、灌溉系统修复、土地开垦、防御工事和学校的建设等。在接近上海和其他口岸的地区，重建的事项逐渐包括公共污水系统、路灯、医疗设备以及其他外国的新设施。

在重建之后，该过程的第二阶段是跨地域的网络。此关键时刻是 1872 年，上海成立第一家连续发行的中文报纸《申报》。虽然由英国人安纳斯脱·美查（Ernest Major）创立持有，但《申报》的职员及读者几乎均是中国人，绝大多数是江南、长江流域和沿海积极的精英分子。虽然至少在一开始，《申报》自称不关注国家政策与相关政治议题，但其实际上是非常政治的，展现出改革派读者的利益，并且要求他们参与公共领域的计划。许多报道关注各地方的重建和其他积极的行动。定期阅读该报纸，使特定县份的精英群体了解其他地方的人也在做同样类型的事，促成竞相仿效和实验。即使他们继续在地方上活动，这些改革者已然展开全球性的思考。[32]

第三个阶段的完成，有赖积极的地方精英开始将目标摆在自己社区以外的事业上。重要的转折点可能是 1876—1878 年间大旱造成的

华北饥荒，其中可能有超过千万人死亡，以及成千上万的人被迫离开他们的家园。经由地方官员和《申报》系统性地倡导，华中、华南的精英们体认到清朝人民是同在一起的，于是努力通过地方捐款局，为离家乡很远的地方动员经济资源，进行大规模的物资救援计划。第一次，地方精英开始相信华北的困难是所有中国人的困难而展开行动。[33]

由于受到外交关系上的利益与日渐增强的民族主义情绪所激发，精英激进主义走向公开政治化，此时这个过程在19世纪的最后阶段也来临了。在1884—1885年的中法战争以及1895年的甲午战争中，全中国的地方精英受《申报》社论及战争报道之激励，震惊于清帝国 252
在意料中能轻易获胜的战争里屈辱地战败。中国的士绅们曾如此令人印象深刻地展现出把地方和国家事务处理好的能力，他们开始想知道，是否他们在国际事务的处理上，能比统治其国家的可怜（外族）朝廷做得更好。发生于20世纪前10年的事件，最终将使这些地方精英转而成为共和革命的支持者，但到了19世纪结束时，此结局已无法避免。对于帝国中许多积极的地方精英来说，帝国政府并非是令人深恶痛绝的暴君，而是阻挠把事情做好的障碍。

第 10 章

革 命

253 20 世纪初中国史最重要的主题之一，是试图从清帝国的遗迹中形成民族国家。“国家”在此并非指一个地方，而是刻意创造的，宣称对特定领土具有最终控制权的“组织”，而“民族”是指因不同的环境而有不同定义的“一群人”。民族的成员可能被认定为有同样“种族”或基因库、共同语言、共同特定领土或共同历史的人。也许对成为民族状态最为包容广泛的定义，是由本尼迪克特·安德森（Benedict Anderson）提出之主观观点：由其成员彼此磋商而同意，并且绝大部分为其邻居们接受的“想象的共同体”（imagined community）。[1] 当主权政治组织被嫁接到这个想象的共同体上，“民族国家”于焉诞生。一个民族或民族国家中的成员，把个人对于民族群体的忠诚，放在对于自己、家庭、地方、阶级或其他任何可能成为这种竞逐忠诚的实体之上时，民族主义就此产生，许多晚清属民越来越受到这种力量影响。

值得记住的是，在 20 世纪初，民族主义及民族国家的兴起甚至在西方也不是非常久远。自觉的国家概念可能首次成形于 17 世纪实行国家建构的君主们，如布兰登堡普鲁士（Brandenburg-Prussia）霍亨索伦（Hohenzollerns）王朝、法国波旁（Bourbons）王朝，以及瑞典的古斯塔夫·阿道夫（Gustavus Adolphus）等，这些国之国家主义意识形态，使其积极地努力建立由政府官员担负的行政运作、官僚化的军事，以及在其领土内的中央集权财政管控。[2] 而群众 254
的民族主义情绪可能只比法国大革命早一点儿开始，直到 1848 年的欧洲革命才较广泛地扎根，待 19—20 世纪之交才达到全面发展。[3] 因此，中国在第一次世界大战前几十年，为成为民族国家而全力狂热地投入，实未落后欧亚大陆的另一端太远。

这些年的民族主义并非明确无疑地是一种进步的力量。虽然 19 世纪早期的民族主义运动，如 19 世纪 10 年代希腊的独立运动，以及 1848 年匈牙利和其他地方的起事确属自由民主的范畴，但到了 19 世纪 70 年代意大利激进民族主义者，和 19 世纪 80—90 年代无疑是俾斯麦式扩张主义的时代，民族主义已被利用来为极为狭隘的中央集权服务。[4] 社会达尔文主义的影响，大幅提高了这种反民主的、高压的、军国主义式的民族主义解读。当民族主义者的呼吁真正在世纪之交前后扎根于清帝国时，某些例子听起来非常民主化，但他们已在其中保留了反自由主义的种子（例如，在章炳麟和刘师培的“国粹”用语中），1911 年后这将显示在优生学式的“种族净化”以及领袖们接连的独裁野心中，包括袁世凯、蒋介石、毛泽东和邓小平，全都是优秀的“民族主义者”。[5]

关于晚清中国民族主义兴起最后要注意的，是来自所谓后殖民主义的观点。此种评论认为，正是因为最终证明在西欧产生的民族国家是一个非常有效的政治组织，因此没有理由将其视为历史的必然终点，甚至在西方也是如此。此外，更没有任何理由把民族国家加诸欧洲独特历史经验之外的人身上，或以他们就此方式组织但相对未能成功来评断。有其他可能取代清帝国的政治形态（例如太平天国）。但在 20 世纪初中国的特定政治精英，如同其他非西方地区一样，认为自己非常有远见地认知到，需要以欧洲式的民族国家重建其社会，此使命并非巧合地赋予其本身，而这个历史的偶然性就成为驱动中国民族主义力量的部分成因。[6]

255 后殖民的批评对我而言貌似合理且引人入胜，但必须记得晚清的中国精英们没有这样奢侈的后见之明。对于越来越多的人来说，为了能在与邻国的战争中存活，把他们的政体重建成强大的西式民族国家，确为当务之急。

朝廷为中心的改革

1900 年末，已经占据中国的皇位超过 250 年的清朝已明显处于瓦解的边缘。这情形让人想起 1860 年，因西方野蛮人占领了神圣的京师，让朝廷逃命流亡。但在 1900 年时，事情甚至比之前更糟：满人祖先的故乡，也是 1860 年朝廷避难之所，这时被日本和俄国人占领，而朝廷被迫逃到中国西北的西安。幸好，南方的都城南京并没有如 1860 年一般，被国内的叛乱政府占领。此时叛乱者（拳民）成功地被朝廷拉拢。但该动乱已经被外国侵略者敉平，而清朝竟被强迫交出更为重要的领土（租界）给外国人，以使这些野蛮人不再继续前进。结果情况可说比以往还糟。中央财政破产了，且由于输掉一连串的战争，大部分可预期的未来收入都抵押给了外国。而国内的颠覆性运动爆发的频率逐渐增加。当时这些都还能相对轻松地镇压，但他们也警觉到这些运动的威胁不仅针对在位的王朝，也包括历时 2000 年之久的帝制。

然而，令人吃惊的是，就像 1860 年时那样，1900 年的清朝不仅设法存活，而且展现出新的爆发力，恢复相对强而有力的中央领导和有能力的行政部门。朝廷称之为“新政”[7]，在英文最常称作 late Qing reform（晚清改革）。满人领导皇族接管了许多自 19 世纪 60 年代以来以自强之名在各省推动的计划，但远远超越自强运动未触及基本社会、政治和观念结构的特性。即使新政在风格和步调上比

1898 年流产的百日维新更冷静清醒，但也更为深远且重大。 256

慈禧在 1901 年 1 月于西安，以光绪皇帝的名义，下罪己诏及发布变法上谕，用以宣示朝廷明察重大改变之需求，并承诺领导推行。变法上谕部分陈述如下：

> 世有万古不易之常经，无一成不变之治法。穷变通久，见于大《易》……伊古以来，代有兴革。即我朝列祖列宗，因时立制，屡有异同。入关以后，已殊沈阳之时。嘉庆、道光以来，岂尽雍正、乾隆之旧……
>
> ……殊不知康逆之谈新法，乃乱法也，非变法也。该逆等乘朕躬不豫，潜谋不轨。朕吁恳皇太后训政，乃拯朕于濒危，而锄奸于一旦……
>
> ……今者，恭承慈命，一意振兴……浑融中外之迹……总之，法令不更，痼习不破；欲求振作，当议更张……朕与皇太后久蓄于中，事穷则变，安危强弱全系于斯。[8]

“言路”开放至前所未有的程度，邀请所有的清朝人民提出对改革的意见。成立了督办政务处，有系统性地处理并执行批准的建议。之后，直到 1908 年慈禧去世之前，有一系列的诏令要求政府和社会 257
各个层面进行改变。

此过程于中途受到日本在 1904—1905 年的战争中惊人地击败俄国之刺激而加速。双方几乎在清朝的领土上作战，明治日本出人意料地击败了列强之一，这为清廷开启了新的希望，认为只要能让内部团结就能恢复国力。在美国冒险作家杰克·伦敦（Jack London）的寓言中呈现西方这新一波“黄祸”想法，此叙述写于 1907 年，但设定了一个 70 年后想象的未来：

> 1904 年发生日俄战争，这时代的历史学家勇敢地记录到，该事件标志着日本进入了国际礼仪中。而这真正标志的是中国的觉醒……

中国迅速而令人注目的崛起，不是因为别的，而是因为其最好的劳动力质量。中国人是勤劳的良好典范。他们一直是如此。从纯粹的工作能力来看，全世界没有工人能比得上他们。工作对他们来说像是用鼻子呼吸。对他们来说，工作像是对其他民族来说到远方流浪、作战和精神冒险那样。对他们来说，获得辛苦工作的机会体现出自由。耕地和永无限制的劳动是他们所有的生活要求及其力量所在。而中国的觉醒给了其众多人民不只是自由，而且是无限制地获得劳动的机会，也获得了最高级之科学机械劳动力的权利。

返老还童的中国！这只是中国繁荣兴起的一步。

在伦敦的想象中，要对抗主宰世界、如此“觉醒”且势不可当的中国，只能通过美国领导的细菌战行动，用种族屠杀的方式来消灭所有中国人。[9]

新政最终并未让中国统治世界，也未解决其多重的问题。事实上，在很多方面加剧了社会紧张和政治上的不满。但改革的意图无疑是真实的，其影响很确实，其长期意义相当重大。这些改革代表了百余年来相对于国家掌控下之社会、经济规模的政府萎缩过程——也许（其中有一些振荡）从帝国史中期即可观察到——出现了一个令人如此
258 意外、突然之扭转，以及决定性地转向逐渐建立一个更具进取性、更强大的现代国家，这个过程将持续发展，至少到 20 世纪后半的毛泽东时代。

新政的首要目标是提升行政效率，并更明确地定义个别职位的义务和责任。几个闲职即被废除，当时几个省的巡抚（包括四川巡抚）与总督之间因权责重叠而被认为是多余的。[10] 在中央行政体系之中，地位崇高的六部逐渐由内阁部门取代，类似于日本和其他代议政府之做法。户部由“度支部”取代，总理衙门由更正式的“外务部”接替，而刑部转变成“法部”，并建立“大理院”作为新司法系统的基石，该司法系统独立于原本全权的行政部门之外。其他新设立的部门包括

"商部"（对于2000年来表面上认为私有商业不值得有组织的政治支持和规范的帝国体系来说，是一个重要的转变）、"学部"、"巡警部"（后来改名为民政部），以及设立"邮传部"来由中央控管正在进行中而未协调的铁路建设进程。

更为深远的影响，是倡议改变清朝的基本结构，使其能培养公民与大众参与政治，无可否认地，这是一个由君主主导，为了其本身及国家利益而推动的广泛计划。1907年设置了"宪政编查馆"，并邀请长期力倡宪政体制的梁启超自流亡的日本回来担任顾问。1905年和1906年先后派遣高层代表去日本、美国、欧洲各国，学习其政治制度。代议议会的设立，也初步在地方、省级和中央层级订下了日程表。

为培植工业化和商业发展，刚成立的商部寻求在各省及重要商业城市建立并整合商会。部分这些组织在世纪之交时就在地方上自主地运作，但1904年的章程则是正式认可并试图标准化和规范商会组织。 259
典型的清朝模式，是拉拢已存在且有效运作的社会机构，并推动其他地方进行模仿。到1909年时，整个帝国约有180个商会，将来自不同行业和家乡的地方商人与工业企业家集合在一起，旨在学习和促进地方经济活动。这些机构也受官方委托而成为介于地方行动者和政府间的沟通媒介。如同当时许多其他的革新，新的商会对于塑造"企业家"，这个国家所认可的新职业利益团体的过程是很重要的。

在军事上，新政展现出朝廷致力创建一支强大、中央化的现代军队，用以取代破败不堪的八旗军和绿营军，同时终于将太平天国时代地方军队的残存部分收归中央控制。为达此目的，清廷于1903年设立"练兵处"，由满人官员铁良和当时最有力的汉人实务官员袁世凯共同领导。作为李鸿章的门生，袁继承控制了李的大部分淮军，并在1901年李过世后，继任直隶总督。在该职位上，袁世凯着手进行许多教育、工业、公共安全的西化改革，并在短期内组成20世纪初中国最有效率且装备最好的"北洋军"。[11] 在其高阶军官中，出现了许多民国初期最重要的军阀。

在京师地区之外，练兵处设立了“督练公所”，用以督办新式军校的建立（常聘请日本的教习）以及地方层级、技术精密的“新军”。这些军队的官兵主要从各省挑出，官是来自新式军校的毕业生，而有很高比例的兵具备起码的读写能力。面对中国明显的国防需求，从军在受过教育的精英间获得一种新的声望，而新军人员的社会背景，也因此与西式新学堂中的平民学生相差不多。甚至，在这个具有防卫意
260 识的时代，军队提供了新的晋升机会，并提供了一个社会地位向上流动的管道。就像企业家，近代军人变成一群新的职业精英。

新政中最为打破传统的部分是教育改革。1905 年，正当日本令人大开眼界地打败帝俄之后，清廷突然废除了科举考试，这个已持续千年，获得官职和社会晋升的正统管道。朝廷下令在各地建立西式学堂取代其位置。1904 年帝国中约有 4000 所这类学校，估计约 92000 名学生，到 5 年后增加到 52000 所，约 150 万名学生。常常征用地方寺庙来容纳这数以千万计的新学校，以为当时精英表明打击“迷信”之目的。过去以儒家文明之名而起的作战，现在则以西方、科学和保卫国家之名而起。[12]

几乎在一夜之间，新式学堂学位取代了科举功名，成为获得政府公职和社会地位最基本的资格。许多传统士绅成员极力反对，而无助的古籍经典学者经过了毕生的努力学习，如今却因事业前途突然从身边被夺走而变得无所适从，成为改革派和大众小说中的定型角色。[13]然而，出奇的是许多传统精英家庭很快地适应这重大变革，甚至在大刀阔斧废除科举制度之前，就已经采取预防措施，把至少一个有出息的儿子送到西式学堂。这个阶层的男人们使自己成为西式学堂的教习，或进入其他新的、有前途的事业。据此适应方式，原本是科举制度下的“士绅”努力在制度废除时存续了至少一至二个世代。[14]

新军、学堂、警察、铁路、扩编的行政人员、工业和通信之发展，

以及其他新政改革的花费非常大。清政府在1900年前后的岁入，包括已经被用于庚子赔款的帝国海关，只占相当于国内生产总值的6%，这是一个非常低的比例。相较而言，2008年的美国，联邦政府的收 261
入接近国内生产总值的11%，而把联邦、州和地方政府的收入加起来则超过30%。清朝预期要从哪里找到支持其颇具抱负之新事业的资源呢？最明显的来源是向外国政府和银行借贷。结果，在为了偿付赔款和支付如工资等日常行政花费的大批借款之外[15]，新政又增加新的沉重负担，让政府更加深陷债务问题之中。

但第二个资金的来源使政府展开财政重组。有一个长期的趋势，至少从19世纪中叶的叛乱开始，各省在财政上独立于中央，商品通行税和其他扩大的商业税一般由地方政府直接确定金额并征收，很少回报而更少交回中央。庚子赔款改变了这种情况，而就此种意义来看，表面上是好事。突然承担了这么大的债务，中央政府别无选择地要求各省为还债做出“贡献”。例如，湖北省为了庚子赔款即每年拨出120万两。[16]

振作的中央政府持续并扩张始于庚子赔款的重整过程。对各省制定一系列新的年缴税收规定，并把许多获利的自强运动工业、矿业、航线收归国有，又在1909年对于各省实行“财政实况”加强审计制度，并在1911年将历经三年研究的最终报告上呈给皇帝。其结果使整个帝国财政的资源重新分配，且突然反转了长期的地方化趋势。正如政治权威被突然地再集中于中央政府之手，中央也重新恢复财产资源的独占。这对于国家建构来说是最为基本的。

最后，财政改革的重担经由增税的形式加诸地方人民身上。在清朝的最后10年，各层级政府的收入可能加倍了，而其中大部分是在1905年后的几年内增加的。中央政府本身或省和地方政府强制实行了多种新规定，用以确保财政收入能上交。在一些省份有高达20%的附加税收加到土地税上，新的城市不动产税也代表了可能的税收来

262 源。业已存在的网络中，政府过去特许经纪商们每年支付少许的费用以获得执照，现在则被动员作为政府收税的代理人，直接对批发交易课税。一些消费品的零售也首次需要“特种销售税”（excise tax）。在城市中，商业行会的库房被没收以满足新式商会的花费，而在乡下，用于负担每年的节日和戏曲演出的寺庙捐献被没收并用于农村学校。最大的负担是铸币税形式的间接税，以低于其金属价值的面额来铸造新的铜币，以及发行无贵金属担保的纸币。货币的贬值让政府得利，但这代表大众因通货膨胀而增加了支出。

简而言之，清政府在资助新政的过程中，有些措施得罪了所有人，虽然大部分的负担无疑是加在贫民身上，但直接从中获益者是很少的。然而，如果一个人接受这样的逻辑：拥有一个强大、中央化而渗透力强的政府，对于20世纪的中国在面对多重威胁时是有用的；此问题之后就会变成：这些改革有多少是真正必要，而值得如此的花费？是否合理而有效率地推行这些改革？对于这些问题的答案，似乎反映了个别观察者的理性立场。

对于1911年革命的西方观点

西方，尤其美国的历史学家对于1911年中国共和革命的观点，是响应主导大半20世纪中国政治的政党所提出的两种主流论述。中国国民党的正统解释曾经是最重要的，而且至今仍构成西方大众了解该事件的核心。[17] 其论述强调这次革命的民族主义目标，当然包括对抗西方，但更重要的是反抗外族的侵占王朝。此论述强调革命的领导特质：密谋的、开明的、进化的、具革命自觉的协调者，其政治联盟
263 则被视为国民党的前身。最重要的是，强调孙中山像乔治·华盛顿一样是“国父”，也是国民党之父。

该故事继续说到，中国因为受满人钳制近300年而愤怒。孙中

山是位有远见的人，比任何人都更早认识满人的暴政。因此，他在20世纪初领导了一连串英雄式的起义，并在1911年终于整合出有效的联盟，成功建立了一个共和国。在这个过程中，孙制定了“民族、民权、民生”之三民主义，可能刻意援引林肯的“民有、民治、民享”之精神。在他成功之后，宽厚有礼地退出，并把政府交到其他人手上，这些人却背叛了革命。[18] 孙因而回到政治舞台，发起运动推翻那些恶棍，并将国家导回正轨，而此任务终于由其合法继承人蒋介石完成了。在认同其理念的翻译者帮助下，这个动人的故事被用来吸引美国人中的爱国主义者，且的确成功了。[19]

相反地，在中国共产党的革命叙述中，1911年的事件从未如其在国民党所扮演之角色般被赋予创建神话的地位。数十年间，1911年的革命被轻描淡写，而不如1949年真正的共产革命具有意义。在后毛泽东时代却对其产生浓厚兴趣，包括国际会议和西方研究翻译等陆续出现全新的研究，其中中国共产党试图把1911年革命纳入自己的革命历史中。基本上，这些中华人民共和国研究采取经济决定论的方法，虽强调这次革命之阶级特色，但其中也有为数不少优秀的论著。[20]1911年的“资产阶级民主”起义，类似于1789年的法国大革命，是由“民族资产阶级”所发动的，反对作为西方代理人的“买办资产阶级”。在反封建、反帝国主义的意义上，此革命是进步的，但并未汇聚农民和无产阶级大众，因此也未反映其权益。因此更进一步的任务就落在由共产党领导的解放革命上。虽然其叙述中非常去个人化，还是为孙中山找到一个重要的位置，称他为“民族资产阶级”的先驱。

这两种叙述的问题都在于有些“孙中山中心”。革命爆发之际，孙其实人在美国科罗拉多州的丹佛，在革命过程中众多运作的复杂力 264
量，若不比孙的个人贡献更大，至少也同等重要。西方早期的革命研究把孙稳固地放在中心，[21] 第二波研究则稍微改变关注的对象，去认识他的亲近伙伴黄兴和宋教仁的贡献。[22] 之后开始研究在革命行动中，与孙本身明显较无联结的群体，例如学生和知识分子。[23] 约在同时，那些并非公开革命派，甚至反对革命的个人和力量对于革命的贡献也被认可了。[24] 最后，也许最具意义地，出现了特定地区革命社会史的个案研究。[25]

在研究圈扩大的过程中，西方史学界的观点比其研究初始更接近中国共产党的论述。即便如此，这说明他们也开始了解到，革命在各地方并非一致，在社会基础上并非全然的“资产阶级”，而且常常并非完全是“进步的”。现在西方史学所重视的，是特定个人和地方利害关系的相互作用，将如何影响革命事件的发展。

学 生

正如 19 世纪末，一些中国积极分子在 20 世纪初扮演了改革者的角色，而有些人则是众所周知的革命者。革命者的人数很少，其共和运动在发展至高峰之后便走向衰落。其有相当程度是受到日本的影响，日本是中国最具威胁性的外敌，但也是其最重要的模范。为了直接回应日本在中国境内的胜利，清朝爆发了两次狂热的改革浪潮。

培养中国年轻的激进分子成为许多日本活动家个人喜爱的计划，这些人自觉为明治维新时代“志士”的继承者，在中国的商业、政治和革命等领域中，开创出“支那浪人”（しなろうにん）的生活。激发冒险者热情的是“泛亚洲主义”之新意识形态，呼吁所有黄种人联合起来对抗白种人。记者和教育家内藤湖南（1866—1944[26]），在京都帝大设立有关东亚史的整体性课程，他强调日本文化是源自中国文化
265 之主张，而现在正是充满活力的子女对年迈双亲伸出援手的时刻。出自此种共同传统的认知与共同的经济利益，1898 年在东京成立了“东亚同文会”。结合学会、企业游说团体和情资机构之功能，在中国各地建立书店，并且很像西方传教士一样向成员宣传信念。在相当程度上，

日本政府本身也有泛亚洲主义的心态，为康有为、梁启超等清朝激进改革分子，及诸如唐才常和孙中山革命人士提供政治庇护。[27]

然而，最具意义的，是在清朝最后 10 年间赴日中国留学生的日益增加。1895 年之后中国开始慎重看待学生赴海外一事，而在 1905 年日本战胜俄国及中国废除科举后，人数大幅增加。一些人到欧洲，一些人到美国，但大部分是到日本，其原因包括费用支出、距离以及语言相近。不仅构成当时世界史上最大的海外留学生运动，也产生了大部分中华民国时期第一代领导人才。到外国留学的人绝大多数是男性，但也有少数女性。男女学生的人数从 19 世纪 90 年代晚期的十几人，成长至 20 世纪初期的数百人，1905 年时更超过 8000 人。[28] 这些留着辫子、在离家之前涉世未深的年轻中国人，受自以为现代化的日本大众嘲笑后，很快地转向中国民族主义。作家鲁迅在其短篇小说集《呐喊》的《自序》中，讲述 1905 年在日本当年轻医学生时的经验，当时被迫看一部影片，内容是中国的“间谍”被日军砍头，而当地中国群众围观这一盛举。这对鲁迅而言是改变一生的经历。[29]

这些日本留学生的快速政治化，又受流亡政治人物的演说、日文报刊和侨社出版的中文报刊，以及日本翻译的西方社会政治思想著作催化。这些译著留给了 20 世纪中国新的政治词汇：将不熟悉的西方概念翻译成日文，将传统汉字重新组合并赋予新意，创造出新的名词，再将其导入中文的言谈语句之中。包括具备有效动员力的概念如“民 266
族”“民权”“民主主义”“宪政”“自由主义”“社会主义”“共和国”，还有特别是“革命”。

学生们也组织起来。就像帝国中的科举考生或旅居海外的商人，以同乡为基础来组织团体。有些出版自己的报刊，如《浙江潮》，或如杨毓麟激进的小册子《新湖南》，用以推动新式的、激烈的地方性爱国主义。[30] 他们也组织革命小组。对此有所知悉的清廷，利用密探渗透这些组织，并要求日本引渡这些麻烦制造者回国受审。明治政府方面，则是带着其自身的泛亚洲主义情绪，暂时倾向于温和地忽视激进的中国学生，正如其对待各种信念的清朝政治流亡者一样。

对清朝当局来说，当这些激进的学生回国，并且与数量更多的西式学堂和军校毕业生相互影响时，麻烦才真正开始。一整代人的激进化，可看作是新政改革未能预料到的后果（唯此结果也进一步证明这些改革的真实性）。回国的学生流连于租界如上海或汉口一带，在这些地方持续以激进的民族主义方式，吸收西方的影响。从事相当多浪漫理想主义以及年轻人“宣泄”的活动。其中一位典型人物，就是具有个人魅力的年轻人秋瑾（1875—1907），她沉浸在《水浒传》这种传统的尚武小说之中，并想象自己是一个英雄侠客。她喜爱身着西式男装或中国古代著名女性教派领袖的服装照相。她也组织一支学生军，特别注重制服的设计。[31]

这一代许多人受到日本人在健身、竞技运动和武术领域上的热衷的吸引，而这些活动至今仍是中国文化的一部分。年轻的中国学生吸收了日本年轻武士无私地为祖国牺牲奉献的“志士”理想，刻意追求殉道并在“敢死”队里歃血为盟。一个并不罕见之引人注目的举
267 动就是自杀，如年轻的湖南宣传小册子作者陈天华（1875—1905），在某些程度上为了抗议日本取缔中国学生运动，于 1905 年投东京湾自尽。同年，25 岁的冯夏威（1880—1905）[32] 在美国驻上海总领事馆前的阶梯上服毒自杀，以抗议美国的“排华法案”。[33] 另一个做法是受无政府主义者启发的暗杀行动，如广东的归国留学生汪精卫（1883—1944）在 1909 年试图刺杀摄政王。[34]

一些学生和秘密会社联合来领导地方起事，其中最著名的发生在湖南和江西之间萍、浏、醴的边境地区高地。这里是谭嗣同和唐才常（唐曾于 1900 年开创自立军与秘密会社的联手之先河）的家乡，1906 年一群归国的湖南学生在地方矿工中发动了革命式罢工，最后以血腥的失败收场。精英学生动员秘密会社和矿工等低下阶层一类的情况让

清廷无比恐惧，并促使其在国内外加倍努力地镇压激进学生运动。

日益尖锐的反满文词，燃起了年轻革命分子的激情。在清朝入关征服时的“暴行”和鸦片战争中满人“卖国”的历史记忆中，加上种族团结是建构国家前提的新理念。即将英勇就义的陈天华，在 1903 年《警世钟》这本煽动性文宣中，呼应着三年前义和团民族主义的用语，其写道：“杀呀！杀呀！杀呀！……‘万众’直前，杀那洋鬼子，杀投降那洋鬼子的二毛子。满人若是帮助洋人杀我们，便先把贼官杀尽……向前去，杀！向前去，杀！向前去，杀！杀！杀！”[35]

一个更理智但仍具破坏性的反满主义类型，是由出身扬州的刘师培（1884—1919）发展出来的。刘的祖父[36]在 1862 年曾国藩监印王夫之作品首度再刊之际，担任曾的幕僚，而刘师培则以较新的社会达尔文主义种族战争的理论，来自我解读王夫之思想。像其他来自长江下游、湖南、广东的爱国青年一样，刘体认王夫之中心思想，提到在北方蛮族数度侵略后，正统汉族及其文化业已南迁。作为称职的传统经学家，刘师培重读《春秋》以解读其中暗藏的“攘夷”秘密，这也与年轻武士们在明治维新时期用来团结的口号相呼应。借用德语“民 268
族精神”（*volksgeist*）的概念，并通过明治日本的概念“国粹”（国粋），刘和他的同伴、国学家和种族主义者章炳麟提出了类似的汉人“国粹”，认为它好几个世纪以来在满人统治下被蓄意地压制了。刘于 1903 年 19 岁时，在上海成立了《国粹学报》，并出版了一系列书籍，旨在复刻包括散文、诗、绘画、书法等被隐没的抄本，其中展现了真正汉人的“国魂”，并激励反满民族抗争中的人们。[37]

也许在这些年中，激进学生出版最重要的一本宣传册，是 1903 年出版的《革命军》。此宣传册由刚从日本回来、出身四川、当时年仅 18 岁的邹容（1885—1907）[38]所作。邹这篇著作深受社会达文主义的种族思想所影响：“地球之有黄白二种，乃天予之以聪明才武，两不相下之本质，使之发扬蹈厉，交战于天演界中……即为终古物竞进化之大舞台。夫人之爱其种也，其内必有所结，而后外有所排。”[39]从此脉络推论，邹容建构一个亚洲种族的科学分类系统，并总结：“汉族者，东洋史上最有特色之人种，即吾同胞是也。”这让他抨击“通古斯族”即满人的统治：“呜呼！我汉种是岂飞扬祖国之汉种？……是岂为伟大国民之汉种。呜呼！汉种！汉种虽众，适足为他种人之奴隶……汉种汉种，不过为满洲人恭顺忠义之臣民。”

呼应约翰·斯图尔特·密尔（John Stuart Mill）的话，邹容主张中国人是没有历史的民族：“中国之所谓二十四朝之史，实一部大奴隶史也。”邹将此加入反帝国主义的立场，并援引儒家思想逻辑，而发现当前处境令人羞愧、甚为忤逆：“前之为大金、大元、大辽、大清朝之顺民既去矣，今之为大英、大法、大俄、大美国之顺民者又来。此无他，不明于同种异种之观念，而男盗女娼，羞祖辱宗之事，亦何不可为！”邹容大胆的历史修正主义姿态，平定太平天国的英雄变成“走狗”，亦即民族的叛徒：

269 曾国藩也，左宗棠也，李鸿章也，此大清朝皇帝所溢为文正、文襄、文忠者也……夫曾、左、李三人者……自谓为读书有得，比肩贤哲之人也。而犹忍心害理，屠戮同胞，为满洲人忠顺之奴隶也如是……为封妻荫子，屠戮同胞以请满洲人再主中国也，吾百解而不能为之恕。[40]

尽管他有种族中心主义，邹容也展现了明显的世界大同主义。如同中国人一样，印度人和越南人已成为外国列强的奴隶。不过，外国也有鼓舞人心的革命模式：

与贵族重大之权利，害人民营业之生活……此英国议院所以不服查理王而倡革命之原因也。滥用名器……而又赋敛无度，此法国志士仁人……而出于革命之原因也。重征茶课，横加印税，不待立法院之承允，而驻兵民间，此美人所以抗论于英人之前。遂以亚美利加之义旗，飘扬于般岌刺山，而大倡革命至成独立之原因也。

邹容对于革命后新政体的观点，是基于“社会契约”（social contract）和天赋人权理论，这些对于数年前的清朝人民来说是完全无法想象的。（卢梭的《社会契约论》在1901年首次出现中文翻译；而邹容出版他小册子的同年，刘师培也出版其研究，在中国经典中有系统地找寻本土社会契约论的线索。）[41] 邹容写道：“各人不可夺之权利，皆由天授。生命，自由，及一切利益之事，皆属天赋之权利。不得侵人自由，如言论、思想、出版等事……然政府之中，日持其弊端暴政相继放行，举一国人民，悉措诸专制政体之下，则人民起而颠覆之，更立新政，以求遂其保全权利之心，岂非人民至大之权利，且为人民自重之义务哉？……其以此革命为人人应有之义务……”邹容总结道：“其以此革命为日日不可缺之饮食。”遂以诛皇帝、诛戮满洲人及所有“涉尔主权之外来恶魔”。在这尽情杀戮中，“尔国历史之污点可洗。”

到1907年末，由浪漫学生领导的革命阶段多已燃烧殆尽。在经 270
过一段时间屈就这些有志青年的荒唐行为后，清朝当局进行镇压，并获得日本政府的支持。结果，秋瑾被逮捕处决。邹容在23岁[42] 死于狱中。陈天华则在两年前自我了结生命。刘师培则公开改变心意，认为要保留汉人的“国粹”，最好的一条路是保留而非摧毁清帝国。学生运动达到唤起清朝一般大众意识的任务，并且相当程度地把共和革命的观念放到台面上，但未能实现革命。到了革命成功之时，将是由其他人领导的。

职业革命家

孙中山于1866年出生于香山，位于广东珠江三角洲、邻近英属香港的一个县。虽然与政治对手、早8年出生于附近佛山镇的康有为算是同乡，但孙与康实属不同类型的人。康受过完备的古籍经典教育并取得进士功名，孙则未有科考功名并属于社会较边缘的人。孙在童年时曾造访香港，13 岁时被送往夏威夷和哥哥一起住，就读基督教会学校。他读写英语比中国古文更为流利，就读于香港西医书院并成为西式的专业人士。他在日本还有一个家，在那里学会流利的日语，将其别名“中山”日语化为日本姓“中山”（なかやま），并毫不掩饰地留起整齐干净、明治风格的八字胡。同时，孙中山比康有为更加自觉地认同自己是南方人，强调自己与南方反满主义，包括太平天国和地下兄弟组织三合会的关系。

关于孙在共和革命运动中的个人贡献已有许多讨论，其追随者们不切实际地予以夸大，而贬低他的人则直接忽视。[43] 持平的评价可能会认同孙的一些个人优点，包括常获得证实的外貌和魅力、他作为公众演说家的技巧（在当时较为新式的政治技巧），以及能引人注目的
271 天分。[44] 例如在 1896 年，孙为了革命活动在伦敦募款，被清朝的领事馆拘留。他设法将被拘禁一事转达给英国的医生朋友，终而获释。孙独特的反应就是很快地以英文出版了一部关于其冒险的自我推销报道《伦敦蒙难记》。[45]

作为革命组织者，孙的优势包括其毅力、在海外华人中的知名度（在革命爆发时，他正在向丹佛侨社募款），以及他在外国政府和精英之中所博取的认可和尊敬；此外，较不显著的是其与国内秘密会社如三合会的关系。不利条件则包括他在国内进步精英中的地位较低（此点阻碍孙屡次欲与同乡梁启超联手合作之努力），以及时常对革命计划抱持太浪漫天真的想法。他最适合作为宣传者，和其他革命分子间的中介者，以及最重要的是作为一个象征。

然而，无争议的是孙中山在 1894 年建立第一个投入反清革命的组织“兴中会”。很自然地，成立的地点是在远离中国本土的夏威夷。一年后孙在香港创立了第二个分会。起初该会的成员几乎都是广东人，其中多是移民，且很高比例是基督徒。在签订《马关条约》的骚

动中，孙和支持者抓住这个机会，筹划第一次起义，计划于 1895 年中在广州城发动革命，但在开始前即被清当局发现，计划最终胎死腹中。孙逃往日本，在横滨成立了另一个兴中会的分会，之后又在河内成立一个；自此之后，他很少踏上中国的土地，直到革命真正成功。1900 年华北在义和团混乱的笼罩下，孙在广州近郊的惠州发动了第二次起义，但这次亦遭帝国军队轻易粉碎。其他不切实际的革命计划陆续进行，包括 1907 年在广西、越南的边界。这时，孙在本身具有革命抱负的年轻一代中，似乎已成为笑柄。

孙有很多竞争者。有各种以省为基础的革命组织，尤其在学生和新军中。此外，在募款方面，他必须和名义上并非革命的组织来竞争，尤其与“保皇会”，这个由流亡的康有为在变法失败后，亦即 1899 年成立的组织。受软禁的光绪皇帝，象征着对君主立宪的寄望，仍激 272
励着许多国内外的改革派精英，因此康有为能轻易地提出理据来说明，需要有公众持续的关注来确保朝中保守势力无法轻易废掉光绪皇帝。20 世纪初如夏威夷或旧金山等海外华人侨社，不难看见当康有为的团体代表在一街角发表募款演说时，孙中山的支持者就在相隔一街区的地方宣传以寻求支持的情形。[46] 孙曾试图让两个阵营联合，但未能成功。

孙最终与学生的联合，使其革命视野焕发生机。湖南的学生激进分子开始考虑一个新层次的组织，与湖北、广东、浙江、四川和其他省份同质倾向的学生联合起来。1903 年“湖南华兴会”于长沙成立，有别于具有类似名称的孙中山组织，在黄兴的领导之下有计划地与他省的学生团体建立关系。[47]1905 年于东京，通过日本的泛亚洲主义支持者中介，以及受到日俄战争进一步的激励，黄兴的团体和其他团体的代表与孙中山会面，共组了至此包容范围最广、最具意义并以孙为首的反清阵线“同盟会”。之后的几年，该伞形组织在传播中国共和革命的信仰上，居于显著的领导地位。但几乎从一开始，对于领导地位的竞争、对于革命策略（起义的时间和地点）的争论，及争辩是否适合持续发展与日本人和认同其理念的其他外国人之关系等内部不和即破坏此联合组织。到了 1908 年，一般认为同盟会已有数千名成员，但实际上发挥不了什么作用。

那么，孙中山在 1911 年革命中真正扮演的角色为何？同盟会在革命爆发前几年就已瓦解了。在策划 1911 年 4 月广州最后一次仓促起义之后，孙逃到美国以争取更多海外华人的资助。他仍在国内最西化的族群中有些影响力，只是所剩无几。同年 10 月武昌革命开始时，孙和亲近同伴都不是筹划者，甚至未被提前告知。他们只在某种程度上投入了
273 其后各地响应的起义。然而，孙和他的伙伴，其中最积极的是湖南人黄兴，常被人找来或自己前来收拾残局并在事后提供建议和策略。

直到革命大致属“既成事实”，许多人追认孙中山，且几乎只有他一人具有长期革命系谱上的正统性，以及相对完整的革命愿景，特别是他在外国人中有足够的声望，来阻止清政权垮台之际外国势力的伺机侵略。事后来看，他似乎是偶像般的革命领袖。

改革派精英

激进学生和职业革命家都在创造有利于共和革命的环境气氛方面，扮演着重要的角色。但在 1908 年之后，这两个群体的光芒褪去，不再是革命的直接推手。关键的角色落到一群人身上，他们从未公开为革命家，但实际上可能是所有人中最具革命性的：改革派精英。几乎均由男性组成、出身城市的居民，和乡间的农村组织体制之间的关系很薄弱。就此而论，他们看起来像是马克思主义模式中的“资产阶级”，但如果要用马克思主义对资产阶级的严格定义（在一个工业生产体制中的资本家），此类人虽未在 20 世纪早期的中国缺席，但在数量上显得微不足道，以致无法在政治上产生很大的影响。如果把这

个范畴扩大成更一般性的“城市改革派精英”，我们便能集中注意这个藏身在1911年事件背后，并主要从中获益的群体。[48]

这个扩大的范畴将包括许多不同但又互相重叠的类型。第一类是传统的大商人，批发商以及经纪商，其中有部分但并非全部投入生产经营，且包括专注于国内商业（所谓的民族资产阶级）以及国外贸易（买办资产阶级）的人。从19世纪后期越来越常见的一个相关的类型是混种的绅商。[49]这些人以从事商业为生，有官位者通常是通过捐赀获得，无官位者至少也具体展现熟悉的儒家士人生活风格。绅商在
晚清的出现，是几个社会趋势所造成的。其中之一是越来越多拥有功 274
名的士人参与商业活动，此举原为清朝法律条文所禁止，用以区别士人和商人，但在太平天国以及其后的重建时期反而被官员积极鼓励，他们热切希望刺激帝国的商业经济，同时想把经济的控制交给可能较为正直的儒家士绅。[50]士绅经营者隶属于此类型，尤其在重建的年代与商人合作办理地方慈善、水源管理和其他领域，在此过程中，他们本身涉入商业活动的程度越来越深。

在19世纪晚期，传统上两种不同的角色逐渐融合成绅商（也可说是成为近代企业家）的过程，因新政的关键措施而加速：废除科举制度（士绅独有的正式标记），以及地方和省的商会之建立，使非士绅的商人在政策制定上获得前所未有的发声机会。

构成新城市改革派精英的第三类族群，来自传统士人阶级。大约在1895年之后，有功名的士绅大致分成两种群体：一是持续强调古籍经典教育和长久以来士绅角色在社会的重要性，另一种（有时称作“新式士绅”）接纳更具世界观的教育和社会工作。后者，包括有科举功名的新式学堂教师、银行家、工矿业和运输工程的投资者，从事法律、医学和新闻领域的白领阶层专业人士，以及中国的新知识分子。这些人成为新政时期“地方议事会”和“省咨议局”代表的核心。[51]

这些商人、绅商以及新式士绅们结合成为一种兼具进步思维和

商业导向的阶级，越来越无法忍受旧政府制度对于他们活动的诸多限制。在20世纪的前10年，这些改革派精英决然地转向民族主义，这是受到地位崇高的口岸报纸《申报》以及一些新式报刊的影响，例如1904年创办，持续推广“地方自治”的《东方杂志》，还有同年
275 创办,作为梁启超和其他进步分子喉舌的《时报》等。[52] 在1905年，为了抗议美国排华移民政策，一场广泛抵制美国货的运动中结合了许多要素，包括：对外民族尊严之维护、新式政治出版物之策划、商战的概念，和试图为国内制造业争取优势的民族主义企业家之鼓动。[53] 在此过程中，抵制运动有助于发展出演讲、公开造势聚会、职业和自发性团体的参与等一套动员群众的技巧，并在之后的几年转而运用于其他目的之上。

清末10年在用语上明显的转变，是从“救国”免于瓜分或灭种这样的防御性目标，转向更积极地宣示“主权”，这个崭新、热门的主权概念成为军事民族主义行动的团结号召。而什么样的权利是利害攸关的呢？最能直接看见的是领土的权利，这个时代兴起了迫切的“领土收复主义”（irredentist）督促着取回失土，该主题成为20世纪中国政治之重要基础，而至今仍能在中华人民共和国进行中、欲使台湾回归祖国的运动中看见。

在西藏，长期以来寻求在此扩张据点并强化控制的英国，于1904年占领了拉萨。与此同时，达赖喇嘛谋划在其个人权力统御之下，能让西藏获得更多的自治，然而俄国入侵西藏之谣言也在中国报纸上流传开来。受到改革派的鼓动，清朝官员在1908年后积极地面对这些威胁，便派出数批远征军，尽可能努力把这片神圣的清朝领土，从间接委托当地领袖统治，转为正规的省县行政。1910年2月12日，在清朝官员的内部争论中，一支装备步枪的新军，在蒙古旗人[54] 联豫的率领下攻占拉萨，解散了西藏政府，达赖喇嘛被迫流亡印度。[55]

然而，比领土权利更紧迫的，是经济权利的主张，这表现在要收

回给予外国人开矿和运输发展，尤其铁路的权利。中央政府在甲午战争中学到的教训之一，就是需要涵盖区域更广、能用于军事和商业运输的铁路网。1898 年清朝仓促与数间外国公司签订商业或铁路建设 276
协议，其中从北京到汉口的重要铁路干线[56]由法国和比利时公司于 1903 年完工。该线从汉口往南延伸到广州的路段[57]，则交由一间美国公司建造，但遭遇地方精英的联合反对，尤其在湖南。各种湖南的投资团体主张由他们自己建造铁路，1905 年，这些地方人士在动员一场重要、和平的抗议运动后，成功迫使湖广总督张之洞与美国签约方磋商出一个解决方案，将建造权转给他们。由于内部纠纷以及资金问题，迫使该路线延宕至清朝灭亡后才得以完工。

收回路权运动在浙江和四川引起更多争议。1898 年一家英国公司获得了承造连接上海、杭州及宁波之铁路的权利，但 7 年之后，两家由士绅领导的地方公司游说地方官员终止与英国的协议，并将建造的权利交给他们。不过当 1907 年外务部为此与英国签订了借贷合约时，上海和浙江的士绅、商人、学生便受到政治报纸刺激而集结抗议。此抗议组织迅速地出现了许多地方分会。后续由这两家中国公司自行接手，于 1909 年完成了这条铁路，有效地平息这场在江南的争论。

然而，在四川的例子中，满人[58]总督锡良在 1904 年设立自有的、半官方的川汉铁路公司，以建设成都附近的铁路，当时能获得的私人投资很少，锡良因而向地方百姓征收财产附加税。面临以士绅为首的抗议，锡良在 1907 年将此公司改为全面私有化。然而，由于川汉铁路公司蔓生的腐败和缺乏成效，邮传部在 1911 年春天，将所有四川铁路的经营国有化。在此后数月间，“四川保路同志会”动员大量该省士人、学生、新军士兵、地方团练、工人及哥老会成员等各路人马，投入抗议运动，并迅速转趋激烈。许多县份的政府税务机关和警察局受到攻击。秋初更在成都造成许多抗议者伤亡，整个四川有如濒临反王朝叛乱之势。这些省份的收回路权运动，表面旨在排除外国的 277

势力，却在大多数的例子中转而反对清政府，地方人民策划新式的政治动员，来展现对政府保障民众权益之能力已失去信心。[59]

改革派精英开始超越民族主义，支持宪政主义的概念和代议政治。清朝立宪之概念在 1898 年的改革时就已提出，其被理解为一个明订限制政府行动范围的正式声明。日本在此又提供了模范。明治宪法在 1889 年制定，仅 5 年后证明日本有能力在国际战争中羞辱清帝国，这个事实似乎说明此必然之关系：受宪法保障规范的人民会更投入国家的命运之中，因此相当容易依国家情势所需而被动员。在 20 世纪初，宪政主义成为城市改革派精英具影响力的意识形态，而 1905 年之后，立宪团体在帝国各省迅速成立，游说清廷及时颁布宪法。1908 年朝廷宣布预备立宪，并设定 1917 年实行立宪[60]，但立宪派人士力劝加快立宪的速度。立宪运动之基调是自由而温和的，其主要领导人梁启超坚持主张，当前中国最迫切的需要是一部赋权的宪法，而非革命。此时其目标原是一个君主立宪国家，但在革命成功后，则顺应时势改变、转为支持宪政民主。

作为新政的一部分，清廷承诺在各级政府设立自治代表议会，这是以认为能培养忠于皇室的现代公民为前提。然而，在设立之后，这些议会很快地成为改革派精英及其宪政主义意识形态的发声管道。县、镇、市层级的地方议会自 1908 年开始成立。次年选出了省咨议局并召开会议，1910 年由各省咨议局选出“资政院”代表。根据朝廷日程，要到 1917 年颁布宪法时，国会才会成为常设的机构，但作为临时国会的资政院已成立，并于 1910 年 10 月在北京召开。不意外的，此机构中主要的影响是来自梁启超。

278 关键而具代表性的团体显然是省咨议局。使之诞生的 1909 年选举是中国帝制史上前所未有的事件：虽然有严格的教育和财产要求，将选民（全为男性）限制在少于帝国人口的 0.5%，估计有 200 万清朝人民前去投票并初尝从未想象过的政治参与。省咨议局的组成在意料之中。全国的咨议局中也许有 90% 的成员是士绅，也就是从废除不久的科举制度取得正式功名的人。在全国 21 个省咨议局中，有 14 个是由有进士功名的人所领导，而另外有 6 个则由举人主持。但这并不必然代表咨议局具有保守的性质，因为大部分的士绅成员，包括那些进士们，都属于改革派新式士绅阵营。[61]

在活动范围和行事风格上，晚清的咨议局有效地将一个行政改革计划转变为政治运动。[62] 这些咨议局成员们与中央任命的外来官员，为主导该省之政策而相互竞争。他们接管了“收回利权运动”，以对抗反对外国人和新的清朝部门。且积极地向朝廷施压，以求提早实行立宪，召开常设的国会，并且立即设立一个“责任内阁”，此指一个内阁形式的政府，其官员行使真正的政治决策权力，且是由国会而非由皇帝选出。

晚清省咨议局在 20 世纪中国政治的演进过程中，扮演着非常重要却复杂的角色。一方面，他们相当程度地增强地方分权主义的趋势，其始于 19 世纪 50—60 年代的叛乱，至 20 世纪 10 年代晚期到 20 年代军阀政府的地方自治达到高峰。另一方面，他们至少部分代表了该省内的大众利益，故亦是一个地方层级的中国民粹民族主义发展的舞台。换言之，其表现也许可称之为“省的民族主义”。通过这些机构，这些精英真正第一次成为自觉的、团结一致的力量。省咨议局及其各式更名后的机构，在 1911 年世代更迭中保留下来，且持续数十年作 279
为中华民国时期最有潜力的政治机构之一。[63]

对于清政府而言，更大的危机是当这些已被民族主义精神激起的改革派精英，接受反帝制革命是可取之举，或至少接受革命为势所必然。如此转变对很多人来说仅是两天的时间，即 1908 年 11 月 14 日和 15 日。在 14 日当天，年仅 37 岁的光绪皇帝驾崩，而翌日慈禧太后接着过世，享年 73 岁。谋杀疑云随即甚嚣尘上并延续至今。光绪之死使得最温和的改革派，即康有为的保皇会失去了个人忠诚的焦点，对许多人而言，其对王朝的忠诚随着光绪的死而结束。光绪虽然缺乏个人特质，但曾作为在国内和移居海外各地华人的中国象征：皇帝驾崩促使群众追悼，并于世界各地唐人街设祭坛。然历经三个月的病痛而亡的慈禧太后，却未获得同等的悼念，但也宣告一位实际掌权并稳定清帝国政局近半世纪的人物从此消失，取而代之的是一群在政治上远不及她精明的摄政大臣，以辅佐当时才三岁的新帝宣统，爱新觉罗·溥仪。

这些稍有能力而防卫性强的清朝皇亲贵族之行动，显示了两种基本趋势的加速，亦是新政时期整体的特色。就像设计来彰显中央政府对省和地方之权的改革，同样也将权力集中于满人官员而非汉人之手，破坏了从康熙时代就主导着政府均衡的“双头政治”原则，并将权力集中在皇室而非出身较差的满洲人。这种掌权的举动让人十分厌恶，且助长已点燃的反满主义和汉族民族主义之情绪，此两者很快地越过了社会阶级而进入汉族士人精英中。也许压垮骆驼的最后一根稻草是改革派长期要求之“责任内阁”的任命。在 1911 年 4 月[64]宣布的一份 13 名内阁成员名单，其中包括 4 位汉族官员、1 位蒙古族以及 8 位满洲皇族。

这个侮辱又加上对于朝廷拖延颁布宪法的不满，以及在 1911 年
280 召开临时国会时，发现仅授予国会咨询之职却无立法权。或许更重要的是，在各省绅商团体耗费大量经济和政治资本才取回的铁路权后，摄政政府却在 1911 年春天宣布朝廷计划将铁路国有化。群众暴动在四川爆发，但精英对国有化的抵制运动则遍布全国。改革派精英与皇帝反目成仇，成为革命的导火线。

帝国的终结

一场革命需要三个条件：意识形态、组织及机会。在清帝国所剩

无几的日子里，绝对有意识形态，但薄弱且大多不甚明确。代议政府的远见由一些激进知识分子表述，而较不明确的共和主义则由孙中山的追随者推动。远比这些意识形态更为普遍的，却是负面的反满主义。其并非没有组织，却是过于分散在职业人士、学生和新军士兵的小组织；同盟会提供之较广泛的基层组织实际上失去了效能。但就第三个条件而言，机会无疑是存在的。1911 年中的中国提供了绝佳的“革命时机”。[65] 一个类似 1789 年法国革命前夕之“大恐慌”笼罩社会的翻版，突然、普遍而焦虑地认知到大清王朝天命已尽。

几个因素造成了这个恐慌。一是严重的财政危机。负责三年“省财政实况”的审计官吏在 1911 年报告其所见，显然几乎所有的省份均面临庞大且长期的财政亏空。除此之外，帝国的第一份年度预算显示中央也无力偿还巨债。这并非新问题，但承认并普遍察觉此状况还是头一遭。这些资金将要从那里来？二是自然灾害，连年洪水和歉收导致 1910 年和 1911 年严重的粮食短缺，清政府却未有反应。三是小型地方暴力事件的剧增：人民抗税抗捐（如山东莱阳县的事件，知县被抗议群众所杀）；粮食暴动（包括 1910 年在长沙的重大事件，迫使湖南巡抚逃离并终遭免职）；保路运动（尤以 1911 年夏、秋季的成都 281
地区）。[66] 这些事件几乎没有直接与任何公开的革命运动串联，且目标较为局限而迫切，但整体显示出清朝已无能力统治这个帝国。

当真正的革命终于发生时，却几近平淡。讽刺的是，革命主力均是新政改革所创的机构：新军、商会、咨议局。1911 年 10 月 10 日，一支驻扎在湖北省城武昌的新军单位爆发兵变。湖北新军是这些省级军队中教育程度最好且数量最多的，参与的特别单位中有许多受过良好教育的军事工程师，且很多人属于地方革命组织。当一支一支被派去镇压的部队转向投靠起义者阵营时，叛乱迅速扩大。清朝官员逃离了该城。

几天之内武昌和汉口（与武昌隔长江相对的重要河港）的商会宣

布支持革命并捐出资金。同时，他们动员其私人民兵成立“保安社”，支持政治革命为既成事实，而不威胁到自身财产和企业利益。到 10 月 11 日下午，湖北咨议局宣布该省自清帝国中独立，成立临时军政府，以黎元洪为都督（湖北新军协统，根据大多数记录，黎因为遭持枪胁迫才加入革命），此革命目的在建立汉民族国家——中华民国。而忠于朝廷的北洋军在 11 月发动反击，夺回大部分的汉口，但这是清朝苟延残喘的组织性反抗行动，却终无力回天。[67]

革命从武昌蔓延至其他省份几乎完全是城市现象。同月间，长沙、西安和太原等省城宣布支持革命；杭州、福州、广州和成都在 11 月加入；南昌随后在 12 月 2 日。南方和西北绝大多数省份，革命则以新成立的咨议局宣布独立的形式发生。许多清朝官员，尤其任职府、县级的汉人官吏，直接投奔革命阵营。如上海的沿海城市，群众反应
282 明显冷淡，因为已习惯十几年来未受限制的小报上对于帝国政府的冷嘲热讽。[68]

虽然大多数的汉人很少遭受杀戮，却有许多刻意针对旗人，以及因语言、服装、族群标记而被认定为旗人的种族屠杀暴力。在一些驻防城市，此种暴力是受满人地区之积极忠诚的抵抗所激起，不过有些地方则是无端受扰。最严重的例子是在西安，根据地方上一位英国观察者所述，在 10 月底大约整个驻防区人口的一半，至少 1 万名旗人男、女及小孩被杀。镇江、福州及其他地方则发生较小规模屠杀。相对于传统民族主义史学，对于这些“民族仇恨”的宣传者而言，满洲人几乎未因同化而消失。[69]

实际上，权力和控制的转移在各省、各地方之间有不小的差异，各自特定的利益决定结果。在省的层级上，坚定的革命派、新军领导人以及省咨议会（民间改革派精英的宣传工具）之间出现了一些权力斗争，后两者通常以“保安”的目的结合，亦即，防止社会革命并保护正在发展的事业。他们在这方面普遍获得成功，工业、矿业、运输、

教育和其他基础建设的发展并未因为革命而暂停。在中国境内的外国企业也很少成为侵扰的目标，或因政府的改变而受到很大的影响。

获得最广泛认同的革命组织者孙中山，此时仍在进行北美的行程，但蛰伏在同盟会中的同志试图将此革命据为己有，将民族凝聚力加诸革命之上，并获得了部分的成功。其中最著名者就是黄兴，当时他流亡到香港，曾事前被告知湖北新军的起义计划并劝阻他们。然而黄在 10 月 28 日回到武昌，为草创初期的政府提供指导。袁世凯作为帝国资深的改革派官僚以及最强大的北洋军之领导，当时因政治算计而暂时从官位上“引退”，11 月受邀介入协调清帝和平退位。12 月，各独立省份的代表在南京开会，组织临时政府，并授予孙中山（他在 283
圣诞节时回到中国）临时大总统的头衔。公历 1912 年 1 月 1 日被定为新的中华民国之开国纪念日。同年 2 月 12 日宣统皇帝正式退位之时，不只是大清王朝，历时 2000 年之久的帝国也于此告终。

结 语

284 对多数的普通中国人来说，大清之结束也许在短时间内对其生活的改变不大。一位经历过革命的上海工厂女工日后回忆，对她而言，事实上改变的只有货币单位：在革命过后，以银本位国币的元角分计价，而非清代铜钱的文，只是其薪资的购买力并未受影响。[1] 然而对其他人，特别是男性精英，这是一件具有深远且令人不安的文化事件。一位感时的学者以自杀作为忠于旧朝、实行不可为之理想的行动。直到 20 世纪 20 年代，新国家各地仍有一小群人拒绝剪掉辫子改为现代发型，原因包含对清代的尊敬，及对曾经自傲地留着辫子之父祖辈的孝心。更广泛地说，清朝的结束对男子气概带来一种危机感，展现在对像女性缠足这种逸乐、病态欲望而如今政治不正确的旧文化遗存的矫揉造作的怀旧情怀。[2]

大清帝国在性质上与之前各代相继的汉人或异族王朝有所不同。作为标准的近代早期欧亚大陆形态之多民族普世帝国，其在扩展“中国”的地理范围，将如蒙古、女真、西藏、内亚穆斯林与其他非汉民族，整合成一种新形态、超越性的政治体上，取得了惊人的成功。渐渐地，中国士人开始接受此重新定义的中国，并认同其为自己的祖

国。[3]不过，当一种新的社会达尔文主义式的民族主义在19世纪晚 285
期浮现台面，主张民族国家应该建基于单一民族或种族的祖国之上，似乎便暗示了初生的中华民国是汉族独有的领域。

然而，对诸多已接受清朝属民认同的非汉民族，他们的命运又将如何？一些蒙古人几乎马上宣布自己不愿成为中华民国的一部分。[4]早在1913年，东北就出现建立满洲民族之主权国家的努力，而此后各种“满洲国”相继宣布成立，直到包括那个在1932年建立作为日本附庸国，并由帝国末代皇帝爱新觉罗·溥仪领导之规模庞大但失败的想象共同体。[5]

帝制中国的结束还带来一个微妙且极具意义的进一步改变。皇帝作为天子，作为整个帝国时空下政治与社会行动普遍承认的合法中心，在此已被去除。为了取代皇帝所彰显的意志，更可被操纵、被争取的“人民”利益现在受到召唤。[6]对此问题之焦虑，加上个人的野心，无疑地驱使一些中国人支持那些不时出现、欲恢复帝制的尝试，几次打断了民国初期的共和政体。如何将政治活动稳定化且正当化，在尚待建构的新秩序中一直是挥之不去的烦恼。

若把清朝视为近代早期以陆地为基础之欧亚帝国的典型范例，我们可以说其在1911年的最终灭亡正是时候。[7]罗曼诺夫帝国在几年后的1917年瓦解，奥斯曼帝国在1922年正式结束前的10多年间便已先行解体。在20世纪科技转型的世界，这些以近代早期模式建立的政治组织，在遭遇其他挫败之际，似乎都蒙受了严重的“规模不经济”(diseconomy of scale)。

然而在另一方面，如果我们从帝制中国长期朝代兴衰循环的脉络来看清帝国，这种循环中政治分裂的时期通常处于两个兴起的“帝
国”之间(如汉唐之间的南北朝与唐宋之间的五代)，那么也许1911 286
年就不如其看起来的那么像是时代的里程碑。至少与其后的数十年相比，1911年的混乱与暴力并不那么严重，而且也未有具备实际效

力的中央政治体立刻起来控制大局。因此，清代“循环”也许要到1927 年的国民革命军北伐、1937 年的日本占领或甚至 1949 年的共产党解放才真正地结束。

清帝国长久的政治特征之一，是拥有较其社会与经济规模来得小的正式国家机器。在这种省钱政府的制度底下，许多表面上似乎属于政府部门的工作转包给了当地精英（绅衿、村庄领袖、地方武力领导与商业上的牙人）或团体（宗族、村庄、行会）。雍正在位的 18 世纪 20 年代晚期与 30 年代初期，代表一种重新提高政府人员密度，且将政策执行“重新政府化”的努力，但是这个方向在其继任者治下再度被逆转，或者至少被忽视。这样规模小但有效率的统治也许事实上较稳固的行事方针，只要清代能维持普世帝国的形象与状况，且相对较小的外来威胁。但是，当清帝国在 19 世纪中叶变得仅是国际间全面性掠夺战争的抵抗者之一，为了在这种竞争的环境之下借政治以求生存，一个更大、更强、介入更深的国家机器似乎就成为必要。

1898 年流产的戊戌变法是建立现代国家的初次尝试，而 20 世纪最初十年的新政改革代表真正的开始。从那时开始到至少 20 世纪 50 年代的“大跃进”时期（或许一直到后毛泽东时期对大政府的反省为止），中国更野心勃勃地实验大政府，根本上扭转了最早从 13 世纪的南宋以来所进行之国家限缩。若将这些尝试视为 20 世纪上半叶延续数十年的国家建构计划，辛亥革命与其后的中国政治重建，事实上是很有次序地立基于新政时期建立的现代国家，而延续其发展。

另一个审视清帝国晚期成就的相关方向是“公”这个观念的运用。
287 此观念逐渐与清代及民国的论述相联结，作为“官”与“私”的中间点。如果不是更早一点儿，至少在 19 世纪中叶，以公众利益为名而开办且赋予正当性的各种事务，如慈善事业、防卫、基础建设与经济发展，似乎突然大步扩张。其改变的动力来自非官方的精英，刚开始在地方阶层，接着在日渐扩大之地理范围下通力合作。这个过程也许可以视为国家扩张的伪装形式，其以远远超越积弱帝国的能力，响应社会与经济上前所未有的管理需求。而同样的，辛亥革命并未更改变化的轨迹。尽管中央政府机关持续崩解，地方层级的国家扩张，如代议制政治机构的发展，与各领域公共参与的管理机构，在民国初期仍进展迅速。[8] 由此观点，国民党与共产党的革命在某种程度上都可被视为此日益成功的尝试。即中央政府对这些实质上之国家扩张重申其正式的控制。[9] 这种趋势已经延续了一个多世纪，超越（且大致上无视）1911 年的分界。[10]

从 17 世纪中叶到 20 世纪初期这段时间，一个名为“大清帝国”的重要政治实体在欧亚大陆据有一块广大且持续扩张的空间。这个帝国不是西方人之前以为的那个对外界不关心的、与世隔绝的“天朝”（Celestial Empire）。相反地，其历史在诸多不同方面与全球历史进程紧密交织，对此我们才刚刚开始理解。并且，和我们所知者存在更大差距的是，这个帝国与之前各王朝、之后出现在这块领土上的诸多国家,有着性质上的差异。然而,清帝国的历史为我们现在认为的“中国”政体与社会设定了基本条件，其影响范围既深远且全面。

致谢

1975年，魏斐德出版了一本小书，名为《大清帝国的衰亡》(*The Fall of Imperial China*)。对当时仍是研究生、对中国的专业研究还没多少年的我们来说，这本书犹如神启。该书是一篇针对清朝历史的诠释性论文，基本上结构性地分析了17世纪中到20世纪初的中国历史中，他所认为的最显著的问题与关怀。这与我们在别处所学有整体上的差异。这本书出版之后，在美国教授清代史的方式不复过去模样了。和早期从事清代研究的美国学者相比，魏斐德深受当时甫兴起于美国史与欧洲史领域之“社会史革命”的影响。在20世纪50年代与60年代作为中国现代史研究核心的外交史与制度史，虽说当然没有完全被忽略，却已被搁在一旁。

在我早年的教学生涯，我用魏斐德的书作为现代中国课程的起点。只是随着时代演变，越来越清楚的是，在20世纪70年代出现时相当有新意的《大清帝国的衰亡》，如同每部历史著作一样，都是当时的时代产物。将书中的论点与新近对清史的探究及诠释相协调的难度越来越高。我希望我写的这本书，可以为魏斐德这本富有启发性的著作提供一个当代的回应。

虽然我生涯中阅读的清代中文原始资料与大量的中、日清史学术著作是成为此书描述与论点的基础，为了方便欲进一步阅读本书呈现之材料的读者，我选择将我批注中的参考文献大致上限制在英文的二手著作。当该主题没有适合的英文著作时，方将中文与日文的学术作品包括在内。

作为综合性的著作，我必须对那些奉献生涯于阐明清史的无数的学者，以及那些为我所引用的学者们，表达感谢之意。我特别感谢伟大的《剑桥中国史》(*Cambridge History of China*）中三册清史的撰稿同行。我只有在大量依靠或借用其诠释与论点时才明确引注他们的学术著作，然而他们的作品为整本书提供了参考和引证的泉源。误解或对事实错误呈现的责任当然由我承担。我相信这些残留的错误很快将会被此领域中的同人所改正。

我特别感谢三位学者耐心地阅读我的书稿并提供修改建议：我在约翰霍普金斯大学的同事梅尔清（Tobie Meyer-Fong）、主编卜正民（Timothy Brook），与一位哈佛出版社未具名的审稿人。我感谢哈佛大学出版中心凯瑟琳·麦克德莫特（Kathleen McDermott）开启且支持此“帝制中国史”丛书，与苏珊·华莱士·伯默尔（Susan Wallace Boehmer）以其高度的敏锐与技巧编辑初稿。最后，我向我妻子吉尔·弗里德曼（Jill Friedman）致以最高的谢意。没有她持续的鼓励我不会有勇气尝试写这本书。

帝系年表和朝代

注释

参考文献

索引

帝系年表和朝代

大清帝系年表

统治时间	姓名	年号
1636—1643 年	皇太极	崇德
1644—1661 年	福临	顺治
1662—1722 年	玄烨	康熙
1723—1735 年	胤禛	雍正
1736—1795 年	弘历	乾隆
1796—1820 年	颙琰	嘉庆
1821—1850 年	旻宁	道光
1851—1861 年	奕詝	咸丰
1862—1874 年	载淳	同治
1875—1908 年	载湉	光绪
1909—1912 年	溥仪	宣统

中国王朝

商	约前 1600—前 1027
周	前 1027—前 256
西周	前 1027—前 771
东周	前 771—前 256
春秋时期	前 722—前 481
秦	前 221—前 206
西（前）汉	前 206—公元 8
新	8—23

东（后）汉	23—220
三国（魏、蜀、吴）	220—280
晋	265—420
西晋	265—317
东晋	317—420
南北朝	420—589
隋	589—618
唐	618—907
五代	907—960
宋	960—1279
北宋	960—1126
南宋	1126—1279
元	1279—1368
明	1368—1644
清	1644—1912

注 释

（注释中的页码皆为原书页码）

导 言

[1] 13 至 14 世纪的蒙古帝国无疑比清帝国大上许多，然而蒙古帝国的中国部分（即元朝）并非其中心。

[2] 其中一例见 Wong，“Qing Granaries and World History”。

[3] 赵尔巽，《清史稿》。当我写作这本书时，由知名历史学家戴逸领导、中国政府充沛经费支持的庞大“清史工程”计划仍在进行中，其目的即在编纂一套最完整可靠的《清史》。这项计划部分为此悠久史学传统的遗绪。对于这项工作的介绍与反思及其与朝代史模式间的关系。（见 Ma，“Writing History during a Prosperous Age”。）

[4] 萧一山，《清代通史》（此书之上卷于 1923 年初版——编者注）。

[5] 举例来说，在费正清与其哈佛同事 Edwin O. Reischauer 和 Albert M. Craig 合编的两套教科书 *East Asia: The Great Tradition* 与 *East Asia: The Great Transformation* 使把此区分奉为圭臬。在邓嗣禹与费正清合编的、相当具有影响力的史料集 *China's Response to the West* 中，其组织手法也是将鸦片战争作为中国现代史的起始点。

[6] 然而费正清的确至少在他的作品，如其重要的编著 *The Chinese World Order*（见此书第五、六章的进一步讨论），以及其不合宜地经常对当代中国以“人民的中央王国”（People's Middle Kingdom）这样的称呼中，传达出这种“停滞”的形象。（见 Fairbank，*China: The People's Middle Kingdom and the United States*。）

[7] 这种教科书中最著名的例子是徐中约 1970 年出版而后有多个修订版本的 *The Rise of Modern China*。

[8] 中国人民大学清史研究所在 1978 年方成立。

[9] 对年鉴学派方法的简要陈述见 Braude，“History and the Social Sciences”。

[10] Cohen, *Discovering History in China.*

[11] 这句话来自费正清的学生及在哈佛的继任者孔复礼（Philip A. Kuhn）。

[12] Arrighi，*Adam Smith in Beijing*；Frank，*Re-Orient*；Pomeranz，*The Great Dviergenc*；Wong，*China Transformed*。中国学者的代表性论点见李伯重，《控制增长以保富裕》；方行，《论清代江南农民的消费》。

[13] Wakeman,“Introduction” to Wakeman and Grant, eds. , *Conflict and Control*, p. 2.

[14] 虽然视“帝国晚期”或“后蒙元时期”中国为一连贯性时期的观点通常建立在元朝是关键性的分界转折点上，近来一些史家主张元朝本质上是唐宋以来经济社会发展的延续，而明太祖朱元璋反动的文化政策与高压统制的经济政策方代表中国历史发展的真正断裂。见 Smith and von Glahn 编，*The Song-Yuan-Ming Transition in Chinese History*。

[15] 就我所知第一个有意识地使用“近代早期”的美国中国史著作 Ropp，*Dissent in Early Modern China*（1981）。我自己也大量地使用这种断代方式。[见 Rowe，*Hankow*（1989），特别是“Introduction: An Early Modern Chinese City”。]

[16] 本身同样为修正派清史前锋的魏斐德生气地指责我热切拥抱“近代早期”这个标题，以及我从中引申出来的一些影响，见其“The Public Sphere and Civil Society Debate”。一个较具

同情的批评者黄宗智以“沉痛”（poignant）来描述我援引欧洲式的“早期近代性”到中国来。见 Huang，“The Paradigmatic Crisis in Chinese Studies”，第 321 页。

[17] Inner Asia 在本书统一译为“内亚”。一般习称的“中亚”容易与 Central Asia 混淆。在现今国际政治“中亚”（Central Asia）指哈萨克斯坦等苏联解体后独立的五个前加盟共和国。而“内亚”（Inner Asia），或作“内陆亚细亚”，指欧亚大陆内陆区域，除前述中亚外，尚包括蒙古、西藏、东北三省等等。这个区域过去以汉族为中心的观点常被视为是中国的边疆，然其共同的政治地缘、经济形态、社会结构等，令其成为一独特的地理区域。——译者注

[18] 这个思考主线的前驱 Pamela Kyle Crossley（柯娇燕）在一系列的文章中阐述她的想法，这些想法最完整地呈现在她的著作 *A Translucent Mirror* 中。

[19] Waley-Cohen, “The New Qing History, ” p. 195.

[20] 论清朝皇帝的多重角色，特别参见 Crossley，“Review Article”。清朝的多元民族政体象征性的缩影在长城外的热河，如同帝国“主题公园”般，每个民族群体皆有其展示空间。（见 Millward 等编，*New Qing Imperial History*。关于清朝治下各族群认同的协商见此会议论文集：Crossley，Siu 和 Sutton 编，*Empire at the Margins*。）

[21] 最支撑这几行意见的讨论见 Duara，*Rescuing History from the Nation*。此论点的南亚灵感最清楚地表现在 Chatterjee，*The Nation and Its Fragments*。

[22] 在自许为“世界史”又注意到帝国晚期中国的例子有 McNeil，*Plagues and Peoples*；Curtin，Cross-*Cultural Trade in World History* 与 Adas，*Machines as the Measure of Men*。中华帝国晚期地方或区域性的生态史研究先驱著作有 Schoppa，*Xiang Lake* 与 Marks，*Tigers, Rice, Silk, and Silt*。大胆尝试将中华帝国视作一个整体的生态史研究，见 Elvin，*The Retreat of the Elephants*。更具野心地尝试将清朝的经验放进全球生态史的研究，见 Richards，*The Unending Frontier*。

[23] 对此现象的不同观点，见 Adshead，“The Seventeenth-Century General Crisis in China”；Atwell，“Some Observations on the Seventeenth-Century Crisis in China and Japan”；Wakemen，“China and the Seventeenth-Century Crisis”。最近对这场辩论的回顾见 Marmé，“Locating Linkages of Painting Bull’s-Eyes around Bullet Holes?”

[24] 特别参见 Lieberman 编，*Beyond Binary Histories*。反思这种想法对清史研究影响的论文集，见 Struve 编，*The Qing Formation in World-Historical Time*，特别是 Perdue、Millward、di Cosmo、Rawski 与 Goldstone 的文章。

[25] 主要作品是 Perdue, *China Marches West*。

[26] Evelyn Rawski, “The Qing Formation and the Early Modern Period. ”

第 1 章 征 服

[1] Crossley, “The Tong in Two Worlds. ”

[2] 其观点摘要见 Crossley，*A Translucent Mirror*。

[3] Elliott, *The Manchu Way*.

[4] 英文著作中对明清易代的标准研究为：Wakeman，*The Great Enterprise*。

[5] Di Cosmo, “Before the Conquest”。（得到作者允许引用）亦可参考“Manchu mercantilism” in Zhao（赵刚），“Shaping the Asian Trade Network”。

[6] 努尔哈赤发明该族语言的书写文字后，首先便是将《金史》译成满文。Di Cosmo 推断，事实上是通过这样翻译的中国文献，17 世纪的爱新觉罗氏与他们的邻居认识了（或想象了）

他们的过去与集体认同。

[7] Elliott, *The Manchu Way*, pp. 77, 177—181.

[8] Crossley, “Review Article. ”

[9] 这里是指1630年奉命督师的阿敏受明军反攻，先是丢失滦州，后屠迁安、永平而返。皇太极宣布阿敏为国贼，讯问后幽禁。——译者注

[10] Wakeman, *The Great Enterprise*, pp. 164—224.

[11] 王夫之，《黄书·源极第一》。英译见 de Bary 等编，*Sources of Chinese Tradition*, vol. 1，pp. 544—546。

[12] 关于晚清的王夫之热潮，见 Platt，*Provincial Patriots*；对曾国藩重新出版王夫之著作的讨论，见该书第23—28页。

[13] I Songyǔ, “Shangtung in the Shun-chih Reign. ”

[14] Cheng and Lestz, eds. , *The Search for Modern China*, p. 33.

[15] Rowe, *Crimson Rain*, chap. 6.

[16] Dennerline, *The Chia-ting Loyalist*;Wakeman, “Localism and Loyalism during the Ch'ing Conquest of Kiangnan, ” in Wakeman and Grant, eds. , *Conflict and Control*.

[17] 王秀楚，《扬州十日记》。由 Lynn Struve 翻译，见 Struve 编，*Voices from the Ming-Qing Cataclysm*，第36页。

[18] 对于鳌拜摄政在多大程度上代表清廷中返回入关前的治理模式与拒绝汉化统治的部分有一场学术辩论。对反汉化一方的两种经典阐述，虽彼此论点相当不同。（见 Oxnam，*Ruling from Horseback* 与 Miller，“Factional Conflict and the Integration of Ch'ing Politics”。近来反对此看法，而主张此过渡阶段过程相当平顺的讨论见 Struve，“Ruling from Sedan Chair”。）

[19] 与吴三桂、尚可喜一同受封者应为耿仲明，由其子耿继茂袭爵移镇福建。——编者注

[20] 对三藩之乱始末的研究至今没有英文著作。目前最好的作品是刘云凤，《清代三藩研究》。

[21] 关于郑氏政权，在被广为接受的研究之外，我受此未出版的论文影响：Hung（孔诰烽），“The Ming-Qing Transition in Maritime Perspective”。

[22] 郑成功病故为普遍之说法，亦有人认为其遭毒害身亡，只是自尽的说法甚为少见。——编者注

[23] Dennerline, “Fiscal Reform and Local Control, ” in Wakeman and Grant, eds. , *Conflict and Control.*

[24] Meyer-Fong, *Building Culture in Early Qing Yangzhou.*

第2章 治 理

[1] Elvin, *The Pattern of the Chinese Past.*

[2] 我所见过对此制度与其含义最好的分析是：藤井宏，《新安商人の研究》。

[3] Hucker, *A Dictionary of Official Titles in Imperial China*, 92.

[4] 对这种间接统治的部分分析，如清政府有系统性地让商人从事半官方的工作，见 Mann，*Local Merchants and the Chinese Bureaucracy*。

[5] 有关清代的都察院并没有英文的详细研究。明代时运作情况之研究见 Hucker，*The Censorial System of Ming China*。

[6] Liu, *The Hanlin Academy.*

[7] 在此作者借由明清巡抚总督英文译名说明其性质的转变。明代巡抚的通用译名为 grand

coordinator，说明其职务主要在协调一省内的各个部门，但到了清朝巡抚成为实质上的省长，译名也改为 governor。而总督的译名为 governor-general，意即管辖范围在省长即巡抚之上，或包含数省的行政首长。——译者注

[8] Hucker，*Dictionary*，第 88、255、534 页。清代地方行政管理制度的过程是 R. Kent Guy 进行中的研究主题，他称之为“行省制度在清代的新发明”。

[9] Spence, *The Death of Woman Wang.*

[10] Chia, “The Li-fan Yuan in the Early Ch’ing Dynasty. ”

[11] Tobert，*The Ch’ing Imperial Household Department*。对织造的研究，见 Spence，*Ts’ao Yin and the K’ang-hsi Emperor*。对清代在华北的田产，见 Huang，*The Peasant Economy and Social Changes in North China*。

[12] Bartlett, *Monarchs and Ministers.*

[13] Wu, *Communication and Imperial Control in China.*

[14] Kuhn, *Soulstealers*, p.213.

[15] 郭松义，《论摊丁入亩》。

[16] Wang, *Land Taxation in Imperial China.*

[17] 在 1712 年康熙皇帝宣布永不加赋与 18 世纪 40 年代乾隆减少赋税劳役时，人口都有大规模的增长，这或许不是巧合。见 Rowe，*Saving the World*，第 159 页。

[18] 许大龄，《清代捐纳制度》。

[19] 公元 907 年朱全忠建立梁朝，唐朝灭亡。——编者注

[20] 见两部不仅限于清代、讨论历朝科举的重要的研究：Miyazaki，*China’s Examination Hell*；Elman，*A Cultural History of Civil Examinations in Late Imperial China*。

[21] Nivison，“Protest against Convention and Conventions of Protest” 在 Elman 的 *A Cultural History of Civil Examinations in Late Imperial China* 一书中认为策论在科举考试中比一般刻板印象中想象的更重要。

[22] Guy, “Fang Pao and the Ch’ing-ting Ssu-shu wen. ”

[23] 此问题的英文经典研究为 Ho，*The Ladder of Success in Imperial China*. 对何炳棣研究的重要重估，见 Wou，“The Extended Kin Unit and the Family Origin of Ch’ing Local Officials。”

[24] Ch’u, *Local Government in China under the Ch’ing*;Hsiao, *Rural China*.

[25] 对此经典的研究是 Watt，*The District Magistrate in Late Imperial China*。

[26] Zelin, *The Magistrate’s Tael.*

[27] Park, “Corruption and Its Recompense. ”

[28] Thompson, “Statecraft and Self-Governance. ”

[29] Cole, *Shaohsing.*

[30] Reed, “Money and Justice. ”

[31] 关于这个制度，现在有些过时但仍相当详尽的研究是：Folsom，*Friends, Guests, and Colleagues*。

[32] Hsiao, *Rural China*;Rowe, “Urban Control in Late Imperial China. ”

[33] Morse, *The Trade and Administration of China.*

[34] 讨论清代粮食政策的英文著作很多，见 Chuan 和 Kraus，*Mid-Ch’ing Rice Markets and Trade*；Will，*Bureaucracy and Famine in Eighteenth-Century China*；Will 和 Wong 编，*Nourishing the People*；Wong 和 Perdue，“Famine’s Foes in Ch’ing and China”；Rowe，*Saving the World*, chap. 5；Li，*Fighting Famine in North China*。

[35] 此课题的中日文研究很多，英文研究见 Vogel，“Chinese Central Monetary Policy” 与 Rowe，

"Provincial Monetary Practice in Eighteenth-Century China"。

[36] Huang, *Civil Justice in China.*

[37] 关于宋朝的"经世"运动，见 Hymes 和 Shirokauer 编，*Ordering the World*。

[38] 关于清朝的实学，见 de Bary 和 Bloom 编，*Principle and Practicality* 与 Rowe，*Saving the World*, chap. 4。

[39] 关于帝国晚期封建与郡县的区别，见 Yang，"Ming Local Administration"；Min，*National Polity and Local Power*。

[40] 此《郡县论》的英文翻译由笔者修改自：de Bary 等编，*Sources of Chinese Tradition*。

[41] Peterson，"The Life of Ku Yen-wu"；顾炎武处决世仆的事件在第 154—156 页。

[42] 第一版出版于 1670 年。第二版大量增加内容，于他过世后的 1695 年出版。

[43] Delury，"Despotism Above and Below"，经作者同意引用。

[44] 英语学界对顾炎武议论之遗绪的开创性研究，见 Kuhn，"Local Self-Government under the Republic"。

第 3 章 盛清

[1] 对清朝"盛世"的共识与评估之中文研究，见戴逸，《18 世纪中国的成就、趋向与时代特征》。而英文学界较早试图对此时代特性之描绘，见 Wakeman，"High Ch'ing, 1683—1839"。

[2] 所谓"漫长的 18 世纪"指从康熙在 1680 年左右巩固清朝统治，直到 1799 年乾隆逝世的时代。见 Mann，*Precious Records*。

[3] 康熙于 1661 年即位，康熙元年则为 1662 年。——编者注

[4] 康熙早年的治理政策见 Kessler，*K'ang-hsi and the Consolidation of Ch'ing Rule*。

[5] Jami, "Imperial Control and Western Learning. "

[6] Hanson, "Jesuits and Medicine in the Kangxi Court. "

[7] Spence，*Emperor of China*, pp. 105—106。(此段是史景迁采用各种不同材料模拟康熙自己的语气写成，并非康熙自己的话。)

[8] 康熙五十一年（1712），皇帝宣布盛世滋生人丁永不加赋的计划，后于 1713 年诏谕说明。只是永不加赋系以康熙五十年（1711）收入为税收定额，并非 1713 年。——编者注

[9] 雍正于 1722 年即位，雍正元年则为 1723 年。——编者注

[10] 对雍正继位更详细的描述见 Wu，*Passage to Power*。

[11] 此指雍正直接统辖八旗组织的革新，如废除下五旗旗主与旗员间的臣属关系，改由皇帝直辖。此为雍正一系列中央集权改革中的一环。——译者注

[12] Paderni, "The Problem of *Kuan-hua* in Eighteenth-Century China. "

[13] 英语著作中唯一较完整但如今略为过时的作品是 Huang，*Autocracy at Work*。一部很好的中文传记：冯尔康，《雍正传》。

[14] 中文有两部很扎实的乾隆传记：戴逸，《乾隆帝及其时代》；白新良，《乾隆传》。前者较概念化，后者较详细。一部近来精要的英文传记为 Elliott，*Emperor Qianlong*。乾隆皇帝统治风格的数个层面，此书亦有所讨论：Kahn，*Monarchy in the Emperor's Eyes*。

[15] 高王凌，《一个未完结的尝试》。

[16] Rowe, "Education and Empire in Southwest China. "

[17] Crossley, "The Rulerships of China. "

[18] 对此案件生动的描写见 Spence，*Treason by the Book*。

[19] 即岳钟琪。——编者注

[20] Crossley，*A Translucent Mirror*。亦见 Farquhar，“Emperor as Bodhisattva in the Governance of the Ch'ing Empire”。

[21] 庄吉发，《清高宗十全武功研究》。

[22] 见 Milward 等编，*New Qing Imperial History*。

[23] Chang, *A Court on Horseback*; Meyer-Fong, *Building Culture in Early Qing Yangzhou*.

[24] 近来沿着这条线的两起讨论，见 Perdue，“Comparing Empires”，与 Rawski，“The Qing Formation and the Early Modern Period”。

[25] 此处对准噶尔战役的描述依据：Perdue，*China Marches West*，引文来自第 161、285 页。

[26] Milward, *Beyond the Pass*;Perdue, *China Marches West*, chap. 9;Waley-Cohen, *Exile in Mid-Qing China*;Hsu, *The Ili Crisis*.

[27] Waley-Cohen, *Exile in Mid-Qing China*.

[28] 接下来数段来自：Dabringhaus，“Chinese Emperors and Tibetan Monks。”此文是作者更详细之德文作品的摘要。

[29] 清朝对统合台湾的疑虑在此书被强调出来：Shepherd，*Statecraft and Political Economy on the Taiwan Frontier*。

[30] Woodside, “The Ch'ien-lung Reign, ” in *Cambridge History of China*, vol. 9, p. 269.

[31] 见 Lee，“Food Supply and Population Growth in Southwest China”；Rowe，“Education and Empire”；Herman，“Empire in the Southwest”；Herman，“The Cant of Conquest”。

[32] Sutton, “Ethnicity and the Miao Frontier in the Eighteenth Century. ”

[33] Herman, *Amid the Clouds and Mist*, chap. 6.

[34] 英译见 Herman，“Empire in the Southwest”，p. 47。亦见 Smith，“Ch'ing Policy and the Development of Southwest China”。

[35] 接下来数段依据 Giersch，*Asian Borderlands*。

[36] Chan, “The *Hsing-li ching-i* and the Ch'eng-Chu School of the Seventeenth Century”；Rowe, *Saving the World*, chap. 3.

[37] Ropp，*Dissent in Early Modern China*，特别是第 1 章。Ropp 将此趋向形容为“中产阶级化”(bourgeoisification)，或许有些太强烈。

[38] Waley, *Yuan Mei*;Wakeman, *The Fall of Imperial China*, 52—53; Ropp, *Dissent in Early Modern China*, pp. 49—50.

[39] Rawski, *Education and Popular Literacy in Ch'ing China*; Johnson, “Communication, Class and Consciousness in Late Imperial China. ”

[40] 英译见 Ropp，*Dissent in Early Modern China*，第 53 页。

[41] Mair, “Language and Ideology in the Written Popularization of the Sacred Edict. ”

[42] 见 Zeitlin，*Historian of the Strange*。亦见史景迁有启发性地将蒲松龄的故事作为清代社会史的材料：Spence，*The Death of Women Wang*。

[43] Hanan, *The Invention of Li Yu*.

[44] Johnson, *Spectacle and Sacrifice*.

[45] Wang, *Street Culture in Chengdu*, pp. 42—44.

[46] Mackerras，*The Rise of the Peking Opera*。有关后续在晚清与民国早期使用此传统来建立民族国家，见 Goldstein，*Drama Kings*。

[47] Hays, *Shitao*.

[48] Vainker, *Chinese Pottery and Porcelain*, chaps. 5 and 7.

[49] Finnane, "Yangzhou's Modernity. "

[50] 一部关键著作是于 1667 年首次出版的顾炎武《音学五书》。要注意的是，顾炎武的多才博学使其同时成为 18 世纪训诂学者的标志性人物，同时也是经世学者的标志性人物，即使经世学者最后在 19 世纪摒弃了考据学派。

[51] Elman，*From Philosophy to Philology*。我对考据学派运动的全部讨论来自此重要研究。

[52] Man-Cheong, *The Class of 1761.*

[53] Chow, *The Rise of Confucian Ritualism in Late Imperial China*, esp. chap. 6 and 7; Brokaw, "Tai Chen and Learning in the Confucian Tradition. "

[54] Hummel 编，*Eminent Chinese of the Ch'ing Period*, pp. 120—123。由香港中文大学建立了一套可逐字查询的光盘版本四库全书："文渊阁四库全书电子版"（香港：香港中文大学出版社，1999）。

[55] Goodrich, *The Literary Inquisition of Ch'ien-lung*; Guy, *The Emperor's Four Treasuries.*

[56] Naquin, *Shangtung Rebellion.*

[57] Will and Wong, *Nourishing the People*, pp.226—232.

第 4 章 社 会

[1] 本章部分来自我自己的文章："Social Stability and Social Change, " in *Cambridge History of China*, vol. 9, pp. 475—562。

[2] 对于清代人口有许多不同的估计彼此争论。目前也许最可靠的研究见 Ho，*Studies on the Population of China*。

[3] Lee and Wang, *One Quarter of Humanity.*

[4] 李伯重，《控制增长以保富裕》。

[5] Entenmann, "Szechwan and Ch'ing Migration Policy. "

[6] Lee, "The Legacy of Immigration in Southwest China" ; Herman, "Empire in the Southwest. "

[7] Shepherd, *Statecraft and Political Economy on the Taiwan Frontier*; Meskill, *A Chinese Pioneer Family.*

[8] Milward, *Beyond the Pass*, pp.50—51.

[9] Lee, *The Manchurian Frontier in Ch'ing History*; Gottschang and Lary, *Swallows and Settlers.*

[10] Averill, "The Shed People and the Opening of the Yangzi Highlands" ; Osborne, "The Local Politics of Land Reclamation in the Lower Yangzi Highlands" ; Leong, *Migration and Ethnicity in Chinese History.*

[11] 铃木中正，《清朝中期史研究》；Rawski，"Agricultural Development in the Han River Highlands"。一般性的概览见彭雨新，《清代土地开垦史》。

[12] Rowe, *Saving the World*, pp. 56—68.

[13] Liu，"Dike Construction in Ching-chou" ; Perdue，*Exhausting the Earth*. 在承认 18 世纪华中滥砍森林的同时，对"毫不在意生态环境的帝国政府与社会导致原始森林长期毁灭"这样概略化的观点，Nicholas Menzies 提出质疑。见 Menzies，*Forest and Land Management in Imperial China*。

[14] Lojewski, "The Soochow Bursaries, " pp. 43—65.

[15] Berhardt, *Rents, Taxes, and Peasant Resistance.*

[16] 韦庆远，《清代奴婢制度》；经君健，《清代社会的贱民等级》。对特定地点农奴的研究，见

叶显恩，《明清徽州农村社会与佃仆制》；Rowe，*Crimson Rain*。

[17] Huang, *The Peasant Economy and Social Change*, 1985.

[18] 刘永成，《论清代前期农业雇佣劳动的性质》。

[19] 关于雍正“解放”的经典作品是寺田隆信，《雍正帝の賤民开放令について》。较简要的英文著作见 Huang，*Autocracy at Work*。

[20] 例如：*The Art of Ethnography*。这种文类的分析见 Hostetler，*Qing Colonial Empire*。

[21] 即邓传安。——编者注

[22] Teng, *Taiwan's Imagined Geography*, pp.194—203.

[23] Siu and Liu, “Lineage, Market, Pirate, and *Dan*”；Szonyi, *Practicing Kinship.*

[24] Leong, *Migration and Ethnicity.*

[25] erdue, “Insiders and Outsiders”；*Honig, Creating Chinese Ethnicity.*

[26] Rowe, *Saving the World,* chap. 12.

[27] Shen, *Six Records of a Floating Life*, 28, 40.（沈复，《浮生六记》）

[28] 的确，Helen Dunstan 曾主张沈复之妻为女同性恋，但沈复接受此倾向，且此为其彼此关系中的重要成分。见 Dunstan，“If Chen Yun Had Written about Her Lesbianism”。

[29] 关于清初女性生活经验，一个引人入胜但全然负面的观点，见 Spence，*The Death of Woman Wang*。

[30] Ng，“Ideology and Sexuality”。对于清代试图借由地方法庭强加性别模范，而社会现实阻碍此尝试的细腻描绘，见 Sommer，*Sex, Law, and Society in Late Imperial China*。

[31] Meyer-Fong, *Building Culture in Early Qing Yangzhou*; Hershatter, *Dangerous Pleasures*; Yeh, *Shanghai Love.*

[32] 有许多关于清代寡妇守节的研究，见 Elvin，“Female Virtue and the State in China”；Holmgren，“The Economic Foundations of Virtue”；特别是 Theiss，*Disgraceful Matters*。

[33] 对此趋势的标志性研究为汤浅幸孙，《清代に于ける妇人解放论礼教と人间的自然》。英文的研究见 Ropp，“The Seeds of Change”。

[34] Mann, *Precious Records.*

[35] 对朝圣进香会的研究见 Naquin 和 Yü 编，*Pilgrims and Sacred Sites in China*。

[36] 见陈宏谋的短文《论女教》。我自己的选译见 de Bary 等，*Sources of Chinese Tradition*, vol. 2。

[37] Mann, *The Talented Women of the Zhang Family*; Widmer, *The Beauty and the Book.*

[38] 对晚清民初缠足争论的挑战性研究，见 Ko，*Cinderella's Sister*。

[39] Fei, “Peasantry and Gentry. ”

[40] Hartwell, “Demographic, Political, and Social Transformations of China”；Hymes, *Statesmenand Gentlemen.*

[41] Shigeta, “The Origins and Structure of Gentry Rule. ”

[42] 关于标志此群体之相关议题的深入讨论，见 Esherick 和 Rankin，编，*Chinese Elites and Patterns of Dominance* 的“Introduction”。

[43] Naquin, “Funerals in North China”；Brook, “Funeral Ritual and the Building of Lineages in Late Imperial China”；Chow, *The Rise of Confucian Ritualism in Late Imperial China.*

[44] Meskill, *A Chinese Pioneer Family.*

[45] 关于此研究的经典为：Chang，*The Income of the Chinese Gentry*。

[46] Barr, “Four Schoolmasters. ”

[47] Chow, *Publishing, Culture, and Power.*

[48] Folsom, *Friends, Guests, and Colleagues*; Elvin, “Market Towns and Waterways”；Rankin, *Elite*

Activism and Political Transformation in China.*

[49] Macauley, *Social Power and Legal Culture*; Huang, *Civil Justice in China.*

[50] Ho, *The Ladder of Success in Imperial China.*

[51] Chang, *The Chinese Gentry*, pp. 102—111。关于 19 世纪的增加，见许大龄，《清代捐纳制度》。

[52] Rowe, *Crimson Rain*, pp. 74—75.

[53] 对于清代宗族的详细研究见 Beattie，*Land and Lineage in China*；Rowe，“Success Stories”；与收入于 Ebrey and Watson 编，*Kinship Organization in Late Imperial China* 中的各篇论文。

[54] Szonyi, *Practicing Kinship.*

[55] Dennerline, “The New Hua Charitable Estate and Local Level Leadership.”

[56] Faure, “The Lineage as Business Company”; Palmer, “The Surface-Subsoil Form of Divided Ownership”; Zelin, *The Merchants of Zigong.*

[57] Watson, “Hereditary Tenancy and Corporate Landlordism in Traditional China”; Lamley, “Lineage and Surname Feuds”; Ts'ui-jung Liu, “Dike Construction in Ching-chou.”

[58] 关于帝国晚期的慈善活动有两本以东亚语言写成的大师级作品：夫马进，《中国善会善堂史研究》，与梁其姿，《施善与教化》。对此过程在 19 世纪之阶段于特定地点的英文详细研究见 Rowe，*Hankow: Conflict and Community*，我没有讨论这波组织建立潮中，“清节堂”与“惜字会”这两种较晚成立（主要在太平天国之后）且带有强烈复兴儒家道德色彩的组织。

第 5 章　商 业

[1] 如 Cooper，*Travels of a Pioneer of Commerce*。

[2] 对中古“商业革命”简洁的概述，见 Shiba，*Commerce and Society in Sung China* 与 Elvin，*The Pattern of the Chinese Past* 的第二部分。

[3] 有数个修正性的研究主张元朝对经济发展的长期影响甚微。收集在：Smith 和 von Glahn 编，*The Song-Yuan-Ming Transition in Chinese History*。

[4] 邓拓，《论中国历史的几个问题》。

[5] 吴承明，《论清代前期我国国内市场》。

[6] Chuan and Kraus, *Mid-Ch'ing Rice Markets and Trade*, p. 77.

[7] Rowe, *Hankow.*

[8] 研究“经营地主制”的经典著作为 Jing 和 Luo，*Landlord and Labor in Late Imperial China*。

[9] Huang, *The Peasant Economy and Social Change in North China.*

[10] 刘永成，《试论清代苏州手工业行会》。

[11] 邓拓，《论中国历史的几个问题》；Zelin，*The Merchants of Zigong*。

[12] Skinner, “Marketing and Social Structure in Rural China,” part two.

[13] Rawski，*Agricultural Change*, p.112。亦见刘石吉，《明清时代江南市镇研究》。

[14] 杨念群，《儒学地域化的近代形态》，第 162 页。

[15] 此部分与下个段落改写自：Rowe，“Domestic Interregional Trade in Eighteenth-century China”。

[16] Skinner, “Cities and the Hierarchy of Local Systems.”

[17] Cochran, *Encountering Chinese Networks.*

[18] Perdue, “Insiders and Outsiders.”

[19] Twitchett, “The T'ang Market System.”

[20] Rowe, *Hankow*; Rowe, "Ming-Qing Guilds."

[21] "Newchwang," in *Decennial Reports, 1882—91*, Shanghai: Inspectorate General of Customs, 1892, pp. 34—37.

[22] 例如：Wright，*The Last Stand of Chinese Conservatism*, p.170；Ch'u，*Government in China*, p. 169。

[23] 见 Rowe，*Saving the World*，part two。

[24] 引自：Dunstan，*Conflicting Counsels to Confuse the Age*, p. 325。

[25] Fairbank 编，*The Chinese World Order*。此书中许多想法其实在费正清与邓嗣禹约 25 年前的一篇长文便已说明。见"On the Ch'ing Tributary System"。

[26] 例如：滨下武志，"The Tribute Trade System and Modern Asia。"

[27] 如：Fairbank, *China: The People's Middle Kingdom and the U. S. A*。

[28] Edwards, "Imperial China's Border Control Law"; Wills, *Pepper, Guns, and Parleys*; Wills, *Embassies and Illusions.*

[29] 以上数段来自：Zhao，"Shaping the Asian Trade Network。"

[30] Chia, "The Li-fan Yuan in the Early Ch'ing Dynasty."

[31] Zhao, "Shaping the Asian Trade Network," chap 6.

[32] Kuhn，*Chinese among Others*，特别是第一章与第二章。

[33] Blussé, *Strange Company*; Blussé and Chen, eds., *The Archives of the Kong Koan of Batavia.*

[34] 庄国土，《中国封建政府的华侨政策》。

[35] 以下数段来自：Mungello，*The Great Encounter of China and the West* 与其他数据。

[36] McDermott, "Friendship and Its Friends in the Late Ming."

[37] 依耶稣会官方资料，汤若望出生年应为 1591。——编者注

[38] 冯尔康，《雍正传》，第 402—406 页。

[39] Entenmann, "Catholics and Society in Eighteenth-Century Sichuan"; Ma, "Imperial Autocracy and Bureaucratic Interests in the Anti-Christian Campaign of 1784–85 in China."

[40] 即一口通商贸易体系。——编者注

[41] 我对此制度的整个处理方式要感谢与我过去指导的研究生、赵刚教授之间对此主题的对话。

[42] Fairbank, *Trade and Diplomacy on the China Coast*, pp. 23—53.

[43] 曹雯，《清代广东体制再研究》。

[44] Morse, *The Chronicles of the East India Company Trading to China*, vol. 2, pp. 167—168.

[45] Ibid., vol. 2, p. 239.

[46] Ibid., vol. 2, 244—247。乔治三世信件之分析亦见 Hevia，*Cherishing Men from Afar*, pp. 60—62。

[47] 乔治三世收到此信的官方翻译见 Morse，*Chronicles*, vol. 2, 247—252。（此处乾隆之回信引自 Morse，*The Chronicles of the East India Company Trading to China* 的英文译文，内容与乾隆的中文原文有所出入。在此姑从本书作者，将此英译重新翻为中文，读者须注意此非乾隆回信原文。——译者注）

[48] *China's Response to the West*, ed. Teng and Fairbank, 19—21。（本注虽指邓嗣禹与费正清所编之书，但此段原书仍是引自 Morse 书中所收的英文旧译文，而非邓书所收之由乾隆原文直接翻译的新译文。在此姑照 Morse 旧译文翻回。——译者注）

[49] 受"后殖民"理论影响，对马戛尔尼此行具启发性的修正派描述见 Hevia，*Cherishing Men from Afar*。

第6章 危机

[1] Pomeranz, *The Great Divergence.*

[2] 相较于本书其他章节，本章更多得自 *Cambridge History of China* 的相应章节：Jones and Kuhn, “Dynastic Decline and the Roots of Rebellion”, vol. 10, pp. 107—162。我认为该开拓性的篇章，仍是英文学界关于嘉庆、道光时期的公认权威著作。

[3] Lee and Wang，*One Quarter of Humanity*。又见李伯重，《控制增长，以保富裕，清代前中期江南的人口行为》。

[4] Kuhn, *Chinese among Others*, p. 14.

[5] Ho, *Studies in the Population of China.*

[6] Telford, “Family and State in Qing China.”

[7] 彭泽益，《清代前期手工业的发展》。

[8] 韦庆远、鲁素，《清代前期的商办矿业和资本主义萌芽》。

[9] Polachek, *The Inner Opium War.*

[10] 嘉庆皇帝尚未有多少英文研究。中文的传记见关文发，《嘉庆帝》。

[11] 翻译经允许取自：Jones, “Hung Liang-chi”。（引文已改为洪亮吉之信的中文原文。——译者注）

[12] Nivison, “Ho-shen and His Accusers,” pp. 209—243.

[13] 应为西北。——译者注

[14] 应为西北。——译者注

[15] 关于此过程的经典、详细之研究，见铃木中正，《清朝中期史研究》。英文著作，见 Rawski，“Agricultural Development in the Han River Highlands”。

[16] Yingcong Dai, “The White Lotus War.”

[17] Naquin, *Millenarian Rebellion in China*, pp. 39—47.

[18] 这估计是根据 Dunstan，*State or Merchant*, p. 446。

[19] Lin（林满红），*China Upside Down*, pp. 79, 133。林指出在 19 世纪晚期，清朝的鸦片输入增加更多，但银的外流则反转了。

[20] Miles, *The Sea of Learning.*

[21] McMahon，“The Yuelu Academy”；Wilhelm, “Chinese Confucianism on the Eve of the Great Encounter,” pp. 283—310。关于其一个地方分支，见 Rowe，*Crimson Rain*, chap. 8。

[22] 刘广京，《19 世纪初叶中国知识分子包世臣与魏源》。

[23] 关于魏源这方面作品的研究，见 Leonard，*Wei Yuan and China's Rediscovery of the Maritime World*。

[24] Metzger, “T'ao Chu's Reform of the Huai-pei Salt Monopoly.”

[25] Jones and Kuhn，“Dynastic Decline and the Roots of Rebellion,” pp. 119—128；Leonard, *Controlling from Afar*。Leonard 相较于其他许多学者，对道光统治能力有较宽厚的观点。

[26] Lin, *China Upside Down*。在这里反映出我自己关于王鎏事业的研究，虽然支持林满红的 主要发现，但和她的结论稍有不同。咸丰朝廷曾短暂地试验纸币，作为筹措平定太平天国战事资金的一种方式，却不幸失败。

[27] 接下来的几段部分取自：Wakeman，“The Canton Trade and the Opium War”。又参见 Chaudhuri，*The Trading World of Asia and the English East India Company*。

[28] 见 Spence，“Opium Smoking in Ch'ing China”。

[29] Douglas, *A Summery, Historical and Political*, vol. 1, pp. 152—153.

[30] Shaw, *The Journals of Major Samuel Shaw*, pp. 183—184.

[31] *Free Trade to India.*

[32] *Speech of Eneas Macdonnell, Esq. , on the East India Question.*

[33] 关于此种目的论如何运用于中国的详细分析，见 Duara，*Rescuing History from the Nation*。

[34] 关于只基于西方资料的生动报道，见 Fay, *The Opium War*；而基于清朝数据的标准处理，见 Chang, *Commissioner Lin and the Opium War*。

[35] 最近中国史学界十分严格地对待道光皇帝在其中扮演的角色，指责他盲目投入一场他应该早就知道不会赢的战争，又在“剿”“抚”两政策之间摇摆，而让他两位能干的大臣林则徐和琦善成为代罪羔羊，因其犹豫不决而受害。例如可见茅海建，《天朝的崩溃》。

[36] 这个条约主要条款的英文版，可见 Gentzler 编，*Changing China*, pp. 29—32。

[37] Elliott，“Bannerman and Townsman”。关于 Crossley 重述她回应 Elliott 之发现的立场，见她的“Thinking about Ethnicity in Early Modern China”。

[38] 作者用此名词来描写一种新的反满类型，其并非出自满汉民族仇恨，而是为了爱国、救国等其他功能目的（因满人的统治无法达成这些目的）而产生的。——译者注

[39] 这个论点首先由 Wakeman，*Stranger at the Gate* 提出。

第 7 章　叛乱

[1] 见 ter Haar，“Rethinking ‘Violence’ in Chinese Culture”。

[2] Robinson，*Bandits, Eunuchs, and the Son of Heaven*。虽其特定指涉的是明代，但也适合于清代。

[3] 关于这种文化典范的阐述，见 Jenner “Tough Guys, Mateship, and Honour”。

[4] 关于绿林的伦理，见 Alitto，“Rural Elites in Transition”。

[5] 例如：Chesneaux 编，*Popular Movements and Secret Societies in China*。关于中文学者更晚近以及一般而言权威性地使用此分类，见蔡少卿，《中国秘密社会》。

[6] ter Haar, *Ritual and Mythology of the Chinese Triads*, chap. 6.

[7] Rowe, “The Qingbangand Collaboration under the Japanese. ”

[8] Rowe, *Crimson Rain*, Chap. 5.

[9] 有两部优秀的英文研究，摘要及批评了中文学界对于该组织的大量著作，分别是 Murray，*The Origins of the Tiandihui*，以及 Ownby，*Brotherhoods and Secret Societies*。

[10] 又称为“袍哥”。——编者注

[11] 蔡少卿，《中国秘密社会》。

[12] 早期青帮的职业性互助团体特色，在森田明的著作中被强调，包括《清代水手结社の 性格について》；宗教面向则在 Kelley, “Temples and Tribute Fleets” 中强调。

[13] Naquin, “Connections between Rebellions” ; Naquin, “The Transmission of White Lotus Sectarianism in Late Imperial China. ”

[14] Gaustad, “Religious Sectarianism and the State in Mid-Qing China. ”

[15] Dai，“The White Lotus War”。经允许引用。

[16] Jones and Kuhn, “Dynastic Decline and the Roots of Rebellion, ” p. 144.

[17] 其中一个例子，可见牟安世，《太平天国》。一本表达了一些这种中国学界特色的英文著作是：Jen，*The Taiping Revolutionary Movement*。

[18] Michael，*The Taiping Rebellion* 既是冷战时代最好的太平天国史英文著作，也是强烈反共的小册子。关于对共产主义太平天国史学，特别是其视之为“革命”概念的有力驳斥，见 Shih, *The Taiping Ideology*。

[19] Wakeman, *Strangers at the Gate*.

[20] 据江庆柏著,《清代人物生卒年表》:“洪秀全生于嘉庆十八年十二月初十日，公历为 1814 年 1 月 1 日。”——编者注

[21] 在 Spence, *God's Chinese Son* 中，以非常易读的太平天国运动叙述，认真探讨洪秀全的 宗教信仰。另参见 Kuhn, “Origins of the Taiping Vision”。

[22] 一个对于客家起源及历史具说服力的修正派说明，见 Leong, *Migration and Ethnicity in Chinese History*。

[23] Spence, *God's Chinese Son*, p. 48.

[24] 皮明庥、孔宪凯,《太平军首克武昌后的战略决策》。关于《天国田亩制度》，见 Kuhn，“The Taiping Rebellion, ” in Cambridge History of China, Vol. 10, part I, pp. 278—279。

[25] 以下的段落根据一篇优秀的博士论文：Wither，“The Heavenly Capital”。

[26] Hsu, *China's Entry into the Family of Nations*.

[27] Wong, *Deadly Dreams*, p. 28.

[28] Ibid. , 415.

[29] Parkes, *Narrative of the Late Sir H. Parkes' Captivity in Pekin.*

[30] 关于额尔金在远征中抢夺战利品之吸引人的追踪，见 Hevia，“Loot's Fate”。

[31] 见 Perdue，“Insiders and Outstiders”。关于这些情绪的背景，见 Schneider，*A Madman of Ch'u*。关于后太平天国时代湖南人的仇外，见 Cohen，*China and Christianity*。

[32] Wilhelm, “Chinese Confucianism on the Eve of the Great Encounter. ”

[33] 作为重要里程碑的湖南反太平天国研究，见 Kuhn，*Rebellion and It's Enemies in Late Imperial China*。

[34] “捻”是一个盗匪、兄弟组织和地方团练的松散联盟。他们在 1853—1868 年间，于河南 和邻近省份发起叛乱。见 Teng, *The Nien Army and Their Guerrilla Warfare*。

[35] Bernhardt, *Rents, Taxes, and Peasant Resistance*.

[36] Liu, *Anglo-American Steamship Rivalry in China*.

[37] 关于上海取代苏州，见 Johnson，*Shanghai*。该著作也有效地推翻在传统（以及强烈欧洲中心）观念中，上海在成为欧洲人的开放口岸前，只是一个“冷清渔村”的看法；事实上，上海在几个世纪里的明清与东南亚的海上贸易中是一个重要的中继点。

第 8 章　中 兴

[1] Wright, *The Last Stand of Chinese Conservatism*, pp. 48—50.

[2] Teng and Fairbank, *China's Response to the West*.

[3] 关于这个机构创始的细致研究，见 Banno，*China and the West*。

[4] Hao, *The Commercial Revolution in Nineteenth-Century China*.

[5] Hao, *The Compradore in Nineteenth-Century China*.

[6] 应为英国人。——编者注

[7] 例如 Wrigh，*The Last Stand of Chinese Conservatism*, p. 149。

[8] 罗尔纲,《湘军新志》；Spector，*Li Hung-chang and the Huai Army*。

[9] 即“甲午战争”，而若说淮军首当其冲，应该是 1894 年。——编者注

[10] 黎仁凯,《张之洞幕府》。

[11] 这个学术的取向，始自 Philip Kuhn1970 年的著作 *Rebellion and Its Enemies in Late Imperial*

China。也许关于同治年间权力私有化最有力的论证是 Polachek，“Gentry Hegemony”。这个私有化以及其长期的结果在 Rankin，*Elite Activism and Political Transformation in China* 中有最完整的表述。

[12] 以下的讨论是基于 Kuhn，“Local Self-Government under the Republic”。

[13] Arwill，*The Chinese Sultanate*，人口数是来自第 185 页。

[14] Millward，*Eurasian Crossroads*, pp. 120—128。许多后面段落的资料根据 Millward 的讨论而来。

[15] Ibid. , p. 124.

[16] Ibid. , p. 139.

[17] 清廷于 1885 年宣布台湾建省，唯建省的工作至 1887 年才完成。——编者注

[18] Zhao, “Reinventing *China*. ”

[19] Gottschang and Lary, *Swallows and Settlers*.

[20] Elliott, “Bannerman and Townsman. ”

[21] Wright，*The Last Stand of Chinese Conservatism*, pp. 53—54。另见 Crossley，*Orphan Warriors*, pp. 224—228；Rhoads，*Manchus and Han*, pp. 10。

[22] 有非常多关于帝国晚期手工作坊发展的中文著作。关于集中在鸦片战争后期的大量文献回顾，见彭泽益，《中国近代史手工业史料，1840—1949》。

[23] 这是我的著作《汉口》(*Hankow*)中的中心论点。该论点也出现在何炳棣，《中国会馆史论》。该论点受到 Bryna Goodman 的挑战，他令人信服地论证，旅外商人间的同乡团结力量，持续到 20 世纪。然而我认为，虽然同乡的联结持续有效并活跃地维持着，但同时在后叛乱时期，若有必要时，其更容易被超越。

[24] 上海城厢内外总工程局。——编者注

[25] 上海公共租借工部局。——编者注

[26] 窦季良，《同乡组织之研究》；Rowe，*Hankow: Conflict and Community*, chap. 9；Elvin，“The Gentry Democracy in Chinese Shanghai”。

[27] 冯和张关于“自强”的几篇文章英译，见 Teng and Fairbank，*China's Response to the West*, pp. 50—55, 166—174。

[28] 关于这个意识形态，见 Schwartz，*In Search of Wealth and Power*。

[29] Levy, “Contrasting Factors in the Modernization of China and Japan”；Levy and Shih, *The Rise of Modern Chinese Business Class*.

[30] Feuerwerker, *China's Early Industrialization*.

[31] 该论证现在某程度上被 Elman，*On Their Own Terms* 所质疑。

[32] Elvin, “The High Level Equilibrium Trap. ”

[33] Elvin, *The Retreat of the Elephants*, xviii, pp. 123—124.

[34] 例如：Moulder，*Japan, China, and the Modern World Economy*。关于支持这个论证的一般性理论，见 Wallerstein，*The Modern World-System*。

[35] Elman，*On Their Own Terms*, chap. 10；引文在第 376 页。

[36] Chi-kong Lai, “Li Hung-chang and Modern Enterprise”；Peng, “Yudahua: The History of an Industrial Enterprise in Modern China. ”

[37] 一个有用的起点是摘要式的文章“Late Ch'ing Foreign Relations, 1860—1905, ” in *Cambridge History of China*, vol. 11, pp. 70—141。由这个主题最有经验的学者之一徐中约所写。虽然在我看来，这篇文章受到现在似乎过时的“中国回应西方”观点的牵累，但仍是权威而精简得令人赞赏的文章。

[38] 这样的地方冲突在 Cohen 的经典研究 *China and Christianity* 中有很好的探讨，更晚近的研究

参见 Sweeten，*Christianity in Rural China*。

[39] 即望海楼与崇禧观旧址。——编者注

[40] 此即天津教案。——编者注

[41] 天津教案于 1870 年落幕，曾国藩则是于 1872 年于两江总督任内身故。——编者注

[42] 史称《中俄交收伊犁条约》又称《里瓦几亚条约》。——编者注

[43] 今称河内。——编者注

[44] Chuan，"The Economic Crisis of 1883"。与这场战争相关的国内政治研究，见 Eastman，*Throne and Mandarins*。

[45] 公元 1394 年，足利义满将"征夷大将军"一职让予其子足利义持，唯实权仍操诸己。——编者注

[46] Sakai, "The Ryūkyū (Liu-ch'iu) Islands as a Fief of Satsuma"

[47] Leung, "Li Hung-chang and Liu-ch'iu (Ryūkyū) Controversy, 1871—1881, " p. 169

[48] 此段和下一段是基于 Larsen，*Tradition, Treaties, and Trade*。

[49] Paine，*The Sino-Japanese War of 1894—1895*, p.3。这本书提供了此战争引人入胜的军事史，尤以侧重西方记者的报道。

第 9 章　帝国主义

[1] Lenin，*Imperialism, the Highest Stage of Capitalism*。关于 20 世纪 20 年代革命策略的讨论，见 Schwartz，"A Marxist Controversy on China"。

[2] 这是入江昭具影响力的文章，"Imperialism in East Asia"中的主张。关于入江昭对于第一次世界大战作为帝国主义终结的看法，见其著作 *After Imperialism* 关于此种历史主义式帝国主义用法的一般研究，见 Langer，*The Diplomacy of Imperialism*。

[3] Adams，*America's Economic Supremacy*, p. 221，转引自：Iriye，"Imperialism, " p. 131。

[4] Hobson，*Imperialism*。该引文在 1988 年第三版的第 212 页。

[5] *Present Day Impressions of the Far East and Prominent and Progressive Chinese at Home and Abroad.*

[6] 后再经磋商，定为 3000 万两白银。——译者注

[7] 有租约问题的是新界，香港、九龙是被割让，本质上仍有不同。——编者注

[8] 门户开放照会是一个在美国外交史上影响深远的事件，其意义曾经有激烈的争论。关于主要同情门户开放之动机（但怀疑其影响）的经典分析，见 Grisword，*The Far Eastern Policy of the United States*。关于一个充满越战时代敏感性，而具影响力的批判性解读，见 Williams，*The Tragedy of American Diplomacy*, pp. 43—55。Williams 将门户开放政策描述为"帝国的反殖民主义"(imperial anticolonialism)。

[9] 此指当时广东西部、广西及云南一带之范围。——译者注

[10] 此为引述《论语》中孔子曾说："敬鬼神而远之"

[11] 例如，Levenson，*Confucian China and Its Modern Fate*，尤其第 98—101 页。比较 Fairbank，*Trade and Diplomacy*, p. 24，其中主张当欧洲有"民族主义"，帝国晚期中国只有民族优越感。Levenson 于 1949 年在哈佛在 Fairbank 指导下获得博士学位。

[12] 尤其见 Kwong，*A Mosaic of the Hundred Days*。

[13] Kuhn，"Local Self-Government under the Republic, "pp. 272—275。康有为对这个主题的计划，刊登在 1902 年春天的《新民丛报》上的 3 篇文章中，文章的标题为"公民自治篇"。

[14] 此事件史称即“公车上书”。——编者注

[15] 对于晚明和晚清“学社”之间关系的认真思考，见 Wakeman，“The Price of Autonomy”。

[16] 关于梁启超早年的报业生涯，见 Judge，*Print and Politics*。

[17] 除了其他的材料之外，我对于湖南改革运动的记述来自 Platt，*Provincial Patriots*, chap. 3；Esherick，*Reform and Revolution in China*, 13—19；以及 Chang，“Intellectual Change and the Reform Movement, 1890—1898,” in *Cambridge History of China*, vol. 11, pp. 300—318。

[18] 即《日本国志》——编者注。关于黄遵宪的事业，见 Kamachi，*Reform in China*。

[19] 光绪皇帝实为慈禧太后的胞妹所生。——编者注

[20] 应为 18 世纪 70 年代。——译者注

[21] Cohen, *History in Three Keys*.

[22] 义和团运动最好的英文著作，Esherick 的 *The Origins of the Boxer Uprising* 反对白莲教或反满的起源。较旧的学术著作，如 Tan 的经典著作 *The Boxer Catastrophe* 以及 Hsu 在他 1980 年 *Cambridge History of China* 中的文章“Late Ch'ing Foreign Relation,” pp. 115—130. 中的处理，将拳民视为一开始是反清的。Esherick 之后最持久的英文义和团研究，Cohen，*History in Three Keys*, 32, 38—39，强调此种关于义和团目标的含糊不清。为求平衡，接受 Esherick 反对早期认为义和团忠于明朝的想法，但也对于其反对白莲教具有深刻影响一事抱持怀疑。

[23] 此指东郊民巷。——编者注

[24] Tan，*Boxer Catastrophe* 中对该条约商议的过程做了相当详细的探讨。

[25] 在一个少见而有远见的外交政策行为中，美国和英国都贡献了一部分它们的赔款，作为中国学生到它们国家学习的教育基金，并建立了北京的清华大学。这种做法，在具影响力的“康子赔款学者”中，创造出对这些国家延续数十年的善意。

[26] 开创性的英文研究是 Eastman，“Ch'ing-i and Chinese Policy Formation during the Nineteenth Century”。

[27] Platt, *Provincial Patriots*, chap. 2.

[28] Rankin, “Public Opinion and Political Power.”

[29] Rowe, “Water Control and the Qing Political Process.”

[30] Bays, *China Enters the Twentieth Century*, chap. 8.

[31] 以下的几个段落出自：Rankin，*Elite Activism and Political Transformation in China*。拙作 *Hankow: Conflict and Community*，把 Rankin 所界定此过程之研究，延伸到衔接长江中游的高度城市化区域，该地区同样被太平天国战争破坏。

[32] 在最近的几个《申报》及其他中国早期报业活动的研究中，可见 Wagner，*Joining the Global Public*。

[33] 关于江南精英如何被说服贡献于华北饥荒救助更细详的研究，以及饥荒是如何被当时其他的观察者看待的比较，见 Edgerton-Tarpley，*Tears from Iron*。

第 10 章　革　命

[1] Anderson, *Imagined Communities*.

[2] 近代早期欧洲国家建构过程的一部经典比较研究是 Rosenberg，*Bureaucracy, Aristocracy, and Autocracy*。

[3] 例如见 Weber，*Peasants into Frenchmen*。

[4] Stern, *Gold and Iron*, p. 468.

[5] Dikötter，*The Discourse of Race in Modern China*，以及 *Imperfect Conceptions*。

[6] Duara，*Rescuing History from the Nation*。Duara 的概念部分来自对南亚西式民族建构的批评，例如在 Chatterjee，*The Nation and Its Fragments* 中所描述的。

[7] 亦称“庚子新政”或“庚子后新政”。——编者注

[8] 改写自 1901 年 1 月 29 日上谕的翻译，Reynolds，*China 1898—1912*, pp. 201—204。

[9] London，“The Unparalleled Invasion”。感谢 Meredith Woo 教授让我注意到这个故事。

[10] 当时本无四川巡抚，裁撤的是湖北、广东、云南巡抚。——译者注

[11] 关于袁世凯的民政改革，见 MacKinnon，*Power and Politics in Late Imperial China*。

[12] 在几部此种精英对大众文化战争的研究中，见 Duara，“Knowledge and Power in the Discourse of Modernity”。

[13] 此类最著名的描写是鲁迅的短篇小说《孔乙己》，见 *The Complete Stories of Lu Xun*, pp. 13—18。

[14] 可参见我自己关于一个中国中部县份精英的研究“Success Stories”。

[15] Rowe, *Hankow*, p. 197.

[16] Esherick, *Reform and Revolution*, p. 114.

[17] 基于此叙述的权威历史著作包括文公直,《中华民国革命全史》。这一段的内容获益于 Wakeman，*Fall of Imperial China*, pp. 225—227 中类似的评论。

[18] 一部英文的这种背叛（革命）叙述，见 Chen，*Yuan-Shih-k'ai, 1859—1916*。

[19] 例如见 Linebarger，*The Political Doctrines of Sun Yat-sen*。

[20] 一个重要的例子，见章开沅、林增平（主编),《辛亥革命史》。

[21] 例如，Linebarger，*Sun Yat Sen and the Chinese Republic*。

[22] Hs ü eh, *Huang Hsing and the Chinese Revolution*; Liew, *Struggle for Democracy*.

[23] Gasster, *Chinese Intellectuals and the Revolution of 1911*; Rankin, *Early Chinese Revolutionaries*; Furth, “The Sage as Rebel. ”

[24] Chang, “The Constitutionalists” ; Chang, *Liang Ch'i-chao and Intellectual Transition in China*.

[25] Hsieh, “Triads, Salt Smugglers, and Local Uprisings” ; Hsieh, “Peasant Insurrection and the Marketing Hierarchy in the Canton Delta, 1911” ; Rhoads, China's Republican Revolution; Esherick, *Reform and Revolution in China*.

[26] 内藤湖南应为 1934 年卒。——编者注

[27] 关于内藤湖南，见 Fogel，*Politics and Sinology*。关于东亚同文会，见 Reynolds，*China, 1898—1912*。梁启超的日本经验在 Huang，*Liang Ch'i-chao and Modern Chineese Liberalism* 中被强调。对于孙中山与日本关系的经典研究是 Jansen，*The Japanese and Sun Yat-sen*。关于学生，见 Reynolds 以及 Harrell，*Sowing the Seeds of Change*。

[28] Reynolds, *China, 1898—1912*, p. 48.

[29] *Complete Stories of Lu Xun*, pp. vi—vii.

[30] Platt, *Provincial Patriots*, pp. 117—121.

[31] Rankin，*Early Chinese Revolutionaries*，以及特别是“The Tenacity of Tradition”。

[32] 冯夏威应生于 1881 年。——编者注

[33] Wong, “Die for the Boycott and Nation. ”

[34] 应为 1910 年。——编者注

[35] 该翻译见 Esherick，*Reform and Revolution*, p. 48。

[36] 即刘毓崧。——编者注

[37] Bernal, “Liu Shih-p'ei and National Essence” ; Chang, *Chinese Intellectuals in Crisis*, chap. 5.

[38] 应为 1905 年卒。——编者注

[39] 所有邹容的引文取自：Hs ü eh，*Revolutionary Leader of Modern China*, pp. 194—209 的翻译。

[40] 关于晚清激进分子评价曾国藩和其他平定太平军之英雄的讨论，见 Platt，*Provincial Patriots*, pp. 88—90, 104—105。

[41] Bernal, "Liu Shih-p'ei and National Essence, " pp. 92—93.

[42] 依据正确的生卒年计算，应为 20 岁。——编者注

[43] 关于一部坚定的圣徒言行录，见 Linebarger，*Sun Yat Sen and the Chinese Republic*。试图揭露真相但同样不严谨的是 Sharman，*Sun Yat-sen, His Life and Its Meaning*。较合理的中间立场，见 Schiffrin，*Sun Yat-sen and the Origins of the 1911 Revolution*，以及 Berg è re，*Sun Yat-sen*。如 Michael Gasster 下的结论，在我们现今对 1911 年革命的了解中，"(职业)革命家的重要性，比在旧诠释中小了很多。这是一场比其所有领导者还要巨大的革命。" Gasster，"The Republican Revolutionary Movement, " in *Cambridge History of China*, vol. 11, p. 463。

[44] 关于孙高谈阔论的技艺见 Strand，"Calling the Chinese People to Order"。

[45] Sun Yat-sen, *Kidnapped in London*!

[46] 对此活动的一个生动叙述，见 Ma，*Revolutionaries, Monarchists and Chinatowns*。关于中国移民社群政治化的一般性讨论，见 Kuhn，*Chinese among Others*, chap. 6。

[47] 关于这个过程，见 Platt，*Provincial Patriots*, chap. 5。

[48] Esherick, *Reform and Revolution*, chap. 3.

[49] 关于一般论述中此名词之出现，见 Bastid-Bruguiere，"Currents of Social Change," *Cambridge History of China*, vol. 11, pp. 557—558。

[50] 促成士人和商人角色融合最早且最大胆的官员之一，是 19 世纪 50 年代晚期的湖北巡抚胡林翼；见 Rowe，*Hankow: Conflict and Community*, chap. 6。

[51] Ichiko, "The Role of the Gentry. "

[52] Judge, *Print and Politics*.

[53] Kuhn, *Chinese among Others*, pp. 229—232.

[54] 驻藏办事大臣。——编者注

[55] Lee, "Frontier Politics in the Southwestern Sino-Tibetan Borderlands during the Ch'ing Dynasty" ; Ho, "The Men Who Would Not Be Amban and the One Who Would. "

[56] 即京汉铁路。——编者注

[57] 即粤汉铁路。——编者注

[58] 应为蒙古旗人。——编者注

[59] 见 Rankin 的优秀文章"Nationalistic Contestation and Mobilizational Politics"。

[60] 即为光绪三十四年颁布之《钦定宪法大纲》内容。——编者注

[61] Chang, "The Constitutionalist. "

[62] 尤其见 Fincher，"Political Provincialism and the National Revolution"。

[63] 见 Fincher，"Political Provincialism and the National Revolution" ; Platt，*ProvincialPatriots* ; Buck，"The Provincial Elite in Shantung during the Republican Period"。

[64] 此处的四月应是农历，公历是 5 月 8 日——编者注

[65] 关于"革命时机"的概念，见 Tilly，*From Mobilization to Revolution*, chap. 7。

[66] Pazniak, "Tax Protest at Laiyang, Shandong, 1910" ; Rosenbaum, "Gentry Power and the Changsha Rice Riot of 1910. "

[67] 关于详细的记述，见 Esherick，*Reform and Revolution*, chap. 6，以及 Dutt，"The First Week of Revolution"。

[68] Wang, "Officialdom Unmasked。"

[69] Rhoads，*Manchus and Han*, chap. 4；民族仇恨的传布在第 203 页讨论。

结 论

[1] Pruitt, *A Daughter of Han*, 197.

[2] Lin, "The Suicide of Laing Chi"; Cheng, "Politics of the Queue"; Ko, *Cinderrella's Sisters.*

[3] Zhao, "Reinventing *China.*"

[4] Nakami, "The Mongols and the 1911 Revolution."

[5] 对于支撑这些努力之论述的高明解读，见 Duara，*Sovereignty and Authenticity*。

[6] 对此议题的深入思考，见 Alitto，"Rural Elites in Transition"。

[7] 见 McNeill，*The Age of Gunpowder Empire* 与 Struve 编，*The Qing Formation in World-Historical Time*。后者多篇论文作者提到前书对他们的影响。

[8] 对此过程较早也颇有说服力的记录见 Schoppa，*Chinese Elites and Political Change*。虽然 Schoppa 对此过程对社会利益之态度正反面交杂，毫无暧昧的谴责（且仍清楚肯定其存在）意见，见 Duara，Culture, Power, and the State。

[9] 这里的国民党革命指的是国民革命军北伐统一后、被称为"黄金十年"的一连串改革。——译者注

[10] 这是 William C. Kirby 近作的核心主题，如 Kirby，"Engineering China"。

参考文献

Adas, Michael. *Machines as the Measure of Men: Science, Technology, and Ideologies of Western Dominance*. Ithaca: Cornell University Press, 1989.

Adshead, S. A. M. "The Seventeenth-Century General Crisis in China." *Asian Profiles* 27 (1973): 1–80.

Alitto, Guy S. "Rural Elites in Transition: China's Cultural Crisis and the Problem of Legitimacy." *Select Papers from the Center for Far Eastern Studies* 3 (1978–79): 218–277.

Anderson, Benedict. *Imagined Communities: Reflections on the Origin and Spread of Nationalism*. London: Verso, 1983.

Arrighi, Giovanni. *Adam Smith in Beijing: Lineages of the Twenty-First Century*. London: Verso, 2007.

Art of Ethnography: A Chinese "Miao" Album, The. Trans. David M. Deal and Laura Hostetler. Seattle: University of Washington Press, 2006.

Atwell, William. "International Bullion Flows and the Chinese Economy, *circa* 1530–1650." *Past and Present* 95 (1982): 68–90.

———. "Some Observations on the Seventeenth-Century Crisis in China and Japan." *Journal of Asian Studies* 45:2 (1986): 223–244.

Atwill, David G. *The Chinese Sultanate: Islam, Ethnicity, and the Panthey Rebellion in Southwest China, 1856–1873*. Stanford: Stanford University Press, 2005.

Averill, Steven. "The Shed People and the Opening of the Yangzi Highlands." *Modern China* 9:1 (January 1983): 84–126.

Bai Xinliang. *Qianlong zhuan* [Biography of Qianlong]. Shenyang: Liaoning jiaoyu chubanshe, 1990.

Banno, Masataka. *China and the West: The Origins of the Tsungli Yamen, 1858–1861*. Cambridge: Harvard University Press, 1964.

Barr, Allen. "Four Schoolmasters: Educational Issues in Li Hai-kuan's *Lamp at the Crossroads.*" In Elman and Woodside, eds., *Education and Society in Late Imperial China, 1600–1900*, 50–75.

Bartlett, Beatrice S. *Monarchs and Ministers: The Grand Council in Mid-Ch'ing China, 1723–1820*. Berkeley: University of California Press, 1991.

Bastid-Bruguiere, Marianne. "Currents of Social Change." In Fairbank and Liu, eds., *Cambridge History of China*, vol. 11.

Bays, Daniel. *China Enters the Twentieth Century: Chang Chih-tung and the Issues of a New Age*. Ann Arbor: University of Michigan Press, 1978.

———, ed. *Christianity in China: From the Eighteenth Century to the Present*. Stanford: Stanford University Press, 1996.

Beattie, Hilary. *Land and Lineage in China: A Study of T'ung-ch'eng County, Anhwei, in the Ming and Ch'ing Dynasties*. Cambridge: Cambridge University Press, 1979.

Bergère, Marie-Claire. *Sun Yat-sen*. Stanford: Stanford University Press, 1998.

Bernal, Martin. "Liu Shih-p'ei and National Essence." In Furth, ed., *Limits of Change*, 90–112.

Bernhardt, Kathryn. *Rents, Taxes, and Peasant Resistance: The Lower Yangzi Region, 1840–1950*. Stanford: Stanford University Press, 1992.

Blussé, Leonard. *Strange Company: Chinese Settlers, Mestizo Women, and the Dutch in VOC Batavia*. Dordrecht: Foris, 1988.

Blussé, Leonard, and Chen Menghong, eds. *The Archives of the Kong Koan of Batavia*. Leiden: Brill, 2003.

Braudel, Fernand. "History and the Social Sciences: The *Longue Durée*." In Braudel, *On History*, trans. Sarah Matthews. Chicago: University of Chicago Press, 1980.

Brokaw, Cynthia. *Commerce in Culture: The Sibao Book Trade in the Qing and Republican Periods*. Cambridge: Harvard University Asia Center, 2007.

———. *The Ledgers of Merit and Demerit: Social Change and Moral Order in Late Imperial China*. Princeton: Princeton University Press, 1991.

———. "Tai Chen and Learning in the Confucian Tradition." In Elman and Woodside, eds., *Education and Society in Late Imperial China, 1600–1900*.

Brook, Timothy. *The Confusions of Pleasure: Commerce and Culture in Ming China*. Berkeley: University of California Press, 1998.

———. "Funerary Ritual and the Building of Lineages in Late Imperial China." *Harvard Journal of Asiatic Studies* 49:2 (December 1989): 465–499.

Buck, David D. "The Provincial Elite in Shantung during the Republican Period: Their Successes and Failures." *Modern China* 1:4 (1975): 417–446.

Cai Shaoqing. "On the Origins of the Gelaohui." *Modern China* 10:4 (1984): 481–508.

———. *Zhongguo mimi shehui* [Chinese Secret Societies]. Hangzhou: Zhejiang renmin chubanshe, 1989.

Cao Wen. "Qingdai Guangdong tizhi zai yanjiu" [A Reexamination of the Canton System]. *Qingshi yanjiu* 2006.2: 82–96.

Carlitz, Katherine. "The Social Uses of Female Virtue in Late Ming Editions of Lienü Zhuan." *Late Imperial China* 12:2 (December 1991): 117–148.

Chan, Wing-tsit. "The *Hsing-li ching-i* and the Ch'eng-Chu School of the Seventeenth Century." In *The Unfolding of Neo-Confucianism,* ed. Wm. Theodore de Bary, 543–579. New York: Columbia University Press, 1975.

Chang, Chung-li. *The Chinese Gentry: Studies on Their Role in Nineteenth-Century Chinese Society.* Seattle: University of Washington Press, 1955.

———. *The Income of the Chinese Gentry.* Seattle: University of Washington Press, 1962.

Chang, Hao. *Chinese Intellectuals in Crisis: Search for Order and Meaning, 1890–1911.* Berkeley: University of California Press, 1987.

———. "Intellectual Change and the Reform Movement, 1890–1898." In Fairbank and Liu, eds., *Cambridge History of China,* vol. 11, 300–318.

———. *Liang Ch'i-ch'ao and Intellectual Transition in China.* Cambridge: Harvard University Press, 1971.

Chang, Hsin-pao. *Commissioner Lin and the Opium War.* Cambridge: Harvard University Press, 1964.

Chang, Michael. *A Court on Horseback: Imperial Touring and the Construction of Qing Rule, 1680–1785.* Cambridge: Harvard University Asia Center, 2007.

Chang P'eng-yuan. "The Constitutionalists." In *China in Revolution: The First Phase, 1900–1913,* ed. Mary C. Wright, 143–183. New Haven: Yale University Press, 1968.

Chartier, Roger. *The Cultural Uses of Print in Early Modern France.* Princeton: Princeton University Press, 1997.

Chatterjee, Partha. *The Nation and Its Fragments: Colonial and Postcolonial Histories.* Princeton: Princeton University Press, 1993.

Chaudhuri, K. N. *The Trading World of Asia and the English East India Company, 1660–1760.* Cambridge: Cambridge University Press, 1978.

Chen, Jerome. *Yuan Shih-k'ai, 1859–1916: Brutus Assumes the Purple.* Stanford: Stanford University Press, 1961.

Cheng, Pei-kai, and Michael Listz, with Jonathan D. Spence, eds. *The Search for Modern China: A Documentary Collection.* New York: Norton, 1999.

Cheng, Weikun. "Politics of the Queue: Agitation and Resistance in the Beginning and End of Qing China." In *Hair: Its Power and Meaning in Asian Cultures,* ed. Alf Hiltebeitel and Barbara Miller, 123–142. Albany: State University of New York Press, 1998.

Chesneaux, Jean, ed. *Popular Movements and Secret Societies in China, 1840–1950.* Stanford: Stanford University Press, 1972.

Chia, Ning. “The Li-Fan Yuan in the Early Ch’ing Dynasty.” Ph.D. diss., Johns Hopkins University, 1991.

Chinese University of Hong Kong. *Wenyuange sikuquanshu dianzibian* [Electronic edition of the *Siku quanshu*]. Hong Kong: CUHK Press, 1999.

Chow, Kai-wing. *Publishing, Culture, and Power in Early Modern China.* Stanford: Stanford University Press, 2004.

———. *The Rise of Confucian Ritualism in Late Imperial China: Ethics, Classics, and Lineage Discourse.* Stanford: Stanford University Press, 1994.

Ch’u, T’ung-tsu. *Local Government in China under the Ch’ing.* Cambridge: Harvard University Press, 1962.

Chuan Han-sheng. “The Economic Crisis of 1883 as Seen in the Failure of Hsü Jun’s Real Estate Business in Shanghai.” In *Modern Chinese Economic History,* ed. Chi-ming Hou and Tzung-shian Yu, 493–498. Taipei: Academia Sinica, 1979.

Chuan Han-sheng and Richard Kraus. *Mid-Ch’ing Rice Markets and Trade: An Essay in Price History.* Cambridge: Harvard University Council on East Asian Studies, 1975.

Clunas, Craig. *Superfluous Things: Material Culture and Social Status in Early Modern China.* Honolulu: University of Hawai’i Press, 2004.

Cochran, Sherman. *Encountering Chinese Networks: Western, Japanese, and Chinese Corporations in China, 1880–1937.* Berkeley: University of California Press, 2000.

Cohen, Paul A. *China and Christianity: The Missionary Movement and the Growth of Chinese Anti-Foreignism, 1860–1870.* Cambridge: Harvard University Press, 1963.

———. *Discovering History in China: American Historical Writing on the Recent Chinese Past.* New York: Columbia University Press, 1984.

———. *History in Three Keys: The Boxers as Event, Experience, and Myth.* New York: Columbia University Press, 1997.

Cole, James. *Shaohsing: Cooperation and Competition in Nineteenth-Century China.* Tucson: Association for Asian Studies Monographs, 1986.

Cooper, T. T. *Travels of a Pioneer of Commerce in Pigtails and Petticoats.* London: J. Murray, 1871.

Crossley, Pamela Kyle. *Orphan Warriors: Three Manchu Generations and the End of the Qing World.* Princeton: Princeton University Press, 1990.

———. “Review Article: The Rulerships of China.” *American Historical Review* 97:5 (1992): 1468–83.

———. “Thinking about Ethnicity in Early Modern China.” *Late Imperial China* 11:1 (June 1990): 1–35.

———. “The Tong in Two Worlds: Cultural Identities in Liaoning and Nurgan during the 13th–17th Centuries.” *Ch’ing-shih wen-t’i* 4–9 (June 1983): 21–46.

———. *A Translucent Mirror: History and Identity in Qing Imperial Ideology.* Berkeley: University of California Press, 1999.
Crossley, Pamela Kyle, Helen F. Siu, and Donald S. Sutton, eds. *Empire at the Margins: Culture, Ethnicity, and Frontier in Early Modern China.* Berkeley: University of California Press, 2006.
Curtin, Philip D. *Cross-Cultural Trade in World History.* New York: Cambridge University Press, 1984.
Dabringhaus, Sabine. "Chinese Emperors and Tibetan Monks: Religion as an Instrument of Rule." In *China and Her Neighbors: Borders, Visions of the Other, Foreign Policy, 10th to 19th Century,* ed. Sabine Dabringhaus and Roderich Ptak, 119–134. Wiesbaden: Harrassowitz Verlag, 1997.
Dai Yi. *Qianlong di ji qi shidai* [Qianlong and His Times]. Beijing: Chinese People's University Press, 1992.
———. "Shiba shiji Zhongguo de chengjiu, quxian, yu shidai tezheng" [The Achievements, Limitations, and Significance of China's Eighteenth Century]. *Qingshi yanjiu* 1 (1993): 1–6.
Dai, Yingcong. "The White Lotus War: A War Fought on the Terms of the Qing Military." Unpublished paper.
de Bary, Wm. Theodore. "Individualism and Humanism in Late Ming Thought." In *Self and Society in Ming Thought,* ed. W. T. de Bary, 145–248. New York: Columbia University Press, 1970.
———, ed. *The Unfolding of Neo-Confucianism.* New York: Columbia University Press, 1975.
de Bary, Wm. Theodore, and Irene Bloom, eds. *Principle and Practicality: Essays in Neo-Confucianism and Practical Learning.* New York: Columbia University Press, 1979.
de Bary, Wm. Theodore, et al., eds. *Sources of Chinese Tradition.* New York: Columbia University Press, 1960.
———, eds. *Sources of Chinese Tradition.* 2nd ed. 2 vols. New York: Columbia University Press, 1999–2000.
Decennial Reports, 1882–91. Shanghai: Inspectorate General of Customs, 1892.
Delurey, John. "Despotism Above and Below: Gu Yanwu on Power, Money, and Mores." Ph.D. diss., Yale University, 2007.
Deng Tuo. *Lun Zhongguo lishi jige wenti* [On Several Problems in Chinese History]. Beijing: Sanlian shudian, 1979.
Dennerline, Jerry. *The Chia-ting Loyalists: Confucian Leadership in Seventeenth-Century China.* New Haven: Yale University Press, 1971.
———. "Fiscal Reform and Local Control." In Wakeman and Grant, eds., *Conflict and Control in Late Imperial China.*
———. "The New Hua Charitable Estate and Local Level Leadership in Wuxi County at the End of the Qing." *Select Papers from the Center for Far Eastern Studies* 4 (1979–80): 19–70.

Di Cosmo, Nicola. "Before the Conquest: Opportunity and Choice in the Construction of Manchu Power." Unpublished paper.

Dikötter, Frank. *The Discourse of Race in Modern China.* Stanford: Stanford University Press, 1992.

———. *Imperfect Conceptions: Medical Knowledge, Birth Defects, and Eugenics in China.* New York: Columbia University Press, 1998.

Dou Jiliang. *Tongxiang zuzhi zhi yanjiu* [A Study of Local Origin Associations]. Chongqing: Zhengzhong shuju, 1946.

Douglass, William. *A Summary, Historical and Political, of the First Planting, Progressive Improvements, and Present State of the British Settlements in North America.* Rev. ed. London: 1755.

Duara, Prasenjit. *Culture, Power, and the State: Rural North China, 1900–1942.* Stanford: Stanford University Press, 1988.

———. "Knowledge and Power in the Discourse of Modernity: The Campaigns against Popular Religion in Early Twentieth-Century China." *Journal of Asian Studies* 50 (1991): 67–83.

———. *Rescuing History from the Nation: Questioning Narratives of Modern China.* Chicago: University of Chicago Press, 1995.

———. *Sovereignty and Authenticity: Manchukuo and the East Asian Modern.* Lanham, MD: Rowman and Littlefield, 2003.

Dunstan, Helen. *Conflicting Counsels to Confuse the Age: A Documentary Study of Political Economy in Qing China, 1644–1840.* Ann Arbor: University of Michigan Center for Chinese Studies, 1996.

———. "If Chen Yun Had Written about Her Lesbianism." *Asia Major* 3rd Series, 20:2 (2007): 103–122.

———. *State or Merchant: Political Economy and Political Process in 1740s China.* Cambridge: Harvard University Asia Center, 2006.

Dutt, Vidya Prakash. "The First Week of Revolution: The Wuchang Uprising." In Wright, *China in Revolution,* 383–416.

Eastman, Lloyd E. "Ch'ing-i and Chinese Policy Formation During the Nineteenth Century." *Journal of Asian Studies* 24:4 (1965): 595–611.

———. *Throne and Mandarins: China's Search for a Policy during the Sino-French Controversy, 1880–1885.* Cambridge: Harvard University Press, 1967.

Ebrey, Patricia Buckley, and James L. Watson, eds. *Kinship Organization in Late Imperial China, 1000–1940.* Berkeley: University of California Press, 1986.

Edgerton-Tarpley, Kathryn. *Tears from Iron: Cultural Responses to Famine in Nineteenth-Century China.* Berkeley: University of California Press, 2008.

Edwards, R. Randle. "Imperial China's Border Control Law." *Journal of Chinese Law* 1:1 (1987): 33–62.

Elliott, Mark C. "Bannerman and Townsman: Ethnic Tension in Nineteenth-Century Jiangnan." *Late Imperial China* 11:1 (June 1990): 36–74.

———. *The Manchu Way: The Eight Banners and Ethnic Identity in Late Imperial China.* Stanford: Stanford University Press, 2001.

———. *Emperor Qianlong: Son of Heaven, Man of the World.* Upper Saddle River, NJ: Pearson Longman, 2009.

Elman, Benjamin A. *A Cultural History of Civil Examinations in Late Imperial China.* Berkeley: University of California Press, 2000.

———. *From Philosophy to Philology: Intellectual and Social Aspects of Change in Late Imperial China.* Cambridge: Harvard University Council on East Asian Studies, 1984.

———. *On Their Own Terms: Science in China 1550–1900.* Cambridge: Harvard University Press, 2005.

Elman, Benjamin A., and Alexander Woodside, eds. *Education and Society in Late Imperial China, 1600–1900.* Berkeley: University of California Press, 1994.

Elvin, Mark. "Female Virtue and the State in China." *Past and Present* 104 (1984): 111–152.

———. "The Gentry Democracy in Chinese Shanghai, 1905–1914." In *Modern China's Search for a Political Form*, ed. Jack Gray, 41–65. London: Oxford University Press, 1969.

———. "The High Level Equilibrium Trap." In *Economic Organization in Chinese Society*, ed. W. E. Willmott. Stanford: Stanford University Press, 1972.

———. "Market Towns and Waterways: The County of Shanghai from 1480 to 1910." In *The City in Late Imperial China*, ed. G. William Skinner, 441–474. Stanford: Stanford University Press, 1977.

———. *The Pattern of the Chinese Past.* Stanford: Stanford University Press, 1973.

———. *The Retreat of the Elephants: An Environmental History of China.* New Haven: Yale University Press, 2004.

Entenmann, Robert. "Catholics and Society in Eighteenth-Century Sichuan." In Bays, ed., *Christianity in China: From the Eighteenth Century to the Present*, 8–23.

———. "Szechwan and Ch'ing Migration Policy." *Ch'ing-shih wen-t'i* 4:4 (December 1980): 35–54.

Esherick, Joseph W. "Harvard on China: The Apologetics of Imperialism." *Bulletin of Concerned Asian Scholars* (1973): 9–16.

———. *The Origins of the Boxer Uprising.* Berkeley: University of California Press, 1987.

———. *Reform and Revolution in China: The 1911 Revolution in Hunan and Hubei.* Berkeley: University of California Press, 1976.

Esherick, Joseph W., and Mary Backus Rankin, eds. *Chinese Local Elites and Patterns of Dominance*. Berkeley: University of California Press, 1990.

Fairbank, John K., ed. *The Cambridge History of China*. Vol. 10. Cambridge: Cambridge University Press, 1978.

———. *China: The People's Middle Kingdom and the U.S.A.* Cambridge: Belknap Press of Harvard University Press, 1967.

———. *Chinabound: A Fifty Year Memoir.* New York: Harper and Row, 1982.

———, ed. *The Chinese World Order: Traditional China's Foreign Relations.* Cambridge: Harvard University Press, 1968.

———. *Trade and Diplomacy on the China Coast: The Opening of the Treaty Ports, 1842–1854*. Stanford: Stanford University Press, 1969. First published Cambridge: Harvard University Press, 1953.

Fairbank, John K., and Kwang-Ching Liu, eds. *The Cambridge History of China,* Vol. 11. Cambridge: Cambridge University Press, 1980.

Fairbank, John K., and Edwin Reischauer. *East Asia: The Great Tradition.* Boston: Houghton Mifflin, 1960.

Fairbank, John K., Edwin Reischauer, and Albert Craig. *East Asia: The Modern Transformation.* Boston: Houghton Mifflin, 1965.

Fairbank, John K., and Ssu-yu Teng. "On the Ch'ing Tributary System." *Harvard Journal of Asiatic Studies* 6 (1941): 135–246.

Fang Xing. "Lun Qingdai Jiangnan nongmin de xiaofei" [Peasant Consumption in Qing Jiangnan]. *Zhongguo jingjishi yanjiu* 3 (1996): 91–98.

Farquhar, David M. "Emperor as Bodhisattva in the Governance of the Ch'ing Empire." *Harvard Journal of Asiatic Studies* 38:1 (June 1978): 5–34.

Faure, David. "The Lineage as Business Company: Patronage vs. Law in the Development of Chinese Business." In *China's Market Economy in Transition,* ed. Yung-san Lee and Ts'ui-jung Liu. Nankang: Academia Sinica, 1990.

Fay, Peter Ward. *The Opium War, 1840–1842: Barbarians in the Celestial Empire in the Early Part of the Nineteenth Century and the War by Which They Forced Her Doors Ajar.* New York: Norton, 1976.

Fei, Hsiao-tung. "Peasantry and Gentry: An Interpretation of Chinese Social Structure and its Changes." *American Journal of Sociology* 52:1 (July 1946): 1–17.

Feng Erkang. *Yongzheng zhuan* [Biography of Yongzheng]. Beijing: Renmin chubanshe, 1985.

Feuerwerker, Albert. *China's Early Industrialization: Sheng Hsuan-huai (1844-1916) and Mandarin Enterprise*. Cambridge: Harvard University Press, 1958.

Fincher, John. "Political Provincialism and the National Revolution." In Wright, *China in Revolution,* 185–226.

Finnane, Antonia. "Yangzhou's 'Mondernity': Fashion and Consumption in the Early Nineteenth Century." *positions* 11:2 (Fall 2003): 395–425.
Fogel, Joshua. *Politics and Sinology: The Case of Naitō Konan (1866–1934).* Cambridge: Harvard University Council on East Asian Studies, 1984.
Folsom, Kenneth E. *Friends, Guests, and Colleagues: The Mu-fu System in the Late Ch'ing Period.* Berkeley: University of California Press, 1968.
Frank, Andre Gunder. *Re-Orient: The Global Economy in the Asian Age.* Berkeley: University of California Press, 1998.
Free Trade to India: letters addressed to the merchants and inhabitants of the town of Liverpool, concerning a free trade to the East Indies, by a member of Parliament. Liverpool: E. Smith, 1812.
Fujii Hiroshi. "Shin'an shōnin no kenkyū" [A Study of the Huizhou Merchants]. Part 1, *Tōyō gakuhō* 36:1 (1953): 1–44.
Fuma Susumu. *Chūgoku zentai zentō shi kenkyū* [Charity Associations and Charity Halls in China]. Kyoto: Dohosha shuppan, 1997.
Furth, Charlotte, ed. *The Limits of Change: Essays on Conservative Alternatives in Republican China.* Cambridge: Harvard University Press, 1976.
———. "The Sage as Rebel: The Inner World of Chang Ping-lin." In Furth, ed., *The Limits of Change: Essays on Conservative Alternatives in Republican China,* 113–150.
Gao Wangling. "Yige weiwanjie de changshi: Qingdai Qianlong shiqi liangzheng he liaoshi wenti" [An Unfinished Experiment: Food Supply Problems in the Qing Qianlong Reign]. *Jiuzhou xuekan* 2:3 (April 1988): 13–40.
Gasster, Michael. *Chinese Intellectuals and the Revolution of 1911.* Seattle: University of Washington Press, 1969.
———. "The Republican Revolutionary Movement." In Fairbank and Liu, eds., *Cambridge History of China,* vol. 11.
Gaustad, Blaine Campbell. "Religious Sectarianism and the State in Mid-Qing China: Background to the White Lotus Uprising of 1796–1804." Ph.D. diss., University of California–Berkeley, 1994.
Gentzler, J. Mason, ed. *Changing China: Readings in the History of China from the Opium War to the Present.* New York: Praeger, 1977.
Giersch, C. Patterson. *Asian Borderlands: The Transformation of Qing China's Yunnan Frontier.* Cambridge: Harvard University Press, 2006.
Goldstein, Joshua S. *Drama Kings: Players and Publics in the Re-creation of Peking Opera, 1870–1937.* Berkeley: University of California Press, 2007.
Goodman, Bryna. *Native Place, City, and Nation: Regional Identities in Shanghai, 1853–1937.* Berkeley: University of California Press, 1995.
Goodrich, L. Carrington. *The Literary Inquisition of Ch'ien-lung.* Baltimore: American Council of Learned Societies, 1935.
Gottschang, Thomas, and Diana Lary. *Swallows and Settlers: The Great Chinese*

Migration from North China to Manchuria. Ann Arbor: University of Michigan Center for Chinese Studies, 2000.

Griswold, A. Whitney. *The Far Eastern Policy of the United States*. New Haven: Yale University Press, 1934.

Guan Wenfa. *Jiaqing di* [The Jiaqing Emperor]. Changchun: Jilin wenshi chubanshe, 1993.

Guo Songyi. "Lun tanding rudi" [On the Merger of the Head Tax and Land Tax]. *Qingshi luncong* 3 (1982): 1–62.

Guy, R. Kent. *The Emperor's Four Treasuries: Scholars and the State in the Late Ch'ien-lung Era*. Cambridge: Harvard University Council on East Asian Studies, 1987.

———. "Fang Pao and the *Ch'in-ting Ssu-shu wen*." In Elman and Woodside, eds., *Education and Society in Late Imperial China, 1600–1900*.

Hamashita Takeshi. "The Tribute Trade System and Modern Asia." In *Japanese Industrialization and the Asian Economy*, ed. A. J. Latham and Kawakatsu Heita. London: Routledge, 1994.

Hanan, Patrick. *The Invention of Li Yu*. Cambridge: Harvard University Press, 1988.

Hanson, Marta. "Jesuits and Medicine in the Kangxi Court (1662–1722)." *Pacific Rim Report* 43 (July 2007): 1–10.

Hao, Yen-p'ing. *The Commercial Revolution in Nineteenth-Century China: The Rise of Sino-Western Mercantile Capitalism*. Berkeley: University of California Press, 1986.

———. *The Compradore in Nineteenth-Century China: Bridge between East and West*. Cambridge: Harvard University Press, 1970.

Harrell, Paula. *Sowing the Seeds of Change: Chinese Students, Japanese Teachers, 1895–1905*. Stanford: Stanford University Press, 1992.

Hartwell, Robert M. "Demographic, Political, and Social Transformations of China, 750–1550." *Harvard Journal of Asiatic Studies* 42:2 (December 1982): 365–442.

Hay, Jonathan. *Shitao: Painting and Modernity in Early Qing China*. Cambridge: Cambridge University Press, 2001.

He Bingdi (Ping-ti Ho). *Zhongguo huiguan shilun* [The History of Chinese Native Place Associations]. Taipei, 1966.

Herman, John E. *Amid the Clouds and Mist: China's Colonization of Guizhou, 1200–1700*. Cambridge: Harvard University Asia Center, 2007.

———. "The Cant of Conquest: *Tusi* Offices and China's Political Incorporation of the Southwest Frontier." In Crossley, Siu, and Sutton, eds., *Empire at the Margins: Culture, Ethnicity, and Frontier in Early Modern China*.

———. "Empire in the Southwest: Early Qing Reforms to the Native Chieftain System." *Journal of Asian Studies* 56:1 (February 1997): 47–74.

Hershatter, Gail. *Dangerous Pleasures: Prostitution and Modernity in Twentieth-Century Shanghai*. Berkeley: University of California Press, 1997.

Hevia, James L. *Cherishing Men from Afar: Qing Guest Ritual and the Macartney Mission of 1793*. Durham: Duke University Press, 1995.

———. "Loot's Fate: The Economy of Plunder and the Moral Life of Objects 'From the Summer Palace of the Emperor of China.'" *History and Anthropology* 6:4 (1994): 319–345.

Ho, Dahpon David. "The Men Who Would Not Be Amban and the One Who Would: Four Frontline Officials and Qing Tibet Policy, 1905–1911." *Modern China* 34:2 (April 2008): 210–246.

Ho, Ping-ti. *The Ladder of Success in Imperial China: Aspects of Social Mobility, 1368–1911*. New York: Wiley, 1964.

———. "The Significance of the Ch'ing Period in Chinese History." *Journal of Asian Studies* 26:2 (February 1967): 189–195.

———. *Studies on the Population of China, 1368–1957*. Cambridge: Harvard University Press, 1959.

Hobson, J. A. *Imperialism: A Study*. 3rd ed. London: Unwin Hyman, 1988. First published 1902.

Holmgren, Jennifer. "The Economic Foundations of Virtue: Widow-Remarriage in Early and Modern China." *Australian Journal of Chinese Studies* 13 (January 1985): 1–27.

Honig, Emily. *Creating Chinese Ethnicity: Subei People in Shanghai, 1850–1980*. New Haven: Yale University Press, 1992.

Hostetler, Laura. *Qing Colonial Enterprise: Ethnography and Cartography in Early Modern China*. Chicago: University of Chicago Press, 2001.

Hsiao, Kung-chuan. *Rural China: Imperial Control in the Nineteenth Century*. Seattle: University of Washington Press, 1960.

Hsieh, Winston. "Peasant Insurrection and the Marketing Hierarchy in the Canton Delta, 1911." In *The Chinese City between Two Worlds*, ed. Mark Elvin and G. William Skinner, 119–141. Stanford: Stanford University Press, 1974.

———. "Triads, Salt Smugglers, and Local Uprisings." In Jean Chesneaux, ed., *Popular Movements and Secret Societies in China, 1840–1950*, 145–164. Stanford: Stanford University Press, 1972.

Hsu, Immanuel. *China's Entry into the Family of Nations: The Diplomatic Phase, 1858–1880*. Cambridge: Harvard University Press, 1960.

———. *The Ili Crisis: A Study of Sino-Russian Diplomacy 1871–1881*. Oxford: Clarendon Press, 1965.

———. "Late Ch'ing Foreign Relations, 1860–1905." In Fairbank and Liu, eds., *Cambridge History of China*, vol. 11, 70–141.

———. *The Rise of Modern China.* New York: Oxford University Press, 1970.
Hsüeh, Chün-tu. *Huang Hsing and the Chinese Revolution.* Stanford: Stanford University Press, 1961.
———. *Revolutionary Leaders of Modern China.* New York: Oxford University Press, 1971.
Huang, Pei. *Autocracy at Work: A Study of the Yung-cheng Reign, 1723–1735.* Bloomington: Indiana University Press, 1974.
Huang, Philip C. C. *Civil Justice in China: Representation and Practice in the Qing.* Stanford: Stanford University Press, 1996.
———. *Liang Ch'i-ch'ao and Modern Chinese Liberalism.* Seattle: University of Washington Press, 1972.
———. "The Paradigmatic Crisis in Chinese Studies: Paradoxes in Social and Economic History." *Modern China* 17:3 (July 1991): 299–341.
———. *The Peasant Economy and Social Change in North China.* Stanford: Stanford University Press, 1985.
Hucker, Charles O. *The Censorial System of Ming China.* Stanford: Stanford University Press, 1966.
Hucker, Charles O. *A Dictionary of Official Titles in Imperial China.* Stanford: Stanford University Press, 1985.
Hummel, Arthur W., ed. *Eminent Chinese of the Ch'ing Period.* Washington, DC: U.S. Government Printing Office, 1943.
Hung, Ho-fung. "The Ming-Qing Transition in Maritime Perspective: A Reappraisal." Unpublished paper.
Hymes, Robert P. *Statesmen and Gentlemen: The Elite of Fu-chou, Chiang-hsi, in Northern and Southern Sung.* Cambridge: Cambridge University Press, 1986.
Hymes, Robert P., and Conrad Shirokauer, eds. *Ordering the World: Approaches to State and Society in Sung Dynasty China.* Berkeley: University of California Press, 1993.
I Songyŭ. "Shantung in the Shun-chih Reign: The Establishment of Local Control and the Gentry Response." Trans. Joshua Fogel. *Ch'ing-shih wen-t'i* 4:4 (December 1980): 1–34, and 4:5 (June 1981): 1–32.
Ichiko, Chūzō. "The Role of the Gentry: An Hypothesis." In *China in Revolution: The First Phase, 1900–1913,* ed. Mary Clabaugh Wright, 297–318. New Haven: Yale University Press, 1968.
Iriye, Akira. *After Imperialism: The Search for a New Order in the Far East, 1921–1931.* Cambridge: Harvard University Press, 1965.
———. "Imperialism in East Asia." In *Modern East Asia: Essays in Interpretation,* ed. James B. Crowley, 122–150. New York: Harcourt Brace and World, 1970.
Jami, Catherine. "Imperial Control and Western Learning: The Kangxi Emperor's Performance." *Late Imperial China* 23:1 (June 2002): 28–49.

Jansen, Marius. *The Japanese and Sun Yat-sen.* Cambridge: Harvard University Press, 1954.

Jen Yu-wen. *The Taiping Revolutionary Movement.* New Haven: Yale University Press, 1973.

Jenks, Robert. *Insurgency and Social Disorder in Guizhou: The "Miao" Rebellion, 1854–1873.* Honolulu: University of Hawai'i Press, 1994.

Jenner, W. J. F. "Tough Guys, Mateship, and Honour: Another Chinese Tradition." *East Asian History* 12 (1996): 1–33.

Jing Junjian. *Qingdai shehui de jianmin dengji* [Debased Status in Qing Society]. Hangzhou: Zhejiang People's Press, 1993.

Jing Su and Luo Lun. *Landlord and Labor in Late Imperial China: Case Studies from Shandong.* Trans. Endymion Wilkinson. Cambridge: Harvard University Council on East Asian Studies, 1978.

Johnson, David. "Communication, Class, and Consciousness in Late Imperial China." In Johnson, Nathan, and Rawski, eds., *Popular Culture in Late Imperial China.*

———. *Spectacle and Sacrifice: The Ritual Foundations of Village Life in North China.* Cambridge: Harvard University Asia Center, 2009.

Johnson, David, Andrew J. Nathan, and Evelyn S. Rawski, eds. *Popular Culture in Late Imperial China.* Berkeley: University of California Press, 1985.

Johnson, Linda Cooke. *Shanghai: From Market Town to Treaty Port, 1074–1858.* Stanford: Stanford University Press, 1995.

Jones, Susan Mann. "Hung Liang-chi (1746–1809): The Perception and Articulation of Political Problems in Late Eighteenth Century China." Ph.D. diss., Stanford University, 1971.

Jones, Susan Mann, and Philip A. Kuhn. "Dynastic Decline and the Roots of Rebellion." In Fairbank, ed., *Cambridge History of China,* vol. 10, pt. 1, 107–162.

Judge, Joan. *Print and Politics: "Shibao" and the Culture of Reform in Late Qing China.* Stanford: Stanford University Press, 1996.

Kahn, Harold L. *Monarchy in the Emperor's Eyes: Image and Reality in the Ch'ien-lung Reign.* Cambridge: Harvard University Press, 1971.

Kamachi, Noriko. *Reform in China: Huang Tsun-hsien and the Japanese Model.* Cambridge: Harvard University Council on East Asian Studies, 1981.

Kelley, David E. "Temples and Tribute Fleets: The Luo Sect and Boatmen's Associations in the Eighteenth Century." *Modern China* 8:3 (July 1982): 361–391.

Kessler, Lawrence. *K'ang-hsi and the Consolidation of Ch'ing Rule, 1661–1684.* Chicago: University of Chicago Press, 1976.

Kirby, William C. "Engineering China: The Origins of the Chinese Developmental State." In *Becoming Chinese,* ed. Wen-hsin Yeh, 137–160. Berkeley: University of California Press, 2000.

Ko, Dorothy. *Cinderella's Sisters: A Revisionist History of Footbinding*. Berkeley: University of California Press, 2005.

———. *Teachers of the Inner Chambers: Women and Culture in Seventeenth-Century China*. Stanford: Stanford University Press, 1994.

Kuhn, Philip A. *Chinese among Others: Emigration in Modern Times*. Lanham, MD: Rowman and Littlefield, 2008.

———. "Local Self-Government under the Republic: Problems of Control, Automony, and Mobilization." In Wakeman and Grant, eds., *Conflict and Control in Late Imperial China*, 257–298.

———. "Origins of the Taiping Vision: Cross-Cultural Dimensions of a Chinese Rebellion." *Comparative Studies of Society and History* 19 (1977): 350–366.

———. *Rebellion and Its Enemies in Late Imperial China: Militarization and Social Structure, 1796–1864*. Cambridge: Harvard University Press, 1970.

———. *Soulstealers: The Chinese Sorcery Scare of 1768*. Cambridge: Harvard University Press, 1990.

———. "The Taiping Rebellion." In Fairbank, ed., *Cambridge History of China*, vol. 10, pt. 1.

Kwong, Luke S. K. *A Mosaic of the Hundred Days: Personalities, Politics, and Ideas of 1898*. Cambridge: Harvard University Council on East Asian Studies, 1984.

Lai, Chi-kong. "Li Hung-chang and Modern Enterprise: The China Merchants' Company, 1872–1885." In *Li Hung-chang and China's Early Modernization*, ed. Samuel Chu and Kwang-Ching Liu, 216–247. Armonk: M. E. Sharpe, 1994.

Lamley, Harry J. "Lineage and Surname Feuds in Southern Fukien and Eastern Kwangtung under the Ch'ing." In *Orthodoxy in Late Imperial China*, ed. Kwang-ching Liu, 255–280. Berkeley: University of California Press, 1990.

Langer, William L. *The Diplomacy of Imperialism, 1890–1902*. New York: Knopf, 1956.

Larsen, Kirk W. *Tradition, Treaties, and Trade: Qing Imperialism in Chosŏn Korea, 1850–1910*. Cambridge: Harvard University Asia Center, 2008.

Lee, James Z. "Food Supply and Population Growth in Southwest China, 1250–1850." *Journal of Asian Studies* 41:4 (August 1982): 711–746.

———. "The Legacy of Immigration in Southwest China, 1250–1850." *Annales de demographie historique* (1982): 279–304.

Lee, James Z., and Wang Feng. *One Quarter of Humanity: Malthusian Myths and Chinese Realities, 1700–2000*. Cambridge: Harvard University Press, 1999.

Lee, Robert H. G. "Frontier Politics in the Southwestern Sino-Tibetan Borderlands during the Ch'ing Dynasty." In *Perspectives on a Changing China*, ed. Joshua A. Fogel and William T. Rowe. Boulder: Westview Press, 1979.

———. *The Manchurian Frontier in Ch'ing History*. Cambridge: Harvard University Press, 1970.

Lenin, V. I. *Imperialism, the Highest Stage of Capitalism: A Popular Outline.* Moscow: Foreign Languages Publishing House, 1920.

Leonard, Jane Kate. *Controlling from Afar: The Daoguang Emperor's Handling of the Grand Canal Crisis, 1824–1826.* Ann Arbor: University of Michigan Center for Chinese Studies, 1996.

———. *Wei Yuan and China's Rediscovery of the Maritime World.* Cambridge: Harvard University Council on East Asian Studies, 1984.

Leong, Sow-Theng. *Migration and Ethnicity in Chinese History: Hakka, Pengmin, and Their Neighbors.* Stanford: Stanford University Press, 1997.

Leung, Edwin Pak-wah. "Li Hung-chang and the Liu-ch'iu (Ryūkyū) Controversy, 1871–1881." In *Li Hung-chang and China's Early Modernization,* ed. Samuel Chu and Kwang-Ching Liu. Armonk: M. E. Sharpe, 1994.

Levenson, Joseph R. *Confucian China and Its Modern Fate: A Trilogy.* Berkeley: University of California Press, 1958.

Levy, Marion, Jr. "Contrasting Factors in the Modernization of China and Japan." *Economic Development and Cultural Change* 2 (1953): 161–197.

Levy, Marion, Jr., and Shih Kuo-heng. *The Rise of the Modern Chinese Business Class.* New York: Institute of Pacific Relations, 1949.

Li Bozhong. "Kongzhi zengchang yibao fuyu: Qingdai qianqi Jiangnan de renkou xingwei" [Restricting Population Growth to Protect Wealth: Population Behavior in Early Qing Jiangnan]. *Xin shixue* 5:3 (1994): 25–71.

Li, Lillian M. *Fighting Famine in North China: State, Market, and Environmental Decline, 1690s–1990s.* Stanford: Stanford University Press, 2007.

Li Renkai. *Zhang Zhidong mufu* [Zhang Zhidong's secretariat]. Beijing: Zhongguo guangbo dianshi chubanshe, 2005.

Liang Qizi (Angela Leung). *Shishan yu jiaohua: Ming-Qing de cishan zuzhi* [Charity and Moral Indoctrination: Philanthropic Organization in the Ming and Qing]. Taipei: Lianjing chubanshe, 1997.

Lieberman, Victor, ed. *Beyond Binary Histories: Re-imagining Eurasia to c. 1830.* Ann Arbor: University of Michigan Press, 1997.

Liew, K. S. *Struggle for Democracy: Sung Chiao-jen and the 1911 Chinese Revolution.* Berkeley: University of California Press, 1971.

Lin, Manhong. *China Upside Down: Currency, Society, and Ideologies, 1808–1856.* Cambridge: Harvard University Asia Center, 2006.

Lin Yü-sheng. "The Suicide of Liang Chi: An Ambiguous Case of Moral Conservatism." In Furth, ed., *The Limits of Change,* 151–170.

Linebarger, Paul Myron Anthony. *The Political Doctrines of Sun Yat-sen: An Exposition of the San min chu i.* Baltimore: Johns Hopkins University Press, 1937.

Linebarger, Paul Myron Wentworth. *Sun Yat Sen and the Chinese Republic.* New York: AMS Press, 1969. First published New York: Century, 1925.

Liu Fengyun. *Qingdai sanfan yanjiu* [A Study of the Qing Three Feudatories]. Beijing: Chinese People's University Press, 1994.

Liu Guangjing (Kwang-Ching Liu). "Shijiu shiji chuye Zhongguo zhishifenzi Bao Shichen yu Wei Yuan" [The Early Nineteenth-Century Chinese Intellectuals Bao Shichen and Wei Yuan]. In *Zhongyang yanjiuyuan guoji Hanxue huiyi lunwenji* [Proceedings of the Conference on Chinese Studies at the Academia Sinica], 995–1030. Taipei: Academia Sinica, 1980.

Liu, Kwang-Ching. *Anglo-American Steamship Rivalry in China, 1862–1874.* Cambridge: Harvard University Press, 1962.

Liu Shiji. *Ming Qing shidai Jiangnan shizhen yanjiu* [Market Towns in Jiangnan during the Ming and Qing]. Beijing: Zhongguo shehui kexue yanjiusuo chubanshe, 1987.

Liu, Ts'ui-jung. "Dike Construction in Ching-chou." *Papers on China* 23 (1970): 1–28.

Liu Yongcheng. "Lun Qingdai qianqi nongye guyong laodong de xingzhi" [The Nature of Agrarian Hired Labor in the Early Qing]. *Qingshi yanjiuji* 1 (1980): 91–112.

———. "Shilun Qingdai Suzhou shougongye hanghui" [Handicraft Guilds in Qing Suzhou]. *Lishi yanjiu* 1959.11, 21–46.

Lojewski, Frank. "The Soochow Bursaries: Rent Management during the Late Ch'ing." *Ch'ing-shih wen-t'i* 4:3 (June 1980): 43–65.

London, Jack. "The Unparallelled Invasion" (1907). In *The Complete Short Stories of Jack London,* ed. Earle Labor, Robert C. Leitz III, and I. Milo Shepard, vol. 2, 1234–46. Stanford: Stanford University Press, 1993.

Lu Xun. *The Complete Stories of Lu Xun.* Trans. Yang Xianyi and Gladys Yang. Bloomington: Indiana University Press, 1981.

Lufrano, Richard John. *Honorable Merchants: Commerce and Self-Cultivation in Late Imperial China.* Honolulu: University of Hawai'i Press, 1997.

Lui, Adam Y. C. *The Hanlin Academy: Training Ground for the Ambitious, 1644–1850.* Hamden, CT: Archon, 1981.

Luo Ergang. *Xiangjun xinzhi* [New History of the Hunan Army]. Changsha, 1939.

Ma, L. Eve Armentrout. *Revolutionaries, Monarchists, and Chinatowns: Chinese Politics in the Americas and the 1911 Revolution.* Honolulu: University of Hawai'i Press, 1990.

Ma, Zhao. "Imperial Autocracy and Bureaucratic Interests in the Anti-Christian Campaign of 1784–85 in China." Unpublished paper.

———. "'Writing History during a Prosperous Age': The New Qing History Project." *Late Imperial China* 29:1 (June 2008): 120–145.

Macauley, Melissa. *Social Power and Legal Culture: Litigation Masters in Late Imperial China.* Stanford: Stanford University Press, 1998.

Mackerras, Colin. *The Rise of the Peking Opera: Social Aspects of the Theatre in Manchu China, 1770–1870.* Oxford: Clarendon, 1972.

MacKinnon, Stephen R. *Power and Politics in Late Imperial China: Yuan Shi-kai*

in Beijing and Tianjin, 1901–1908. Berkeley: University of California Press, 1980.
Mair, Victor. "Language and Ideology in the Written Popularizations of the Sacred Edict." In Johnson, Nathan, and Rawski, eds., *Popular Culture in Late Imperial China*, 325–359.
Man-Cheong, Iona. *The Class of 1761: Examinations, State, and Elites in Eighteenth-Century China*. Stanford: Stanford University Press, 2004.
Mann, Susan. *Local Merchants and the Chinese Bureaucracy, 1750–1950*. Stanford: Stanford University Press, 1987.
———. *Precious Records: Women in China's Long Eighteenth Century*. Stanford: Stanford University Press, 1997.
———. *The Talented Women of the Zhang Family*. Berkeley: University of California Press, 2007.
Mao Haijin. *Tianchao de pengkui: Yapian zhanzheng zaiyanjiu* [Imperial Collapse: A Revisionist Study of the Opium War]. Beijing: Sanlian shudian, 2005.
Marks, Robert. *Tigers, Rice, Silk, and Silt: Environment and Economy in Late Imperial South China*. Cambridge: Cambridge University Press, 1998.
Marmé, Michael. "Locating Linkages or Painting Bull's-Eyes around Bullet Holes? An East Asian Perspective on the Seventeenth-Century Crisis." *American Historical Review* 113:4 (October 2008): 1080–89.
McDermott, Joseph P. "Friendship and Its Friends in the Late Ming." In *Family Process and Political Process in Modern Chinese History*, vol. 1, 67–96. Taipei: Institute of Modern History, 1992.
McMahon, Daniel. "The Yuelu Academy and Hunan's Nineteenth-Century Turn toward Statecraft." *Late Imperial China* 26:1 (June 2005): 72–109.
McNeill, William H. *The Age of Gunpowder Empires, 1450–1800*. Washington, DC: American Historical Association, 1989.
———. *Plagues and Peoples*. Garden City: Anchor Press, 1976.
Menzies, Nicholas K. *Forest and Land Management in Imperial China*. New York: St. Martin's Press, 1994.
Meskill, Johanna M. *A Chinese Pioneer Family: The Lins of Wu-feng, Taiwan, 1729–1895*. Princeton: Princeton University Press, 1979.
Metzger, Thomas. "T'ao Chu's Reform of the Huai-pei Salt Monopoly." *Papers on China* 16 (1962): 1–39.
Meyer-Fong, Tobie. *Building Culture in Early Qing Yangzhou*. Stanford: Stanford University Press, 2003.
Michael, Franz. *The Taiping Rebellion: History and Documents*. Vol. 1, *History*. Seattle: University of Washington Press, 1966.
Miles, Steven B. *The Sea of Learning: Mobility and Identity in Nineteenth-Century Guangzhou*. Cambridge: Harvard University Asia Center, 2006.
Miller, Harold Lyman. "Factional Conflict and the Integration of Ch'ing Politics, 1661–1690." Ph.D. diss., George Washington University, 1974.

Millward, James A. *Beyond the Pass: Economy, Ethnicity, and Empire in Qing Xinjiang, 1759–1864*. Stanford: Stanford University Press, 1998.

———. *Eurasian Crossroads: A History of Xinjiang*. New York: Columbia University Press, 2007.

Millward, James A., Ruth W. Dunnell, Mark C. Elliott, and Philippe Forêt, eds. *New Qing Imperial History: The Making of Inner Asian Empire at Qing Chengde*. London: Routledge, 2004.

Min Tu-ki. *National Polity and Local Power: The Transformation of Late Imperial China*. Ed. Philip A. Kuhn and Timothy Brook. Cambridge: Harvard University Council on East Asian Studies, 1989.

Miyazaki, Ichisada. *China's Examination Hell: The Civil Service Examinations of Imperial China*. Trans. Conrad Schirokauer. New Haven: Yale University Press, 1981.

Morita Akira. "Shindai suishu kessha no seikaku ni tsuite" [Boatmen's Associations in the Qing]. *Tōyōshi kenkyū* 13:5 (January 1955): 364–376.

Morse, Hosea Ballou, ed. *The Chronicles of the East India Company Trading to China, 1635–1834*. Oxford: Oxford University Press, 1926.

———. *The Trade and Administration of China*. London: Longmans, Green, 1913.

Mou Anshi. *Taiping Tianguo* [The Taiping Heavenly Kingdom]. Shanghai: Shanghai renmin chubanshe, 1959.

Moulder, Frances V. *Japan, China, and the Modern World Economy: Towards a Reinterpretation of East Asian Economic Development, ca. 1600–ca. 1918*. Cambridge: Cambridge University Press, 1977.

Mungello, D. E. *The Great Encounter of China and the West, 1500–1800*. Lanham, MD: Rowman and Littlefield, 1999.

Murray, Diane H. *The Origins of the Tiandihui: The Chinese Triads in Legend and History*. Stanford: Stanford University Press, 1994.

Nakami Tatsuo. "The Mongols and the 1911 Revolution." In *The 1911 Revolution in China: Interpretive Essays*, ed. Etō Shinkichi and Harold Z. Schiffrin, 129–149. Tokyo: University of Tokyo Press, 1984.

Naquin, Susan. "Connections between Rebellions: Sect Family Networks in Qing China." *Modern China* 8:3 (July 1982): 337–360.

———. "Funerals in North China: Uniformity and Variation." In *Death Ritual in Late Imperial and Modern China*, ed. James L. Watson and Evelyn S. Rawski, 37–70. Berkeley: University of California Press, 1988.

———. *Millenarian Rebellion in China: The Eight Trigrams Rebellion of 1813*. New Haven: Yale University Press, 1976.

———. *Shantung Rebellion: The Wang Lun Rebellion of 1774*. New Haven: Yale University Press, 1981.

———. "The Transmission of White Lotus Sectarianism in Late Imperial China." In Johnson, Nathan, and Rawski, eds., *Popular Culture in Late Imperial China*, 255–291.

Naquin, Susan, and Chün-fang Yü, eds. *Piligrims and Sacred Sites in China.* Berkeley: University of California Press, 1992.
"Newchang." In *Decennial Reports, 1882–91,* 34–37.
Ng, Vivian W. "Ideology and Sexuality: Rape Laws in Qing China." *Journal of Asian Studies* 46:1 (February 1987): 57–70.
Nivison, David S. "Ho-shen and His Accusers: Ideology and Political Behavior in the Eighteenth Century." In *Confucianism in Action,* ed. David S. Nivison and Arthur S. Wright, 209–243. Stanford: Stanford University Press, 1959.
———. "Protest against Convention and Conventions of Protest." In *The Confucian Persuasion,* ed. Arthur F. Wright. Stanford: Stanford University Press, 1960.
Osborne, Anne. "The Local Politics of Land Reclamation in the Lower Yangzi Highlands." *Late Imperial China* 15:1 (June 1994): 1–46.
Overmyer, Daniel. *Precious Volumes: An Introduction to Sectarian Scriptures from the Sixteenth and Seventeenth Centuries.* Cambridge: Harvard University Asia Center, 1999.
Ownby, David. *Brotherhoods and Secret Societies in Early and Mid-Qing China.* Stanford: Stanford University Press, 1996.
Oxnam, Robert. *Ruling from Horseback: Manchu Politics in the Oboi Regency, 1661–1669.* Chicago: University of Chicago Press, 1975.
Paderni, Paola. "The Problem of *Kuan-hua* in Eighteenth-Century China: The Yung-cheng Decree for Fukien and Kwangtung." *Annali* 48:4 (1988): 257–265.
Paine, S. C. M. *The Sino-Japanese War of 1894–95: Perceptions, Power, and Primacy.* Cambridge: Cambridge University Press, 2003.
Palmer, Michael J. E. "The Surface-Subsoil Form of Divided Ownership in Late Imperial China: Some Examples from the New Territories of Hong Kong." *Modern Asian Studies* 21:1 (1987): 1–119.
Park, Nancy Elizabeth. "Corruption and Its Recompense: Bribes, Bureaucracy, and the Law in Late Imperial China." Ph.D. diss., Harvard University, 1993.
Parkes, Harry. *Narrative of the Late Sir H. Parkes' Captivity in Pekin, 1860.* London: Pall Mall Gazette, 1885.
Peng, Juanjuan. "Yudahua: The History of an Industrial Enterprise in Modern China, 1890–1957." Ph.D. diss., Johns Hopkins University, 2007.
Peng Yuxin. *Qingdai tudi kaiken shi* [A History of Land Reclamation in the Qing Period]. Beijing: Nongye chubanshe, 1990.
Peng Zeyi. "Qingdai qianqi shougongye de fazhan" [The Development of Handicrafts in the Early Qing]. *Zhongguo shi yanjiu* 1981.1: 43–60.
———. *Zhongguo jindai shougongye shiliao, 1840–1949* [Historical Materials on China's Modern Handicraft Industry]. Beijing: Zhonghua shuju, 1962.

Perdue, Peter C. *China Marches West: The Qing Conquest of Central Eurasia.* Cambridge: Harvard University Press, 2005.

———. "Comparing Empires: Manchu Colonialism." *International History Review* 20:2 (June 1998): 255–261.

———. *Exhausting the Earth: State and Peasant in Hunan, 1500–1850.* Cambridge: Harvard University Council on East Asian Studies, 1987.

———. "Insiders and Outsiders: The Xiangtan Riot of 1819 and Collective Action in Hunan." *Modern China* 12:2 (April 1986): 166–201.

Peterson, Willard J., ed. *The Cambridge History of China.* Vol. 9, pt. 1, *The Ch'ing Dynasty to 1800.* Cambridge: Cambridge University Press, 2002.

———. "The Life of Ku Yen-wu (1613–1682)." *Harvard Journal of Asiatic Studies* 28 (1968): 114–156 and 29 (1969): 201–247.

Pi Mingxiu and Kong Xiankai. "Taiping jun shouke Wuchang hou de zhanlue juece" [Policies of the Taiping Army after Its Initial Capture of Wuchang]. *Jianghan luntan* 1981.2: 68–72.

Platt, Stephen R. *Provincial Patriots: The Hunanese and Modern China.* Cambridge: Harvard University Press, 2007.

Polachek, James. "Gentry Hegemony: Soochow in the T'ung-chih Restoration." In Wakeman and Grant, eds., *Conflict and Control in Late Imperial China,* 211–256.

———. *The Inner Opium War.* Cambridge: Harvard University Council on East Asian Studies, 1992.

Pomeranz, Kenneth. *The Great Divergence: China, Europe, and the Making of the Modern World Economy.* Princeton: Princeton University Press, 2000.

Prazniak, Roxann. "Tax Protest at Laiyang, Shandong, 1910: Commoner Organization versus the County Political Elite." *Modern China* 6:1 (1980): 41–71.

Present Day Impressions of the Far East and Prominent and Progressive Chinese at Home and Abroad. London, 1917.

Pruitt, Ida. *A Daughter of Han: The Autobiography of a Chinese Working Woman.* Stanford: Stanford University Press, 1967.

Rankin, Mary Backus. *Early Chinese Revolutionaries: Radical Intellectuals in Shanghai and Chekiang.* Cambridge: Harvard University Press, 1971.

———. *Elite Activism and Political Transformation in China: Zhejiang Province, 1865–1911.* Stanford: Stanford University Press, 1986.

———. "Nationalistic Contestation and Mobilizational Politics: Practice and Rhetoric of Railway-Rights Recovery at the End of the Qing." *Modern China* 28:3 (July 2002): 315–361.

———. "Public Opinion and Political Power: *Qingyi* in Late Nineteenth-Century China." *Journal of Asian Studies* 41:3 (May 1982): 453–484.

———. "The Tenacity of Tradition." In Wright, ed., *China in Revolution: The First Phase,* 319–361.

Rawski, Evelyn S. *Agricultural Change and the Peasant Economy of South China*. Cambridge: Harvard University Press, 1972.

———. "Agricultural Development in the Han River Highlands." *Late Imperial China* 3:4 (December 1975): 63–81.

———. *Education and Popular Literacy in Ch'ing China*. Ann Arbor: University of Michigan Press, 1979.

———. "The Qing Formation and the Early Modern Period." In Struve, ed., *The Qing Formation in World-Historical Time*.

———. "Re-envisioning the Qing: The Significance of the Qing Period in Chinese History." *Journal of Asian Studies* 55:4 (November 1996): 829–850.

Reed, Bradly W. "Money and Justice: Clerks, Runners, and the Magistrate's Court in Late Imperial Sichuan." *Modern China* 21:3 (July 1995): 345–382.

Reynolds, Douglas R. *China, 1898–1912: The Xinheng Revolution and Japan*. Cambridge: Harvard University Council on East Asian Studies, 1993.

Rhoads, Edward J. M. *China's Republican Revolution: The 1911 Revolution in Kwangtung, 1895–1913*. Cambridge: Harvard University Press, 1975.

———. *Manchus and Han: Ethnic Relations in Political Power in Late Qing and Early Republican China, 1861–1928*. Seattle: University of Washington Press, 2000.

Richards, John F. *The Unending Frontier: An Environmental History of the Early Modern World*. Berkeley: University of California Press, 2003.

Robinson, David. *Bandits, Eunuchs, and the Son of Heaven: Rebellion and Economy of Violence in Mid-Ming China*. Honolulu: University of Hawai'i Press, 2001.

Ropp, Paul S. *Dissent in Early Modern China:* Ju-lin wai-shih *and Ch'ing Social Criticism*. Ann Arbor: University of Michigan Press, 1981.

———. "The Seeds of Change: Reflections on the Condition of Women in the Early and Mid Ch'ing." *Signs: Journal of Women in Culture and Society* 2:1 (1976): 5–23.

Rosenbaum, Arthur L. "Gentry Power and the Changsha Rice Riot of 1910." *Journal of Asian Studies* 34:3 (May 1975): 689–715.

Rosenberg, Hans. *Bureaucracy, Aristocracy, and Autocracy: The Prussian Experience, 1660–1815*. Cambridge: Harvard University Press, 1958.

Rossabi, Morris, ed. *China Among Equals: The Middle Kingdom and Its Neighbors, 10th–14th Centuries*. Berkeley: University of California Press, 1983.

Rowe, William T. *Crimson Rain: Seven Centuries of Violence in a Chinese County*. Stanford: Stanford University Press, 2007.

———. "Domestic Interregional Trade in Eighteenth-Century China." In *On the Eighteenth Century as a Category of Asian History*, ed. Leonard Blussé and Femme Gaastra, 173–192. Aldershot: Ashgate, 1998.

———. "Education and Empire in Southwest China: Chen Hongmou in

Yunnan, 1733–38." In Elman and Woodside, *Education and Society in Late Imperial China, 1600–1900*, 417–457.
———. *Hankow: Commerce and Society in a Chinese City, 1796–1889*. Stanford: Stanford University Press, 1984.
———. *Hankow: Conflict and Community in a Chinese City, 1796–1895*. Stanford: Stanford University Press, 1989.
———. "Ming-Qing Guilds." *Ming Qing Yanjiu* (September 1992): 47–60.
———. "Provincial Monetary Practice in Eighteenth-Century China." In *Chinese Handicraft Regulations of the Qing Dynasty*, ed. Christine Moll-Murata, Song Jianze, and Hans Ulrich Vogel. Munich: Iudicium, 2005.
———. "The Qingbang and Collaboration under the Japanese, 1939–45: Materials in the Wuhan Municipal Archives." *Modern China* 8:4 (October 1982): 491–499.
———. *Saving the World: Chen Hongmou and Elite Consciousness in Eighteenth-Century China*. Stanford: Stanford University Press, 2001.
———. "Social Stability and Social Change." In Peterson, ed., *Cambridge History of China*, vol. 9, 475–562.
———. "Success Stories: Lineage and Elite Status in Hanyang County, Hubei, 1368–1949." In Esherick and Rankin, eds., *Chinese Local Elites*, 51–81.
———. "Urban Control in Late Imperial China: The *Pao-chia* System in Hankow." In *Perspectives on a Changing China*, ed. Joshua A. Fogel and William T. Rowe. Boulder: Westview, 1979.
———. "Water Control and the Qing Political Process: The Fankou Dam Controversy, 1876–1883." *Modern China* 14:4 (October 1988): 353–387.
Sakai, Robert. "The Ryūkyū (Liu-ch'iu) Islands as a Fief of Satsuma." In Fairbank, ed., *The Chinese World Order*, 112–134.
Schiffrin, Harold Z. *Sun Yat-sen and the Origins of the 1911 Revolution*. Berkeley: University of California Press, 1968.
Schneider, Laurence A. *A Madman of Ch'u: The Chinese Myth of Loyalty and Dissent*. Berkeley: University of California Press, 1980.
Schoppa, R. Keith. *Chinese Elites and Political Change: Zhenjiang Province in the Early Twentieth Century*. Cambridge: Harvard University Press, 1982.
———. *Xiang Lake: Nine Centuries of Chinese Life*. New Haven: Yale University Press, 1989.
Schwartz, Benjamin. *In Search of Wealth and Power: Yen Fu and the West*. Cambridge: Belknap Press of Harvard University Press, 1964.
———. "A Marxist Controversy on China." *Far Eastern Quarterly* 13 (February 1954): 143–153.
Sharman, Lyon. *Sun Yat-sen, His Life and Its Meaning: A Critical Biography*. New York: John Day, 1934.
Shaw, Samuel. *The Journals of Major Samuel Shaw, the First American Consul at Canton*. Boston: Wm. Crosby and H. P. Nichols, 1847.

Shen Fu. *Six Records of a Floating Life*. Trans. Leonard Pratt and Chiang Su-hui. Harmondsworth: Penguin, 1983.

Shepherd, John Robert. *Statecraft and Political Economy on the Taiwan Frontier, 1600–1800*. Stanford: Stanford University Press, 1993.

Shiba, Yoshinobu. *Commerce and Society in Sung China*. Ann Arbor: University of Michigan Center for Chinese Studies, 1970.

Shigeta Atsushi. "The Origins and Structure of Gentry Rule." In *State and Society in China: Japanese Perspectives on Ming-Qing Social and Economic History*, ed. Linda Grove and Christian Daniels, 335–385. Tokyo: University of Tokyo Press, 1984.

Shih, Vincent Y. C. *The Taiping Ideology*. Seattle: University of Washington Press, 1967.

Skinner, G. William. "Cities and the Hierarchy of Local Systems." In Skinner, ed., *The City in Late Imperial China*.

———, ed. *The City in Late Imperial China*. Stanford: Stanford University Press, 1977.

———. "Marketing and Social Structure in Rural China," pt. 2. *Journal of Asian Studies* 24:2 (1965): 195–228.

———. "Presidential Address: The Structure of Chinese History." *Journal of Asian Studies* 44.2 (February 1985): 271–292.

Siu, Helen F., and Liu Zhiwei. "Lineage, Market, Pirate, and *Dan*: Ethnicity in the Pearl River Delta of South China." In Crossley, Siu, and Sutton, eds., *Empire at the Margins: Culture, Ethnicity, and Frontier in Early Modern China*, 285–310.

Smith, Kent C. "Ch'ing Policy and the Development of Southwest China: Aspects of Ortai's Governor-Generalship, 1726–1731." Ph.D. diss., Yale University, 1970.

Smith, Paul Jakov, and Richard von Glahn, eds. *The Song-Yuan-Ming Transition in Chinese History*. Cambridge: Harvard University Asia Center, 2003.

Sommer, Matthew. *Sex, Law, and Society in Late Imperial China*. Stanford: Stanford University Press, 2000.

Spector, Stanley. *Li Hung-chang and the Huai Army: A Study in Nineteenth-Century Regionalism*. Seattle: University of Washington Press, 1964.

Speech of Eneas Macdonnell, Esq., on the East India Question: delivered at a public meeting of the inhabitants of London and Westminster, at the Crown and Anchor Tavern, in the Strand, on Saturday, May 8th, 1830, in reply to several statements and resolutions submitted to that meeting. London: James Ridgeway, 1830.

Spence, Jonathan D. *The Death of Woman Wang*. New York: Viking, 1978.

———. *Emperor of China: Self Portrait of K'ang Hsi*. New York: Vintage, 1974.

———. *God's Chinese Son: The Taiping Heavenly Kingdom of Hong Xiuquan*. New York: Norton, 1996.

———. *The Memory Palace of Matteo Ricci*. New York: Viking, 1984.

———. "Opium Smoking in Ch'ing China." In Wakeman and Grant, eds., *Conflict and Control in Late Imperial China*, 143–173.

———. *Treason by the Book*. New York: Viking, 2001.

———. *Ts'ao Yin and the K'ang-hsi Emperor: Master and Bondservant*. New Haven: Yale University Press, 1966.

Stern, Fritz. *Gold and Iron: Bismarck, Bleichröder, and the Building of the German Empire*. New York: Knopf, 1977.

Strand, David. "Calling the Chinese People to Order: Sun Yat-sen's Rhetoric of Development." In *Reconstructing Twentieth-Century China: State Control and National Identity*, ed. Kjeld Erik Brødsgaard and David Strand. Oxford: Clarendon, 1998.

Struve, Lynn A., ed. *The Qing Formation in World-Historical Time*. Cambridge: Harvard University Asia Center, 2004.

———. "Ruling from Sedan Chair: Wei Yijie (1616–1686) and the Examination Reform of the 'Oboi' Regency." *Late Imperial China* 25:2 (December 2004): 1–32.

———. *The Southern Ming, 1644–1662*. New Haven: Yale University Press, 1984.

———, ed. *Voices from the Ming-Qing Cataclysm: China in Tigers' Jaws*. New Haven: Yale University Press, 1993.

Sun Yat-sen. *Kidnapped in London! Being the Story of My Capture by, Detention at, and Release from the Chinese Legation, London*. Bristol: J. W. Arrowsmith, 1897.

Sutton, Donald S. "Ethnicity and the Miao Frontier in the Eighteenth Century." In Crossley, Siu, and Sutton, eds., *Empire at the Margins: Culture, Ethnicity, and Frontier in Early Modern China*.

Suzuki Chūsei. *Shinchō chūki shi kenkyū* [A Study of Mid-Qing History]. Toyohashi: Aichi daigaku kokusai mondai kenkyūjo, 1952.

Sweeten, Alan Richard. *Christianity in Rural China: Conflict and Accommodation in Jiangxi Province, 1860–1900*. Ann Arbor: University of Michigan Center for Chinese Studies, 2001.

Szonyi, Michael. *Practicing Kinship: Lineage and Descent in Late Imperial China*. Stanford: Stanford University Press, 2002.

Tan, Chester C. *The Boxer Catastrophe*. New York: Columbia University Press, 1967.

Telford, Ted A. "Family and State in Qing China: Marriage in the Tongcheng Lineages, 1650–1880." In *Family Process and Political Process in Modern Chinese History*, vol. 2, 921–942. Taipei: Institute of Modern History, 1992.

Teng, Emma J. *Taiwan's Imagined Geography: Chinese Colonial Travel Writing and Pictures, 1683–1895*. Cambridge: Harvard University Asia Center, 2004.

Teng, Ssu-yu. *The Nien Army and Their Guerrilla Warfare, 1851–1868*. Paris: Mouton, 1961.

Teng, Ssu-yu, and John K. Fairbank, eds. *China's Response to the West: A Documentary Survey, 1839–1923*. Cambridge: Harvard University Press, 1954.

Terada Takanobu. "Yōseitei no senmin kaihōrei ni tsuite" [The Yongzheng Emperor's Emancipation of Debased People]. *Tōyōshi kenkyū* 18:3 (1959): 124–141.

ter Haar, Barend J. "Rethinking 'Violence' in Chinese Culture." In *Meanings of Violence: A Cross-Cultural Perspective,* ed. Göran Aijmer and Jon Abbink. Oxford: Berg, 2000.

———. *Ritual and Mythology of the Chinese Triads: Creating an Identity.* Leiden: Brill, 1998.

Theiss, Janet. *Disgraceful Matters: The Politics of Chastity in Eighteenth-Century China.* Berkeley: University of California Press, 2004.

Thompson, Roger. "Statecraft and Self-Government: Competing Views of Community and State in Late Imperial China." *Modern China* 14:2 (April 1988): 188–221.

Tilly, Charles. *From Mobilization to Revolution.* New York: McGraw Hill, 1978.

Torbert, Preston. *The Ch'ing Imperial Household Department: A Study of Its Organization and Principal Functions, 1662–1796.* Cambridge: Harvard University Council on East Asian Studies, 1977.

Twitchett, Denis. "The T'ang Market System." *Asia Major* 12:2 (1966): 202–248.

Vainker, Shelagh. *Chinese Pottery and Porcelain.* London: British Museum Press, 2005.

Vogel, Hans Ulrich. "Chinese Central Monetary Policy, 1644–1800." *Late Imperial China* 8:2 (December 1987): 1–52.

von Glahn, Richard. "The Enchantment of Wealth: The God *Wutong* in the Social History of Jiangnan." *Harvard Journal of Asiatic Studies* 51:2 (1991): 651–714.

———. *Fountain of Fortune: Money and Monetary Policy in China, 1000–1700.* Berkeley: University of California Press, 1996.

Wagner, Rudolf G., ed. *Joining the Global Public: Word, Image, and City in Early Chinese Newspapers, 1870–1910.* Albany: State University of New York Press, 2007.

Wakeman, Frederic, Jr. "The Canton Trade and the Opium War." In Fairbank, ed., *Cambridge History of China,* vol. 10, pt. 1, 163–212.

———. "China and the Seventeenth-Century Crisis." *Late Imperial China* 7:1 (1986): 1–26.

———. *The Fall of Imperial China.* New York: Free Press, 1975.

———. *The Great Enterprise: The Manchu Reconstruction of Imperial Order in Seventeenth-Century China.* Berkeley: University of California Press, 1985.

———. "High Ch'ing, 1683–1839." In *Modern East Asia: Essays in Interpretation,* ed. James B. Crowley, 1–28. New York: Harcourt, Brace and World, 1970.

———. "The Price of Autonomy: Intellectuals in Ming and Ch'ing Politics." *Daedalus* 101:2 (Spring 1972): 35–70.

———. "The Public Sphere and Civil Society Debate: Western Reflections on Chinese Political Culture." *Modern China* 19:2 (April 1993): 108–138.

———. *Strangers at the Gate: Social Disorder in South China, 1839–1861.* Berkeley: University of California Press, 1966.

Wakeman, Frederic, Jr., and Carolyn Grant, eds. *Conflict and Control in Late Imperial China.* Berkeley: University of California Press, 1975.

Waley, Arthur. *Yuan Mei: Eighteenth-Century Chinese Poet.* Stanford: Stanford University Press, 1956.

Waley-Cohen, Joanna. *Exile in Mid-Qing China: Banishment to Xinjiang, 1758–1820.* New Haven: Yale University Press, 1991.

———. "The New Qing History." *Radical History Review* 88 (Winter 2004): 193–206.

Wallerstein, Immanuel. *The Modern World-System: Capitalist Agriculture and the Origins of the European World-Economy in the Sixteenth Century.* New York: Academic Press, 1976.

Wang, David Der-wei. *Fin-de-Siècle Splendor: Repressed Modernities of Late Qing Fiction, 1849–1911.* Stanford: Stanford University Press, 1997.

Wang, Di. *Street Culture in Chengdu: Public Space, Urban Commoners, and Local Politics, 1870–1930.* Stanford: Stanford University Press, 2003.

Wang, Juan. "Officialdom Unmasked: The Shanghai Tabloid Press, 1897–1911." *Late Imperial China* 28:2 (Dec 2007): 81–128.

Wang, Yeh-chien. *Land Taxation in Imperial China, 1750–1911.* Cambridge: Harvard University Press, 1973.

Watson, James L. "Hereditary Tenancy and Corporate Landlordism in Traditional China: A Case Study." *Modern Asian Studies* 11:2 (1977): 161–182.

Watson, James L., and Evelyn S. Rawski, eds. *Death Ritual in Late Imperial and Modern China.* Berkeley: University of California Press, 1988.

Watt, John R. *The District Magistrate in Late Imperial China.* New York: Columbia University Press, 1972.

Weber, Eugen. *Peasants into Frenchmen: The Modernization of Rural France, 1979–1914.* Stanford: Stanford University Press, 1976.

Wei Qingyuan. *Qingdai nubi zhidu* [The Qing Bondservice System]. Beijing: Chinese People's University Press, 1982.

Wei Qingyuan and Lu Su. *Qingdai qianqi de shangban kuangye he zibenzhuyi mengya* [Early Qing Commercial Mining and the Sprouts of Capitalism]. Beijing: Chinese People's University Occasional Paper, 1981.

Wen Gongzhi. *Zhonghua minguo geming quanshi* [Complete History of the Chinese Republican Revolution]. Shanghai, 1929.

Widmer, Ellen. *The Beauty and the Book: Women and Fiction in Nineteenth-Century China.* Cambridge: Harvard University Press, 2006.

Wilhelm, Helmut. "Chinese Confucianism on the Eve of the Great Encounter." In *Changing Japanese Attitudes Toward Modernization*, ed. Marius B. Jansen, 283–310. Princeton: Princeton University Press, 1965.
Will, Pierre-Étienne. *Bureaucracy and Famine in Eighteenth-Century China*. Stanford: Stanford University Press, 1990.
Will, Pierre-Étienne, and R. Bin Wong. *Nourish the People: The State Civilian Granary System in China, 1650–1850*. Ann Arbor: University of Michigan Center for Chinese Studies, 1991.
Williams, William Appleman. *The Tragedy of American Diplomacy*. 2nd ed. New York: Dell, 1972.
Wills, John E., Jr. *Embassies and Illusions: Dutch and Portuguese Envoys to K'ang-hsi, 1666–1687*. Cambridge: Council on East Asian Studies, 1984.
———. *Pepper, Guns, and Parleys: The Dutch East India Company and China, 1662–1681*. Cambridge: Harvard University Press, 1974.
Witek, John. *Dangerous Ideas in China and in Europe: A Biography of Jean-François Foucquet, S.J., 1665–1741*. Rome: Institum Historicum S.I., 1982.
Withers, John L., II. "The Heavenly Capital: Nanjing under the Taiping, 1853–1864." Ph.D. diss., Yale University, 1983.
Wong, J. Y. *Deadly Dreams: Opium, Imperialism, and the* Arrow *War (1856–1860) in China*. Cambridge: Cambridge University Press, 1998.
Wong, R. Bin. *China Transformed: Historical Change and the Limits of European Experience*. Ithaca: Cornell University Press, 1997.
———. "Qing Granaries and World History." In Will and Wong, eds., *Nourish the People: The State Civilian Granary System in China, 1650–1850*.
Wong, R. Bin, and Peter C. Perdue. "Famine's Foes in Ch'ing China." *Harvard Journal of Asiatic Studies* 43:1 (June 1983): 291–332.
Wong, Sin-Kiong. "Die for the Boycott and Nation: Martyrdom and the 1905 Anti-American Movement in China." *Modern Asian Studies* 35:3 (2001): 565–588.
Woodside, Alexander. "The Ch'ien-lung Reign." In Peterson, ed., *Cambridge History of China*, vol. 9.
Wou, Odoric. "The Extended Kin Unit and the Family Origins of Ch'ing Local Officials." In *Perspectives on a Changing China*, ed. Joshua A. Fogel and William T. Rowe. Boulder: Westview Press, 1979.
Wright, Mary Clabaugh, ed. *China in Revolution: The First Phase, 1900–1913*. New Haven: Yale University Press, 1968.
———. *The Last Stand of Chinese Conservatism: The T'ung-chih Restoration, 1862–1874*. Stanford: Stanford University Press, 1957.
Wu Chengming. "Lun Qingdai woguo guonei shichang" [On the Domestic Market in the Early Qing]. *Lishi yanjiu* 1983.1.
Wu, Silas H. L. *Communication and Imperial Control in China: The Evolution of the Palace Memorial System, 1693–1735*. Cambridge: Harvard University Press, 1970.

———. *Passage to Power: K'ang-hsi and His Heir Apparent, 1661–1722*. Cambridge: Harvard University Press, 1979.

Xiao Yishan. *Qingdai tongshi* [General History of the Qing Dynasty]. Shanghai: Commercial Press, 1932..

Xu Daling. *Qingdai juanna zhidu* [The System of Purchase of Gentry Degrees in the Qing]. Beijing: Harvard-Yenching Institute, 1950.

Yang, Lien-shen. "Ming Local Administration." In *Chinese Government in Ming Times: Seven Studies,* ed. Charles O. Hucker. New York: Columbia University Press, 1969.

Yang Nianqun. *Ruxue diyuhua de jindai xingtai* [The Modern Formation of Regional Schools of Confucianism]. Beijing: Sanlian shudian, 1997.

Ye Xianen. *Ming-Qing Huizhou nongcon shehui yu dianpu zhi* [Rural Society and the Bondservant System in Ming-Qing Huizhou]. Hefei: Anhui People's Press, 1983.

Yeh, Catherine Vance. *Shanghai Love: Courtesans, Intellectuals and Entertainment Culture, 1850–1910*. Seattle: University of Washington Press, 2006.

Yuasa Yukihiko. "Shindai ni okeru fujin kaihōron reikyōto ningenteki shizen" [Debates over Women's Liberation in the Qing: Ritual Teachings vs. Spontaneous Humanity]. *Nihon Chūgoku gakkaihō* 4 (1953): 111–125.

Zeitlin, Judith. *Historian of the Strange: Pu Songling and the Classical Chinese Tale*. Stanford: Stanford University Press, 1993.

Zelin, Madeleine. *The Magistrate's Tael: Rationalizing Fiscal Reform in 18th Century China*. Berkeley: University of California Press, 1985.

———. *The Merchants of Zigong: Industrial Entrepreneurship in Early Modern China*. New York: Columbia University Press, 2005.

Zelin, Madeleine, Robert Gardella, and Jonathan Ocko, eds. *Contract and Property in Late Imperial China*. Stanford: Stanford University Press, 2004.

Zhang Kaiyuan, Lin Zengping, et al. *Xinhai geming shi* [History of the 1911 Revolution], 3 vols. Beijing: Renmin chubanshe, 1980.

Zhao Erxun. *Qingshi gao* [Draft History of the Qing Period]. Beijing: Zhonghua shuju, 1977.

Zhao, Gang. "Reinventing *China:* Imperial Qing Ideology and the Rise of Modern Chinese National Identity in the Early Twentieth Century." *Modern China* 32:1 (January 2006): 3–30.

———. "Shaping the Asian Trade Network: The Conception and Implementation of the Chinese Open Trade Policy, 1684–1840." Ph.D. diss., Johns Hopkins University, 2006.

Zhuang Guotu. *Zhongguo fengjian zhengfu de Huaqiao zhengce* [Policies of China's Feudal Government toward Overseas Chinese]. Xiamen: Xiamen University Press, 1989.

Zhuang Jifa. *Qing Gaozong shiquan wugong yanjiu* [A Study of Qianlong's "Ten Great Victories"]. Taibei: National Palace Museum, 1982.

索 引

（以下页码为英文原版页码，即本书边码）

A

B

C

D

E

F

G

H

I

J

K

L

M

N

O

P

Q

R

S

T

U

V

W

X

Y

Z